想 象 之 外 · 品 质 文 字

北京领读文化传媒有限责任公司　出品

不将就

HR成长蜕变记

马青云 著

北京时代华文书局

图书在版编目（CIP）数据

不将就：HR成长蜕变记 / 马青云著 . —北京：北京时代华文书局，2018.8

ISBN 978-7-5699-2495-4

Ⅰ. ①不… Ⅱ. ①马… Ⅲ. ①人力资源管理 Ⅳ. ①F243

中国版本图书馆CIP数据核字（2018）第148194号

不将就：HR成长蜕变记

BU JIANGJIU：HR CHENGZHANG TUIBIAN JI

著　　者 | 马青云

出 版 人 | 王训海
选题策划 | 领读文化
责任编辑 | 孟繁强
装帧设计 | 领读文化
责任印制 | 刘　银

出版发行 | 北京时代华文书局 http://www.bjsdsj.com.cn
北京市东城区安定门外大街136号皇城国际大厦A座8楼
邮编：100011　电话：010-64267955　64267677
印　　刷 | 北京金特印刷有限责任公司
（如发现印装质量问题，请与印刷厂联系调换）
开　　本 | 710mm×1000mm　1/16　印　　张 | 22.75　字　　数 | 364千字
版　　次 | 2018年9月第1版　印　　次 | 2018年9月第1次印刷
书　　号 | ISBN 978-7-5699-2495-4
定　　价 | 68.00元

序

这是个“用实力撕逼，靠作品说话”的年代，前者适用于职场，后者指的是行业，比如：画家埋于色彩，歌手出于专辑，设计师徜徉于图纸，写手钟情于倾诉心声……所以有那么一天，我试着以行业诠释职场，进而将两者联系起来，于是，便有了这本书的呱呱坠地。

听父辈们说，上世纪80年代，国内有两件事不用担心，一个是失业率，一个是找工作；而现如今，国内有两件事被重点关注，一个是失业率，一个是找工作。这两件事全与职场戚戚相关，而我在本书中呈现的，还并不想局限于此——

当下图书市场，纯经验灌输类著作如雨后春笋般面世，读者却很难生搬硬套，可见实用性较弱。同时，在这些书籍中，全面勾勒 HR 工作及生活的更是少之又少，而国内规模巨大的 HR 群体，对管理知识、经验技巧的学习又充满渴望。为此，本书多角度切入 HR 工作及生活，尽所能为 HR 同行及面试者提供更基础的经验借鉴、更广阔的阅读空间及全新的思考视角，力求成为广大读者睡前小读本般的精神食粮，使其在精彩纷呈的小说剧情中受益。

所以，如果您想在 HR 行业梯次成长，建议您通读本书，并在实操中加以借鉴：如果您是外企 HRD，第二章、第十五章适合您，提及了工伤工亡处理、外企招聘裁员等话题；如果您是民企 HR 同行，第六章、第十章、第十一章、第十四章适合您，提及了岗前培训、工资拖欠仲裁、三期女工、劳务派遣、不胜任调岗等话题；如果您就职于国企或猎头公司，可着重关注第三章、第七章，这里分别对校招、绩效管理、延长试用期等进行了讲解；如果您是即将步入职场的大学毕业生，本书第十三章从录用通知、工作地、劳动合同必备条款等方面为您支招；同时，书中还探讨了企业开源节流措施、执行和解的适用原则、女 HRM 的应聘考级、竞业限制补偿等职场话题，并撒网深圳、武汉、杭州、乌鲁木齐等十余座国内城市，从父女情、异地恋、一夜情、兄妹情、夫妻情、婆媳情、师生情等方面，多角度展现了 HR 群体鲜为人知的生活及情感经历。此外，书中还设置了特定场景，使原本平行轨迹无交集、执著于各自生活及工作的同行聚首，演绎出了“相同生死考验不同人生抉择”的精彩对抗大戏。

综上所述，这可以是本梳理书，对于那些身处要职的高管；这可以是本工具书，对于那些心生迷茫的 HR；这可以是本解惑书，对于那些不了解企业和求职的读者；而最最关键的是，这是本涵盖 HR 职场及生活的小说——如果诸多精彩故事的串联就能被称作小说的话。至于它是不是段子合集，嗯，我觉得是——但这并不妨碍我刚在上面提到的这些特质。

最后，感谢您无意中挑选了这本书，颜值都这么高了还爱阅读，这本就是件难得的事。希望在百忙的生活和不如意的职场中，本书能给您带来些许启示，同时关于这本书，若您有什么意见和建议，欢迎加入读者 QQ 交流群（群号：25451584），与作者及其他读者进一步交流。

目 录

Contents

|序|

（零）

◎

不是前言的前言

-3

脚踩孤岛细沙，大帝独自一人，呆望着天边挤出的半轮朝阳。

海水被晨光反射，既波光粼粼迷炫双眼，又澎湃汹涌异常冰冷。

十余里外的海面上，偶有渔船闪现，又蓦地消失在视线里。

大群海鸥飞过，幼鸟俯冲叼鱼，却被随后而至的海雕衔在口中。

见幼鸟不断挣扎，大帝转过身，此时此刻，自己很想莫子溪。

-2

山路蜿蜒崎岖，坑坑洼洼不平，路边荆棘遍布，阳光愈发耀眼。

重复往返山腰与海边，每背下一个人，大帝便觉呼吸急促。

“第七个！”大帝平放下最后一具尸体，边喘着粗气边自语。

七具男尸排列整齐、全身僵硬、面目狰狞，大帝不自觉地作呕。

或许当我们真正面对死亡时，才会领悟到生命的价值所在。

-1

秉骏、戴海安、马小东、徐胜华、张维璋、林泉、饶斌……

虽无纸笔，大帝凭记忆，用捡的碎石在各自脚下拼砌姓名。

又一周过去了，终不见于得水现身，亦没有一艘船靠近孤岛。

半腐的死鱼被海浪来回拉扯，不远处搁浅的海蜇被阳光渐渐晒化。

再向几具尸体瞥去，枪伤周围落满果蝇，偶有鲜嫩的蛆虫爬出。

0

大帝蓦地转身，朝远处的沙滩走，就像半月前等人时一样。

只是风景虽依旧，故人却已随风而逝，完全没了此前的新奇与兴奋。

海浪一波追随一波，涤荡着刘丽霞的白纱巾和訾若兰的白纱裙。

大帝缓缓俯下身，将其拾起搭在脖间，海水浸着血迹，缓缓划过胸口。

一阵肆意地大笑过后，大帝将七具尸体摆成“HR”，随后想起 W 网……

（一）

◎

密谋背后的真相

[(a)] 最近的 W 网，平淡中略显喜庆，平静里稍带亢奋。为什么呢？因为良莠不均、参差不齐的连载分享？横空出世的“头条”哥？抑或如火如荼开展的“我要上封面”活动？且不说为上个封面人间胸器强势来袭，秀色可餐腿脸霸气外露，单是各式求欣赏、求围观、求带走，就不免让人心痒。

[(b)] 当然，这些对运营团队都是浮云，它不过是次活动。大卡依然搜肠刮肚地丰

(a) HR 行业在国内异军突起，是人资管理愈发被企业重视的必然结果。正所谓国有国法、行有行规，员工言行举止，某种程度上，能衡量行业整体素质。为此，咱参与个活动还得有点职业操守，自拍照露胸露腿，不太好吧？

(b) 企业发展四个阶段，即：萌芽期、上升期、鼎盛期、衰退期。世上不存在长盛不衰的企业（国内如三鹿，国外如 KPNQwest、柯达、雷曼兄弟）。企业发展过程中，前期大家拼命，但发展到一定阶段，便会人员陡增、意见相左，妥善处理分歧、化解矛盾尤为重要，毕竟高层决策直接影响企业运营。

富奖励资料，廖耀辉还是继续黑同事。郑文仍然做着专访，班森禹、郃雟泽依旧在各学习群饱受学员折磨。此刻，不笃定、不持重、不心安的，唯有于得水。自己并非不淡定，而是蛋疼，若问缘由，却是一言难尽。

[(a)] 三年前，这会议室很小，决策报批很简单，基本没股东搭话。三天前，这会议室依然很小，而有否决权的人却增了不少。出会议室进电梯，于得水眉头紧锁额头褶皱，像极了余震后的地面。电梯猛地下坠，就像生来注定死亡，于得水暗想。“你当运营总监，都管点什么？”于得水不止一次被老婆数落。

[(b)] 而这次：活动增加，注册量大涨，点击率爆棚，参与度翻番……董事会不但没肯定、没表扬、没奖励，反倒要求压缩费用。做运营总监也是郁闷，网上被同行说三道四。深夜，于得水常在家中阳台上，对着天空大吼大叫。这次董事会，总经理还没说完，于得水便摔门而出，没再回去。

[(c)] 这些天，下属也发现，于得水上班时没再拼命训人。很久以后，大家才知道他在董事会上冲总经理大吼——“我不同意，兄弟们已经很苦了！”结果对面瞬间站起一群人。当时，反对和赞同的人数比为1:9。说完这事，于得水还给大家看

(a) 企业发展趋于利好，员工想受益，高层想更好，出发点不同，导致双方态度及反馈信息各异，这是于得水和董事会意见相左的源头。可见身为运营总监，如何统筹兼顾、全面思考，将是场任重道远的修行。

(b) 企业发展有战略，公司运营有策略，无论活动多琳琅，终要服务于整体规划，即：或追求影响，或追求效益。想做名合格HR，就要透过现象看本质，切莫迷了双眼，也别浮于表象。

(c) 工作要讲方法，于得水身为运营总监，明确反对缩减费用，初衷是维护手下利益，但却不冷静地摔门而出，要知道，胳膊终拧不过大腿，此举不但顶撞了上司，闹僵了高层关系，还自身受损（被降薪），实为不明智之举。

了他被降薪的工资条。

夕阳西下，残阳如血，六点半下班时，天已渐黑。出公司楼门，夜色下车水马龙，都市喧嚣，难觅片刻宁静。快节奏的都市生活，像闯进久违的梦魇。进香蜜湖地铁站，于得水感慨，心中五味杂陈。地铁渐行渐近，轮轨剧烈摩擦，比普招现场更嘈杂，让人不安。

车门开启，形形色色的人，接踵摩肩地上下车，表情冷漠。每天体会蜂拥而至的拥挤感，像极了张弛有度的惊悚片。些许失控的场面，使人联想到商场甩卖，随后，车门关闭。隧道里的广告板急速后退，于得水顿感一阵眩晕。于是闭上眼，后悔早上没开车上班。

午夜，噩梦中惊醒，于得水猛坐起身，拭去大滴汗珠。两年前，写《2012年：给HR的第二封信》时，也是这种感觉。此刻，静谧的夜，星光洒满楼宇，月色倾进窗棂。透过客厅的窗，看不清外面的天空，唯有霓虹灯一闪一闪。于得水能感到老婆熟睡轻微的呼吸，随后披件外套下床。轻推开女儿卧室门，灯光柔和微弱，她踹了被子，可爱俏皮。帮盖好被子，轻吻了额头，自己又轻声将门虚掩。

不知不觉，女儿两岁多了，在幼儿园既乖又懂事。想到这，于得水笑得欣慰，对老婆的敬佩油然而生。渐奔不惑，有什么比夫妻恩爱、孩子健康成长更让人欣慰？只是周末陪伴的承诺，屡因临时加班落空。在阳台燃上支烟，伴着白色烟圈儿，于得水陷入深深自责。

[a]烟尽风冷，打个冷颤后进书房，太多心事搅心绪、难入眠。“上封面”活动如

(a) 高管须能抗压，午夜惊梦、失眠、主动加班，不过是某种外在表现，因此，您若想升职、加薪，必须从能力、心理等方面都准备好！职场万年律：职位高、薪酬多，操心甚！

何做后续宣传？新一期辩论赛即将开启……嘚瑟的员工要敲打；专访如何创新？怎么调动用户参与热情？“我要上头条”与“一周热文榜”怎么区分？如何植入关注功能？

[a]周四上午，透过明亮的落地窗，办公区洒满阳光。四月的朝阳照得人心暖暖，略显慵懒，于得水心绪却七上八下。郑文来汇报下步专访文案，自己眼皮在打架。郤犨泽来说下周打卡话题时，依旧哈欠连连，精神萎靡。郤犨泽走后，于得水站起身，大吼一声，扫了眼桌上的本——辞保洁、取消加班费、倡导勤俭节约……即便如此，缺口仍很大。怎么办？于得水平静外表下，难掩坐立不安的焦躁之心。

“又怎么？”见郑文没敲门就闯进来，于得水没好气地问。“潘新民来了，专访的事儿！”郑文表情无辜，怯怯地答。“忘这事了！带去会客室吧，马上来！”经提醒，于得水回过神。从专栏聊到专访，从连载谈到卖书，自己始终不在状态。潘新民察言观色，聊到一半，也略有察觉。

[b]“有心事哈！？”潘新民试探着问。于得水欲言又止，内心的矛盾和纠结无需多言，尽挂眉梢。“咱也算朋友，方便就说说！看能否帮忙！”潘新民友好地说。“唉……怎么说呢？”于得水叹口气，不停摇头。随后站起身续茶，顺带将办公室门关得更严实些。

倾诉完内心的憋屈苦闷，于得水看起来轻松许多。“你打算怎么解决？”潘新民抿了口普洱，饶有兴致地问。“辞掉俩保洁，取消加班费……”于得水全盘托出。“缺

(a) 作为“一专多能”的运营总监，除懂企业管理，还该懂些人资知识。作为公司决策执行者，于得水压缩经费途径，不仅涉及绩效、薪酬，也很烧脑，除辞保洁、取消加班费和发起节约活动，还能有哪些措施？

(b) 公司高层决策是绝密，为防隔墙有耳，谈论前需做好防范（门关严实些）。而高手间对话并不用太直白，这一问题上，潘、李都做得很到位。

口仍然巨大！”于得水语气里尽显郁闷之情。“《明朝那些事儿》不错，推荐你看看！”潘新民起身告辞。

[(a)] 又是个夜——漫长又恬静的夜……晚饭后，翻阅潘新民推荐的书，即使几年前便细读过。严嵩、夏言、徐阶这哥仨都入过内阁，在嘉靖年间也算权倾朝野，结果呢？严嵩弄死了夏言，之后自己被徐阶干掉。为何历史总有惊人的巧合？是的，历史就是总有惊人的巧合！

[(b)] 天空月朗星稀，窗外虫鸣不断，又是后半夜……读着读着，好像有点理解潘新民的话了，但又没完全理解。站起身在房里踱步，猛地想起最近合作过的李江华。“喂？还没睡？”手机接通，显然电话那头也没睡意。“失眠呢！猜你也没睡！”都是同龄人，于并不惊讶。“算是被连载催的，正在写！”调侃遮不住写手的寂寞。沉默，隔着遥远的空间，俩人许久没再说话。

“有事儿吧？”吸完手里的烟，李江华想确认对方是否睡了。“没，在想事！”于得水及时回答。又是沉默——就像高手过招，无需多言。而时间，在剧烈的情感里，总是会显得不太充裕——由于一天没充电，于得水的苹果自动关了机……

“电话没电了！”给“土豪金”插上电源，于得水及时回拨。“公司报话费也不能这样哈！用不完给我点？”李江华调侃。“也不是，没想好，怎么说？”于得水三字一句，像歌词。“有什么说什么！”电话中，李江华话语铿锵有力。“业务风生水起却要缩减费用，为什么？”于得水娓娓道来。夜，起雾的夜，厚重而漫长。俩同

(a) 鹬蚌相争（明朝“朋党”），渔翁得利，史实与现实印证，会教我们很多道理，比如：表面看是坏事，结果却偏利好，所以别拿“老板”当傻子，他没站出来说话，不代表他不知道你都做了什么。

(b) 笔者呈现的文字，都是智慧的结晶，敲文字本身便是自我解剖，写手本身就寂寞，作为读者，除笔者传授的心得，还该有精神上的共鸣。所以，若品读，请细读。

龄男人，为了笔费用，一位倾心诉说，另一位悉心倾听。

[a]“那书不错，应该能有启发！”李江华听完，并未发表看法。“有好建议？”不想白花话费，于得水追问。“朋党相争，皇帝得利！”李江华的书评顾左右而言他。于得水没太听懂，又不好意思再问，便燃了支烟深吸一口。未吐出烟圈，反被呛得咳嗽，担心吵醒家人，便拼命捂嘴。

“我再翻翻，你先睡吧！”于得水打个喷嚏，用食指蹭鼻子。“别浪费时间了，看过日本小电影么？”李江华提示。“大学那会儿和室友总看！毕业后没空看！”于得水语气平缓。“21对高中男女，大场面制作，看过么？”李江华继续提示。“你口味挺亘！我只看过3P无码！”谈到这儿，于得水不困了。“我是说2000版的《大逃杀》！”李江华直接揭底。“我以为是‘剧情很简单、看完很嗨皮’那种！”于得水表情尴尬。

打开快播、搜关键词、开始加载……挂完电话，于得水动作娴熟。等待间隙喝了罐红牛，看下时间，已是后半夜两点半。盯着屏幕打盹，快睡着时，耳机响起加载完毕提示音。打开前，于得水习惯性地朝门望——大学看片前习惯动作。片头，中川典子浑身是血地走出直升机，笑得异常阴沉……

弱肉强食，适者生存么？于得水感慨。山本和彦与小川樱跳海自杀时，老婆穿着睡衣，推门而入。于得水被吓了一跳，本能地伸手，关掉显示器电源。“在干嘛？”见老公神情慌张地盯着黑显示器，她关心道。场面尴尬难解释，于得水恨自己太敏感，苦笑后泪流满面……

(a) 遇到工作难题，先自己深入思考，再悉心听他人建议，期求完善解决办法，只是高管需具备的能力，而借助外力解决内急，也体现出高管建立、维系、应用人脉的能力。

（二）

◎

是谁干掉了风十三

万籁俱寂的夜，同样笔耕不辍的，还有W网的打卡牛人们。秉骏哥，就是最具代表的。电脑前，敲完新一期打卡，秉骏爬上床，略带倦意。W网运作机制不错，长期和同行交流职场心得，收获颇丰。辗转反侧，回想在W网的心路历程，秉骏感慨颇深。

[a]2011年初入W网，是同城HR茶会密友推荐，本打算敷衍下。此时却很感谢蒋天浩，即使他已转行做销售。后来，为起个好ID，纠结很长时间。想这东西可能注册完不用，但起就要大气，和事业匹配。经生辰八字测算，查电脑问算命先生，终敲定此名。“秉”表主持掌握，“骏”取才能出众，两字中庸且合国情。可见，算命业已悄悄填补国内心理咨询空白。

(a) 有时偶然会带来惊喜，您工作中会无独有偶么？比如招聘销售总监未果，却挖来网络高手一枚；再比如入职时无心插柳推荐，却使前同事“遭挖”成了现同事……

[a] 想到这，自己打个哈欠，想起首次登陆 W 网的情景。那时，看哪儿都新鲜，不知何为打卡分享？不久，牛人“风十三”横出江湖，让自己深受启发，慢慢成熟。随后认真打卡，加入牛人 QQ 群讨论，班级案例分析，参加征文……再后来，就没了后来——秉骏静静地睡了。

四月，重庆清晨，鸟语花香。六点闹钟响，扰了清梦，秉骏睁开睡眼，已是艳阳高照。老婆早起准备早餐，闺女晨跑还没回。懒懒坐起身，想着今天的工作。“我回来啦！”正刷牙洗漱，女儿捧着英语书进门，充满朝气。

“高考准备怎么样？”餐桌前，秉骏关心道。“重庆大学和西南大学，喜欢哪个？”女儿扮鬼脸，在身后指老婆。“不错，挺合我意，周末能回家陪我！”老婆边倒豆浆边说。“这俩学校人资专业怎么样？”女儿挤眉弄眼，秉骏心领神会。“你自己干半辈子了，又来坑孩子！”老婆横眉冷对。“北京人大不错！”秉骏咬馒头，装没听见。“当个建筑师——挺好！”见她寸步不让，秉骏摇头。

[b] 吃过饭，秉骏去车库取车，先送女儿去学校。“爸，我妈真固执！”路上，女儿撅着嘴，满脸不悦。“她可能觉得轻松，收入还高！”秉骏谨慎驾驶。“我还是想考人大，给点勇气呗！”女儿俏皮地眨眼。“人大门槛高，任重道远哪！”秉骏话语充满期待。“我妈那关，你得帮我搞定！”下车前，她长舒口气。“好！”女儿关车门前，秉骏俯身保证。

(a) 机会永远留给有准备的人，你得到多少，取决于付出多少！W 网如此，工作亦然，我们都想升职加薪，但真把重担压给你，你挑得起来么？

工作、学习、接触新事物，都需要适应过程，关键是此中怎么想、怎么做？想好做好才叫成长。新同事加入团队，我们是否一味追求结果，忽略了其成长所需的时间？

(b) 身为日企 HRD，支持女儿读名校人资专业，但不希望其目的不纯，一如我们把兴趣当工作，最终兴趣变得平淡如水。要知道，兴趣是为陶冶情操，工作是为更好生活。

合川中学门口车水马龙，刚想发动车，手机响起。扫眼来电——是劳动关系与安全主管赵睿。“领导，刚接到交警电话，说咱销售部刘子昌驾车与大货相撞，刘子昌当场死亡，仨员工受伤，货车司机正在救，但没生命危险，目前责任还没确认，我正赶往三院……”赵睿一口气说很多。

秉骏舒展的眉头骤然锁紧。几年没亡人事故了，这消息有些突然，甚至措手不及。“你先搞清事故责任，我马上到！”秉骏故作镇定。挂了电话，秉骏理了下思路，及时拨通主管副总裁电话。“廖总早！抱歉这么早打扰您，有突发事件向您汇报……”

[a] 时间如细沙般流逝，汇报完情况，秉骏发动车。自己很担心伤员精神状态，于是提高车速。“张总，您知道了？按应急预案，咱得成立事故处理组，我正赶往三院，您牵下头？”途中和安全总监张威保通电话。随后，车子朝三院方向全速行驶。

[b] “情况怎样？”到三院已快八点，见赵睿在角落接电话，秉骏问。“员工没生命危险，对方疲劳驾驶负全责！”赵睿简明扼要。“你去接刘子昌家属来医院，同时，找保险公司办工伤理赔；还有，和销售部确认货物安全，和供应商好好沟通！”秉骏说完进病房。赵睿急匆匆下楼，并拨通刘子昌家电话。

推开病房门，见员工俩手缠绷带，一个脚打石膏。“都会过去的！”见都耷拉着脑袋，有的还抹眼泪，秉骏安慰。打石膏的赵清远，是刘子昌半年前挖来的，二人

(a) 员工出突发状况，及时将事发状况、伤亡情况向上汇报听取上司指示，依情势决定是否说个人想法，并及时启动应急小组，注重部门间沟通、协调及配合。

企业因规模、性质不同存在差异，文中未过多交代应急小组工作职责，但其反应速度，能从侧面反馈出企业应对突发事件能力。您公司有应急小组么？经受过实战检验么？

(b) 遇突发状况，人资部门应及时赶到现场，了解事发原因，关注事态发展，明确责任主体，安慰伤员及家属，并及时启动工伤保险程序，协调好公司相关部门与合作方的对接工作。

关系最好。走到床前握他的手，秉骏感到冰凉和颤抖。“都怪我，当时翻车没拽住刘哥！”赵清远挣脱开，用拳头砸床。

几人同时陷入沉默，门外走廊传来一阵嘈杂声。“工作往后放，先养伤！”秉骏说完，疾步出病房。走廊两男三女：老大伯、老大娘，仨年轻人——一男两女。年轻男是刘子昌弟弟刘子盛，来公司取过东西，其余都没见过。“我的儿子……”老大伯瘫坐在椅子上，浑身颤抖，默默流泪。“还我丈夫，还我大哥！”两女拼命推，大娘差点摔个趔趄。刘子昌的老婆和弟妹，大娘是大货司机的母亲，秉骏判断。

“冷静点！出这事，谁都不好受！”秉骏想将三人分开。“你谁啊？少管闲事！”刘子昌老婆剜秉骏一眼，手拽大娘衣服。“撒开，这是咱哥公司领导！”正安慰老爹的刘子盛上前。“她儿子也在抢救！”看大娘不断咳嗽，秉骏指向手术室的门。“他还能救，我男人都没气了！以后怎么活？”刘子昌老婆哭瘫在地。

[(a)] 搀扶大娘坐下，秉骏听她一直咳，耳边是刘子昌老婆绝望的哭声。“嫂子，已经这样了，就算为孩子，你也不能倒啊！”刘子盛劝。公司人及时赶到，陪四人下楼梯时，均步履蹒跚、无精打采。秉骏眼角一酸，想这事故击碎了几家幸福？老爹没了儿子，老婆没了丈夫，儿子没了父亲，家里没了团圆……

手术室灯还亮着，时间似乎已凝固。听大娘依旧咳得厉害，秉骏替她捶背，闲谈中得知——大货司机刘达权是家中独子，早年丧父，和母亲相依为命，家中生活拮据，他没什么文化，快四十还没处对象，虽没正经工作但很孝顺，只想付辛苦多赚钱孝敬老母。去年借钱考驾照，没想到才干一年就出了这档子事。大娘双眼通红，反复絮叨着往事，说他为多赚钱常年跑车……

(a) 工伤、工亡对企业、员工、家属影响大。为此，企业应注重安全教育，力求“不主动肇事、不被动减员”。

第六次瞅向手术室的灯，红色转成绿色。搀扶大娘站起身，等那扇门敞开。“咣——”暗白色灯影下，护士推着病床，后面跟着主刀医生。病床上刘达权的脸，瘦削且惨白——没盖白单。大娘舒口气，为命大的儿子；秉骏舒口气，为年迈的母亲。

[(a)]“颅内充血，肋骨碎三根，去交费用吧！”主刀医生摘口罩。“手术费呢？”大娘身体微颤，本能地掏口袋。“进去前他拽我，说衣兜有钱！”医生摇头，转身走了。见她交完住院费所剩无几，秉骏硬塞给她五百块钱，匆匆下楼。坐在车内，顿感情绪低落，仿佛整个世界都在下坠。孤单凄清，贫穷饥饿……大娘活着的唯一动力在无情塌陷。而生活的残忍，对每个人而言，并非简单的对错能衡量。

[(b)]到公司楼下时，已过了午餐时间。正盘算去哪吃饭，远远望见赵睿下出租车朝这边跑。办事稳妥有效率，由衷地欣赏这丫头。虽是下属，更似亲人，因为一直拿她当侄女看待。“事办得怎么样？”赵睿到近前，秉骏问。“家属同意后天出殡，保险公司要核对！”她气喘吁吁。“没吃呢吧？走，去吃口饭！”秉骏点头，二人朝餐馆走。

[(c)]由于过了饭时，餐厅并不吵，零散地坐着顾客。靠里坐下，赵睿正点菜，一只大手摁在肩头，回头看是蒋天浩。“老蒋，你怎么在这儿？”秉骏好奇，毕竟他公司不在附近。“我不能在？甭紧张，我等个客户！”老蒋一脸坏笑，挤眉弄眼。“同事小赵！小赵，这可是人资前辈！”赵睿站起身礼貌握手。

(a) 生老病死面前，金钱、物质、职务何其卑微？人多半有怜悯之心，秉骏自掏腰包，也是对生命的敬畏，所谓“死者已逝、生者如斯”，计较再多无用，何况法律终将严惩？

(b) 对下属像对晚辈，表象上密切了职场关系，深层次上也是职场权术，无论真假，终凝聚了人心。

(c) 蒋天浩绝非出来打酱油，从后文看，他是“人资成功转行”典型，所以说，人资非但不坑爹，还很锻炼人。

“哦？我也没想别的！”蒋天浩满脸猥琐，赵睿略反感但仍微笑。“一起吃点儿？我的蒋总监！”秉骏和他客套。“跟我客套什么？吃过了马上走！”蒋天浩拽过把椅子坐了。“转大区销售，赚得多如愿了？”秉骏见菜还没上，继续寒暄。“甭提了！各有各的苦，也操心！”蒋天浩拽了张餐巾纸摆弄。

“快奔五了，有点魄力和闯劲也好！”秉骏想起他转行的决绝。“塞翁失马，谁知道……”还没说完，蒋天浩手机响。“我得走了！对了，过几天有个聚会，去不？”老蒋站起身。“不干人资了，还在这队伍潜伏？”秉骏也站起身，好奇地问。“人脉很重要——电话联系！”老蒋边说边朝赵睿努嘴。

(a) 窗外，老蒋拖着肥胖身躯，动作轻盈地跃过隔离带，步履如飞。赵睿却着实替他二百多斤的体重担心了一下下。“你觉得他是怎样的人？”盯着老蒋的背影，秉骏问。“眼神猥琐，头大无脑！”赵睿撅着嘴，回答没经大脑。车流渐多，一眨眼功夫，老蒋被淹没在车水马龙中。“很多人和事，都不像你看到那样！”秉骏望着窗外，没再多说。赵睿意识到自己的武断，呆呆地望着秉骏，没再说话。

(b) “保险公司盯紧点！”午饭后打卡，秉骏上电梯时叮嘱。“放心！”想到刚才言行鲁莽，赵睿答得谨慎。“手续及时跑！”进办公室前，秉骏最后嘱咐。桌上是 W 网获得的全部奖品，有个首饰盒格外醒目。秉骏拿起来，仔细端详，陷入沉思。

两年多，受“风十三”影响最大，但他最近貌似突然归隐了。也就在那时，W 网推标杆，风十三吸粉无数。因借鉴性强、见解独到，大家每天必看他的打卡分享。

(a) 赵睿对蒋天浩没好感，还说他猥琐，这就像 HR 做招聘，只要有德有才，工作性质不出镜、不走台，就快收了吧！从下文看，蒋天浩确实有能力、有手腕。

(b) 《社会保险法》第38、39条对工伤保险待遇有明确规定，需说明的是，企业依法为员工缴纳保险后发生工伤，员工享受的待遇分两部分，一部分由工伤保险基金支付，一部分由用人单位支付。

迄今为止，他还被很多用户诩为“神一般的存在”。但不知为何，竟悄然消失在众人视野中。

此后经不懈学习努力，终于杀出一条血路。目前已获奖多次，“打卡一哥”的名号也逐渐叫开。想起这些，秉骏倍感充实，又望向首饰盒——棕粉的盒盖，系着十字带扣，蝴蝶结镶在上面，清新淡雅。轻轻展开，纯银镶钻项链小巧靓丽，这是七夕给老婆的惊喜。

动作娴熟地登 W 网，边学习边记笔记，随后点开总结频道。“我要上封面”活动已结束，没想到自己票数会第一。不知 W 网后续还会有什么动作？秉骏暗想。打开总结牛人群，见辩论赛正开展得如火如荼。先是勤奋班卡卡喊着为荣誉而战，随后总结牛人间相互厮杀。刚要敲键盘参战，听到急促敲门声，招聘主管张雨绮推门而入。

张雨绮，长发、高挑、稳重，本科学播音主持。法硕读研那会儿，兼职做过礼仪、车模。毕业时多家公司抢，非窝在家一心考公务员。头年面试被“关系户”顶，次年如愿进了重庆第一中级法院。干了一年多，就厌倦了喝茶读报，并彻底绝望了。

张雨绮递过份报表，大眼睛扑闪扑闪的。“上月业务调整，计算机产品研发人员并入电子研发组，由后一组主管钱嘉强统一负责，这才一个月，人员流失很严重，听说几位高薪博士也正想离职，据我私下了解，他们说不受待见，平常只干些零活，绩效也不理想，您看……”张雨绮条理清晰。

[a]“嗅觉很敏锐！”秉骏嘴上夸奖，心中庆幸及时了解了状况。“合并是公司决

(a) 部门合并导致人员流失，高管既要维护决策权威，又必须及时分析原因。后续应加强职位分析，使其与人员匹配；加强凝聚力建设，完善吸引人才和沟通申诉机制；让员工参与绩效考核方案制定，进而发挥激励作用。

策，这改不了！”张雨绮听完频频点头。“你把公司职位分析看下，尽量实现无缝对接！”秉骏继续交待。“及时和他们谈下，看离职是功能性还是失能性？结论反馈我！把公司留人机制传我份，并让安佳懿来！”张雨绮边听边速记。

张雨绮出门，望着她的背影，秉骏想起两年前她来面试——那时，她刚从法院离职，米白色职业装略显淡雅。自己对招聘主管要求高，上一任就是顶不住压力辞职的。因为始终觉得招聘最难做精，也最锻炼人。能经受几轮面试狂轰滥炸站在这儿的，都不是一般战士，秉骏想。

当时只看一眼，就被她淡妆下的美貌惊呆了。对漂亮女生固有的偏见，先入为主地觉得她矫情、不务实。同时埋怨面试的下属，定是被光鲜外表蒙了双眼，随后误判。所以，她并非最佳人选。自我介绍时，她开门见山说没做过招聘，但很渴望尝试。

(a) 法硕，两次高分进面试，如愿以偿实现心愿……当时让秉骏折服的，并不是其美貌，而是能力的可塑性。她也很幸运，当天阴差阳错，她唯一的复试对手没来。上天安排偶遇？还是注定成为我的招聘主管？秉骏常想。许多新员工坦言，入职只为多看她几眼，与她无关。

(b) “领导找我？”安佳懿从门缝探出头，打断了秉骏的思绪。“啊！快进来！”秉骏摆摆手，示意她过来坐。“怎么？有计划外培训？”作为培训主管，安佳懿猜测。“电子研发组整合后人员频繁流失？”秉骏摇头后直奔主题。“情况我了解了些，正在统计实际数据！”安佳懿应对自如。

(a) 张雨绮通过面试，决不因为是美女。由此引申：招聘是该重能力还是重经验？抑或是能力的可塑性？况且美貌与智慧并存也不是她的错！

(b) 安佳懿身为培训主管，离职与其关系不大，但上司找她谈话前，就已统计完相关数据，可见工作多做没坏处，被安排和主动做，心态和效果均不同。

[a]“我觉得作为日资企业，咱文化培训这块儿得加强！”她继续。“尤其是团队建设、员工沟通载体和申诉机制。”秉骏补充。“我和几个专员也在想，只是年初预算……”安佳懿面露难色。“规划得和公司战略匹配，否则小马拉大车很费劲！”秉骏提示。“你回去拿出个方案咱再碰，费用我想辙！”秉骏安排。

[b]安佳懿出门后，秉骏头有些疼，站起身来到窗边。工作日下午的阳光很暖，路人或行色匆匆或悠闲懒散。转身出办公室，到茶水间冲咖啡加糖，用勺轻搅着。“总监，下午好！”崔萌迎头撞见，身为绩效主管，她略显胖。“还在喝减肥茶？”秉骏边好奇地问，边帮她按下开关。“药用的——略苦！”崔萌没说完，苦味已钻进秉骏鼻孔。“绩效考核方案修订多让员工参与，好发挥激励作用！”秉骏说。

[c]回屋打开 QQ 群，见大家除辩论，也在预测下月征文主题。五月槐花香，几人赴考场，只为人资证，备考可真忙，秉骏慨叹。“窗口键 +L”锁了屏幕，秉骏朝廖总办公室走。“后天早上出殡，我给你们派辆车！”秉骏汇报完，廖有才说。“虽对方全责，但小刘兢兢业业，您看——”秉骏察言观色。“你斟酌考虑吧！别让员工看着寒心呐！”廖有才说。“明白！”秉骏拿捏好分寸，心领神会。

刚回办公室，办公室电话响——是赵睿。“就刘子昌的事，保险公司想请您过来下！”赵睿没废话。“好，我马上过去！”秉骏了解她，定是难办。下楼前，去张雨绮和安佳懿办公室，叮嘱她俩尽快交卷。夕阳西下，天边红云几朵，秉骏驾着车，

(a) 张雨绮、安佳懿，赵睿的共性优点：善于独立思考，对分内工作有立场、有解决办法，能尽所能为上司分忧，懂得及时沟通汇报，遇到一己之力难解决困难，才会请求“外援”。

(b) 关心下属不一定是大事，能让其感到被关心就已是大智慧，定能促工作效率提升。

(c) 为工亡员工争取正当利益，展示出高管人性化一面，但要懂察言观色，不能因此得罪上司。

驶在希尔安大道上……

保险赵睿跑得多，秉骏并不常去，找地址费了番周折。上二楼左转，还没进门，就听赵睿和业务员说笑，很热闹。她沟通能力强，也是当初选其做劳动关系的重要原因。“这边不太确定刘子昌是工亡！”秉骏进屋，赵睿及时汇报。“你先回去，写份慰问金申请交财务，争取明天批下来。”秉骏说。

[(a)]“申请多少？”赵睿转身刚要走，猛地想起。“八千吧！刘子昌五千，另三位每人一千！”秉骏略思考后说。“好，我加班也要弄出来！”赵睿说完急匆匆下楼。“您好，请问哪儿有问题？”赵睿之前已对接，秉骏开门见山。“死亡不是上班时间，也并非上班路上！”对方解释。“销售受公司指派出差，外出期间应视为工作时间。”秉骏说。“刚小赵也这么说，但还得有份公司证明！”对方面露难色。

[(b)]“没问题！”秉骏猜赵睿以往民企经历，可能觉得这有难度。秉骏清楚，刘子昌并非自杀自残，无论责任在谁都是工伤。若公司不正规，丧葬补助、供养亲属抚恤和一次性补助得不少钱。回到车上，秉骏想这一天发生的事，像部紧凑的微电影。随后静静坐着，望着傍晚下班如蚁群的人群、车流。

进家门时华灯初上，秉骏身心疲惫，饥肠辘辘。“闺女呢？还是你下班早！”见老婆窝沙发上看电视，秉骏问。“补课！要求你一会去接她！”老婆在看灰太狼，头

(a) 工亡保险手续办理，需向保险公司额外提供事故报告、死亡证明、公司出具的工亡证明及火化证明，其他流程与申报工伤基本一致。

(b) 新《工伤保险条例》实施后，下列情形受伤被认定为工伤：从事领导临时指派工作；因公外出发生交通事故（刘属此）；工作期间突发疾病死亡；因检举违法行为遭报复；单位组织或代表单位参加运动会。

企业缴纳过工伤保险的工亡员工，将由工伤保险基金支付丧葬补助金、供养亲属抚恤金和一次性工亡补助金，赔偿具体标准，可查阅新《工伤保险条例》相关规定。

都没回。“你吃过了？”餐桌上有热乎乎的晚餐，秉骏边洗脸边问。“我俩都吃了，等你得等到什么时候？”电视里灰太狼又被打飞。

等接闺女时间，秉骏打开电脑写明天的打卡。回想国企和民企那些往事，至今历历在目。那些经历于自己，也算是峥嵘岁月。没那些年的学习和磨砺，也就没此时职场的游刃有余。人生确是场修行，秉骏不禁感慨。

正聚精会神地写文，后背被谁捶了一拳。“不是我去接你么？”见是女儿，秉骏疑惑地问。“都几点了？等你去接，得睡马路了！”闺女调侃道。看时间已是九点半，秉骏有点愧疚。“我的错，下次不敢了！”秉骏忙说好话。

打完卡关电脑，秉骏站起身，伸个大懒腰。老婆已经睡了，早睡的习惯很像红太狼。见女儿房间台灯还亮着，便热了杯牛奶去讨好。轻轻推开门，见她认真学习的劲儿，像年轻时的自己。长睫毛扑闪扑闪的，也和老婆年轻时一个样。

[a] 想到白天的事，秉骏深感人生苦短，世事无常。“来，喝杯牛奶！”此刻的秉骏，只是心疼女儿的父亲。“爸，早上说的，和我妈沟通没？”女儿放下笔。“还没想好！你为什么要学人力资源专业？”秉骏若有所思。“我也想当总监面别人，掌‘生死’大权，多威风！”女儿答。“干人资也不都当总监的，需要付出很多！”秉骏笑言。“也没想的那么简单，也会直面死亡！”秉骏想到刘子昌。

秉骏欲言又止，决计不提早上的事。既不想破坏她心中 HR 的形象，也不想她这年纪听到这些。“那……我再想想！”女儿听完，沉默后没再坚持。“爸，就要高考了，我模拟考成绩挺稳定！”女儿换了话题。她从小就懂事，学习没操过心，说话还有分寸，秉骏倍感欣慰。

(a) 能静心倾听、顺畅沟通，与人生阅历密不可分。而与子女的交流方式，也在某种程度上折射工作方式，为此，HR 需不断提升自身修养。

清晨睁开眼，秉骏有点睡过头，屋里静悄悄的。坐起身，感觉浑身疲乏，猜老婆已上班，顺便送女儿。刷牙洗漱，独坐餐桌前喝牛奶，秉骏计划着行程。去车库取车，发现一个车胎没气儿，回想着昨晚走的夜路。行程被打乱，秉骏开车，去最近的4S店。

修理工费劲扒下轮胎，取出一根两寸长的钢钉。秉骏接过后看半天，也没想明白它是何时扎进去的？“帮我倒出去！”急着去交费，秉骏对修理工说。“咣！”收银员正在开票，猛听到一声巨响。崭新车漆被刮花大块，修理工一脸无辜。杯具不可怕，可怕的是它可以无限续杯，秉骏无奈地叹气。

“先放这，我赶时间！”店长不停说好话，并保证免费复原。“去南岸区么？”出店拦出租，司机听完直接拒载。被拒多次后，才终于坐上车。“我去接老婆，否则也不去！”渝武高速上，秉骏再受打击。进南岸区，过五童立交，进入渝鲁大道，出租车抛锚。“去南坪西路！”换了辆出租，秉骏没好气儿。司机是个女的，瞄来一眼，没多说话，推下计价器。

(a) 南坪西路下车，马路对面，就是锐仕方达猎头公司。合作两年多，都是他们去公司或张雨绮跑，自己很少来。“哎呀！领导今儿这么有空？”刚进门，田修垚便上前献殷勤。身为经理，他很圆滑，合作也算愉快，秉骏坐向沙发。“我不常来，小张工作还到位吧？”秉骏了解下属工作。

(b) “张主管？到位——相当到位！”田修垚眼珠乱转。“她哪儿有欠缺，你直接告诉我！”秉骏喝口茶，和他寒暄。“今儿亲自出马……有任务？”田修垚满脸堆笑

(a) 企业发展中，HR有效维护第三方关系很重要，秉骏与田修垚对话，一方是用户，一方是服务商，田修垚想获利就要殷勤，无可厚非。

(b) 与合作方对话能获得很多信息，比如，能从侧面了解下属工作状态、近期业内用人需求及高管供给趋势，能为部门决策提供前沿信息。

地试探。“真没有，特来沟通感情！”秉骏语气轻松。“这多不好意思！有事您说话，马上到位！”田修垚滴水不漏。

[(a)]“最近生意怎样？”秉骏看似随意，却想了解高端人才动向。“不好！在替俩国际事务总监找坑！”田修垚感慨竞争激烈。“嗯？能力怎样？”秉骏继续试探。“有兴趣？给你们试试？”田修垚职业嗅觉极为敏感。“暂时用不上！有缺我让小张及时联系你！”秉骏推脱。

“听说最近有个人资茶会，您去不？”田修垚收回触角。“再说吧，最近事多！咱还得常联系！”秉骏说完站起身握手。“一定一定，吃完饭再走呗——我请！”田修垚诚心道。“下次吧，公司一堆破事儿呢！”秉骏想起上午的事就窝火。“回去不也得吃饭么？这都中午了！”田修垚不死心。“下次吧，公司真有事儿！”秉骏想到交代下去的工作。“那派辆车送您！”田修垚打电话叫车，秉骏已出门钻进出租车。

[(b)]到公司楼下已是下午一点多，秉骏庆幸出租车没再抛锚。来不及吃饭就上楼，见还没到上班时间，拨通了赵睿手机。“慰问金的事怎样了？”电话接通，秉骏急切地问。“钱已批，在我这儿！”秉骏听到这儿，心里一块石头才落地。“中午下班前给您送去，办公室没人！”赵睿解释。“一会上班来我办公室！”财务批这么快，肯定与廖总支持分不开。“好，马上到了！”赵睿挂断电话，已到办公室门口。

(a) 与猎头公司（劳动派遣）打交道，必须明确要什么？对方能提供什么？HR 想维护企业利益，他们想从中获益，双方对立统一于合作，但合作不意味完全依赖或放权，毕竟只是辅助作用。

(b) 关注慰问金申请，是想说安排的工作，要适时关注进度，这能使下属有紧迫感，进而提升工作效率；同时，下属及时汇报，亦可增进交流，减少不必要的误会。

[a]“刘子昌的，赵清远他们的！”赵睿取出钱，用红信封包着。“你之前在民企开死亡证明很麻烦？”秉骏看着信封，问昨天的事。“相当麻烦！一把手文化，来回踢球儿！”赵睿如实答。“咱公司是外企，你就把心放肚子里！”秉骏给赵睿打气。“好，昨天是我想多了！”赵睿脸红，有点难为情。“回去写个证明，请廖总签字，给保险公司送去！”秉骏说。“好，这就去写！”赵睿站起，转身要走。

[b]“等下，这拿回去换成白的！”秉骏指向刘子昌的信封。赵睿接过信封，一时语塞，心中自责太粗心。“啊？好！”赵睿还没从自责中缓过神儿。“过会儿下班，咱俩去趟刘子昌家！”秉骏指她手里的信封。“那我先回去写证明，然后找廖总签字！”赵睿再次转身。“好，顺便叫张雨绮来下！”秉骏说。

“上午来过，您没在！”张雨绮进门时，秉骏在想培训费。她的美貌有些冷艳，不招摇却难抵挡，秉骏想。“离职面谈效果怎样？有结论？”秉骏开门见山。“昨儿下午谈的，几乎全是功能性离职！”她捋了下长发。“不有高薪博士么？不是失能性？”秉骏没忘昨天她的汇报。“谈的都是交离职申请的，博士只是有迹象。”她答。“你安排个离职座谈，叫上他们，楼上会议室就行！”秉骏说。

[c]因为离职面谈，张雨绮曾向秉骏提意见，她觉得自己就可以。“我觉得自己能单独做好！”对她当时的话，秉骏记忆犹新。“我信！但员工离职总监不出面，他们会很失落！”秉骏解释。当时她听完困惑的表情，秉骏也还记得。“觉得不受重视，很多离职后会诋毁公司！”秉骏继续。那时张雨绮刚入职，但她听完当即表示秒懂。

(a) 高管要维护上级、团结平级、保护并指导下级，比如：工亡手续赵睿搞不定及时救场，事后询问民企工作经历，鼓励其大胆干。

(b) 慰问工亡员工家属不能用红信封，细节考验情商，不该由别人提醒。

(c) 张雨琦有魅力、话不多、能力强、有主见，做事无需敦促。身为下属，认为自己能做好离职面谈，恰到好处地表达个人观点。

“这是种报复心理，对公司发展和文化建设不利！”秉骏分析。

(d)“我马上去！”张雨绮从往事中回过神，深觉跟对上司长经验。“叫小安来下，约钱嘉强半小时后来，咱和他聊聊！”秉骏嘱咐。等小安时去了趟卫生间，洗手时，本就饿的肚子愈发饿了。擦干手上的水刚转身，恰巧撞上财务总监唐耘。“正要找你，年初定的培训费有点少，加点？”二人算是密友。“不能太多，否则我也爱莫能助！”唐耘没有废话。“不多，在你权限内！”秉骏眨眨眼，没说具体数额。

秉骏回办公室，远远望见安佳懿抱着文件夹，站在门口。推开门，秉骏将她让进屋。“整合后人员流失？有对策么？”秉骏好奇地问。“增强团队意识、加强文化拓展、重视轮岗培训！”她递过方案。

“你尽快写个培训费申请，去找唐总批！”秉骏接过方案。“好！金额——写多少？”安佳懿迟疑两秒，随后问。“八万吧！”为达到六万目标，秉骏答。“好！哪儿不行，我再调整！”安指指方案，转身要走。“等下，我昨天又看了下咱去年制定的留人机制！”秉骏叫住她。“哪里不妥？”安佳懿重新转过身。“操作性不是很强，你和张雨绮再结合完善下！”秉骏说。

出办公室时，安佳懿与推门而入的张雨绮、钱嘉强撞个满怀。请二人坐了，话题渐引向人员流失。作为生产研发一线负责人，秉骏想听听他的看法。半小时时间，他分析了原计算机小组员工流失的原因——对新业务不熟觉得无用武之地；整合后难沟通，秉骏概括。“身为整合后主管，你还得多想辙，和他们沟通！”秉骏说。“他们有小圈子，沟通都不爱搭理我，我再想想！”他面露难色。

(d) 与唐耘私下沟通，知其处事风格，故能指导下属成功申请，这也印证一句话：做 HR 能使您尽快“参透”人性！

[a]“参加离职面谈的人应该都到了！”送走钱嘉强，张雨绮提醒。带上笔本，张雨绮走在前，长发飘逸，身上散出淡淡香水味。“不好意思，让大家久等了！”进门见几人窃窃私语，秉骏忙道歉。张雨绮给几位重新添了茶水，大家围坐下来。秉骏解释小组合并原因，肯定大家此前工作，问离职后打算……员工情绪渐激动，抱怨整合后工作不顺心，秉骏始终微笑。“我们尽快为大家办手续！”面谈下来，有人当即表示不走了。

[b]送员工出门，见大家下楼梯表情平静，秉骏松口气。繁忙而漫长的下午，秉骏感叹，看看时间，差不多又要下班了。“明天刘子昌出殡，咱都去吧，穿深色衣服！”秉骏叮嘱。“大概几点？在哪儿集合？”张雨绮及时问。

几年前招他进公司时，他才二十出头，自己也还没做总监。那次校招，他最后投的简历，看着很迟疑。问他投不投时，他才很勉强地投了份。因几轮面试出色，入职时才知道，他本想去北上广发展。经各岗位历练，若没这意外，他年底也该升职了。是否自己当初的选择害了他？他去北上广会更有发展吧？几天前他还约饭，现已阴阳相隔，想到这，秉骏莫名自责。

下班时，赵睿来找自己，一手提包，另只手攥白信封。秉骏摸了半天车钥匙，愣没想起早上4S店的事儿。出公司西望，夕阳光线柔和，赵睿摆手叫出租。“工

(a) 关于离职面谈，大帝认为，初衷是了解离职原因及去向；作用是缓解负面情绪；方式可采用单谈或团谈，环境要幽雅，说话需有分寸，热情解答疑问，包容员工负面情绪；态度需诚恳、不卑不亢，肯定员工业绩；理想效果是说清企业规划及发展难处，能留则留；意义在于彰显文化、规范管理、暖人心。

(b) 未描写离职面谈细节，是因张雨绮此前了解过，几乎全是功能性离职，且面谈正式开始前，秉骏还从属下口中进一步获取信息，只要大家弄清失能性离职和功能性离职概念，会很好理解。

亡证明送过去了，死亡证明刘家正在办！”赵睿上车时说。秉骏点点头，二人没再说话。

刘子昌家楼下下车，二人整理衣服上三楼。门敞开着，屋里临时搭了灵棚，氛围凝重，让人压抑。遗像上，刘子昌英俊如昨，只是像在——人已不在。两人并排站好，听司仪喊话，三次深鞠躬。刘子昌老婆和七岁的儿子身披白布还礼，面容憔悴。

“公司对这次不幸深表哀悼，还望您节哀！”秉骏说。递上慰问金，赵睿匆匆下楼，眼圈儿微红。屋内新装修过，想着本幸福的一家，秉骏也感心酸。问清出殡时间，秉骏掏出一千块钱塞过去，也转身下楼。出单元门，大口吸着新鲜空气，压抑感得以缓解。想起楼上母子二人，秉骏再次叮嘱赵睿，尽快走保险程序。回家路上，星光闪烁，犹如大颗泪滴，渗进心坎。

深夜，惦记出殡的事，秉骏一直没睡实。后半夜两点，实在睡不着，蹑手蹑脚起床披上外衣。无论经历什么，人都注定走向死亡，而人生又何其短暂？靠在沙发上，秉骏庆幸有爱人、工作、健康的身体。在生命的脚下，金钱虚无廉价得不值一提。

三点出门，小区一片寂静，黎明前的夜略显清冷。出门时，值班保安上前瞄好几眼，确认无误后才开铁门。马路旁边，公司的车等候多时，秉骏上车连声抱歉。车子摇晃颠簸，在城市间穿越，就像生活没瞬间停歇。十余人填满空间，却无声响，像在提前默哀。

天擦亮时，空气中渐起雾，在这出名的雾都。跟随出殡车队，缓缓驶向宽马路，灵车在最前。间或飘落的黄纸钱，无声地诠释生命的凋零与消逝。半个多小时后，苍松翠柏的殡仪馆大院，出殡车队相继驶入。车上的人陆续下车，人群传来阵阵私语，略显嘈杂。

[a] 整理遗容间歇，想着人生最后旅程，秉骏表情无比落寞。偌大殡仪馆，人流鱼贯而入，送行亲友不约而同站成几排。司仪开始读悼词，现场瞬间安静下来。刘子昌的遗体被装进透明棺材，摆在大厅中央。哀乐响起，开始瞻仰遗容，秉骏没看到他被布遮住的脸。转过半圈儿后，跟其他人一样，劝慰家属节哀顺变。出大厅后白酒洗手，朝阳渐跃出地平线，散出第一缕光。

返回途中，雾渐渐散去，秉骏看下表，才五点半。说请吃早餐，众人均兴致不足，要回去补觉。进小区时，赶上大伯遛狗，大娘买早餐。走到单元门口，碰上闺女晨跑归来。回家洗漱后，秉骏靠着沙发补觉。

醒来时已是七点半，秉骏匆忙吞半个馒头。出门时，顿感腰酸背痛，懒散地按下电梯按钮。4S 店取车时，店长连说好话、点头哈腰。倒车时的确没搞懂，如此宽的门，他是如何撞上的？上班途中顺便加油，发现油价又涨了。

[b] 虽说高管无须打卡，但没特殊事还是会打，习惯使然。刚坐下，安佳懿打电话说培训费只批六万，唐总说八万太多。秉骏嘴角泛笑，想一切都在计划中。工亡的事告一段落，自己轻轻舒口气。随后拿起电话，让赵睿通知部门全体人员开会。

分析会上，十几人围坐环形桌旁，精神好于早上。大家逐个发言，剖析事故原因，秉骏记下有价值信息。轮到自己，秉骏刚要说，电话振动——像推土机在作业。“郑总？嗯，在开会，您说！”秉骏听出是国际事业部总监郑恺威。“去年底，你们不让报校招计划么？你也知道，我们常跑日本，对日语口语要求高，我觉得咱提供的薪酬低、校招难度大，招来也容易走，流失率高达72%！”郑恺威一口气说很多。

(a) 送工亡员工最后一程，某种程度上，也是劳动关系管理的重要组成。HR 到场，是企业对员工生前工作的肯定，可加以借鉴。

(b) 高管身体力行“无特权”的程度，能反映出企业执行力和管理水平。

“你的意思是……”秉骏问时，身边还有打哈欠的，眼珠通红。“公司应该制定中长期人才规划吸引人才！”郑恺威答。“有具体想法和方案么？”秉骏再次发问。“那倒没有！刚和总裁通电话，他让找你！你有？”郑恺威反问。“我考虑下，然后给你电话！”秉骏想了想，随后说。“人员配给失衡严重影响业绩，再不行……”郑恺威话留半句。“先别急，容我想想！”秉骏猜出下半句，挂了电话。

[a] 上午八九点的阳光，透过窗棂倾泻进来——很暖。在大家发言基础上，对此次意外事故，秉骏主要说两点——一是应急预案启动慢，小组行动迟缓，对接时权责不明确；二是工作外出，防人防事躲大车，注重风险隐患。最后要求把相关意见及建议，及时完善进公司制度并公示。

[b] 分析会结束，秉骏要求主管留下。桌对面是招聘主管张雨绮、培训主管安佳懿、绩效主管崔萌。左右是薪酬主管朱植、劳动关系主管赵睿。专员出会议室关上门，秉骏重复郑恺威的电话内容。“你们怎么看？”秉骏征求意见。

又等很久，依旧没动静，秉骏环视四周，放飞思绪——张雨绮崔萌因部门招聘和绩效考核，曾和郑恺威闹过不愉快；安佳懿赵睿呢？曾因业务培训和工伤处理和他红过脸。“小朱说说！”秉骏点名唯一男主管，感慨老郑树敌太多。“听您安排！”小朱话不多，但执行力强。

“听我安排？我倒希望你们都能尽快胜任总监岗！”秉骏鼓励。“还没想这些，现在只想干好本职工作！”朱植挠挠头。“我现在只担心我的体重！”崔萌看着满身赘肉，略显无奈。“我先做个流失调查吧，了解下流失原因！”张雨绮捋捋长发。“顺便听下部门意见，拟个合适的中长期人才规划。”秉骏补充。“嗯！他说校招难，建

(a) 突发事件过后，应及时召开分析会，剖析原因、吸取教训。

(b) 同事对部门工作提出疑疑，应尽快拿出解决办法，杜绝相互推诿现象。

议扩大范围！”她身上散出淡淡香水味。“必要的话微博微信都试试，顺便完善下招聘制度！”秉骏赞同。

“小安琢磨下，怎么突出日语培训？咱年初有这笔费用。”秉骏叮嘱。“我会及时完善培训管理规划！”安佳懿用力点头，继而表态。“做个详细方案，加上这次申请的费用肯定够！”秉骏补充。“我把轮岗、团队建设一并纳入，选好载体分期培训！”她应声。秉骏若有所思，终觉少点什么。

“小朱调查下同行薪金，和国际业务部对比下！”秉骏交代朱植。“好，明晚下班前给您结果！”朱植给出具体完成时间。“顺便和财务沟通下，了解下咱的工资承受力！”秉骏提示。“要给他们加薪么？”朱植心存疑虑。“不一定！提前掌握下，看是否有提升可能性！”秉骏谋长远。

几位主管相继离开会议室，秉骏犹豫给不给郑恺威回电。“喂？干大区销售总监还这么有空？”正迟疑，蒋天浩来电话。“晚七点，华地王朝华美达广场酒店茶会，早来！”他说完挂断。“喂？喂？”秉骏埋怨他猴急，不像做人资时沉稳。电话问赵睿和张雨绮，她俩都说没参加过，话语中兴趣十足。

[a] 中午餐厅，员工排队打餐，秩序井然。日企这种文化是秉骏喜欢的，比国企、民企的“领导文化”强很多。想到国企领导小包间，民企领导不排队，秉骏无奈地笑。食堂人多找不到座，正犯愁，见赵睿朝自己摆手。“领导也太慢了，再晚点就只剩汤了！”赵睿快言快语。张雨绮笑而不语，伴着淡淡香水味，捋捋耳际的长发。“一会儿和我去趟医院！”秉骏对赵睿说。

“晚上下班——别忘了！”出食堂，秉骏提醒张雨绮。随后张雨绮上楼，秉骏

(a) 外企“无特权”落于细处，它是制度、文化共同作用的结果，值得国企、民企学习并加以改善。

示意赵睿上车，驶向三院。路上，秉骏将慰问金递给她，两人心领神会。渝合高速中午车并不多，秉骏开了空调，全速行驶。过黄花大桥时，天渐转阴，到解放碑附近，雨便淅沥起来。

三院楼下，像学校和车站门前，始终人满为患。赵睿爬到后座，伸手到后备箱拿备用雨伞。每次来医院，秉骏都会觉得自己也有病，该好好检查下。大厅内包扎的、手术的……形形色色的人坐在候诊区长椅上。伴着消毒水味，秉骏心情略显沉闷。

[a] 推开病房门时，仨员工或在看报纸，或在摆弄手机。“恢复得还好吧？”赵睿将果篮置于床头，秉骏问。三人均表示不碍事，秉骏也觉得他们仨精神状态不错。“公司一点心意，你们遭罪了！”秉骏说着，赵睿递上慰问金。三人眼中尽是感激，赵睿忙叮嘱他们按时吃药，好好养伤。

下楼前，隔着玻璃窗，秉骏望见刘达权。他仍在昏睡，大娘侧趴在床边，爬满皱纹的脸愈发憔悴。应该满是期待吧？母爱就这么伟大，与年龄无关。本想推门而入，却不知说什么，于是匆匆下楼。三院门外停车场，雨滴落进水洼，水泡有乒乓球大小。

回公司路上，雨点拍打柏油路，泛起团团白雾。雨刷器频率陡增，疾速擦拭风挡，雨帘顺着车顶肆意地流。等红灯时，后面车主不停按喇叭催，搅得秉骏心烦意乱。到公司楼下时，依然喘不上气，甚至头痛。下午，张雨绮来汇报流失调查和面谈情况，顺便交中长期人才规划；安佳懿来谈日语培训想法，交轮岗、团队建设培训方案；朱植来反馈与财务沟通结果，并保证如期交出同行薪金调查表。

傍晚，雨小许多，把窗推开道缝，远处竟有些放晴。空气透过窗吹进来，带着些许泥土的清新，让自己清醒许多。“领导，走吧？”正在沉思，赵睿、张雨绮推门

(a) 对工伤人员的慰问，分物质、精神两层面，既要暖人心，又要体现公司文化。慰问多是代表公司，这要说清楚。

而入。二人都换上了晚礼裙，赵睿活泼俏皮，张雨绮惊艳冷峻。让她俩楼下车里等，秉骏快速换西服、打领带。

华地王朝华美达广场酒店，在合川区政府正对面不远处。当初第一次参加，秉骏便觉聚会太过奢华、高调。直到看见区政府熟悉面孔出席，才瞬间秒懂。“刘家让明天取火化证明，我会盯紧保险！”后座赵睿轻声汇报。秉骏建议二人少说话，多看多听将学到更多。两人一脸懵懂，使劲儿点头。车转弯驶上中南路，酒店已在眼前。

过酒店大厅时，看时间才六点半。身为茶会发起者，蒋天浩一身棕色西装候在门口。“就知道你会来！”和秉骏握手，眼睛却瞟向二位女士。“来学习取经！”秉骏将他脖子往回掰。“都总监了，还和经理主管取经？”蒋天浩也顿觉冒昧，便正经起来。“没办法，好总监都转行干销售了！”秉骏调侃。“是人资没混明白才转的！”蒋天浩边说边顺势将三人让进门。

宴会大厅富丽堂皇，橘黄色的灯光，高雅不刺眼。班德瑞的轻音乐悠扬婉转，像自然风轻拂脸颊。桌案上，酒杯叠起香槟塔，与红酒相映成趣，略显华贵。沙拉、果酱、面包、咖啡应有尽有、错落有致。秉骏不时与熟人打招呼，随后找了位置坐下，身旁俩美女。

[(a)]“领导，来得真早哈！”秉骏听出是田修垚。“也刚到，我正想问你点事！”秉骏示意他坐。“有活儿？”田修垚看看秉骏和张雨绮，像嗅到猎物的狼。“你上回说那俩国际事务总监，有地儿了？”秉骏问。“还没！他俩心里期待都挺高！”田修垚摇头。“有机会你问问，看有兴趣来我这面试不？”秉骏抛出利好讯号。“好好，我这就联系！”田修垚虽为赚钱，却也敬业。

(a) 高管岗位依托猎头是不错选择，田修垚以实际行动诠释着“适者生存”的职场规则。

[a]“怎么？郑恺威要离职？”田出了宴会厅，赵睿凑上来问。“还不确定！但得提前准备！高管离职影响大！”秉骏答。赵睿和张雨绮听完，不约而同地点头。“老田急性子，估计明天就得联系你！”秉骏转头对张雨绮说。“好！明白！”她的长睫毛扑闪扑闪的。“主要了解二人业务能力、沟通能力和带队伍能力！”秉骏交代。“嗯！我尽力了解全！”张雨绮长舒了口气。

[b]“各位同行，很久没聚甚是想念！”蒋天浩的话收获一阵掌声。“老蒋混迹人资领域多年，人缘好、人脉广！”秉骏评价。“我很多经验跟他学的，资源是他介绍的！”秉骏毫不掩饰。秉骏也希望二人多参加这类场合，无论自己是否来。“我缺个财务、俩销售，刚全搞定！”蒋天浩讲完凑过来。“老蒋，以后多带带她俩！”秉骏介绍完，赵睿、张雨绮微笑示意。“哥不干人资很久了，你们才是行家！”蒋天浩客套着，笑容猥琐。

雨后的重庆，夜晚略显清冷。因为开车，秉骏没喝酒，先送俩丫头回家。回想老蒋传奇的职场经历，秉骏佩服他的勇气和决绝。更为惊叹的是，他转行销售业，还能在人资行业有此影响。一抹流星划过天际，转瞬消失在天边，没了踪影……

(a) HR要留心高管言行及工作积极性，揣测其是否有离职意向，提前做好空缺补给，打好“提前量”。

(b) 同城同行聚会，既能了解市场行情，又能拓展人脉，还有可能填补难招岗位空缺，是“互通有无”的好机会，有条件应积极参与。

（三）

◎

不是牛人的牛人

伸手不见五指，石桥狭窄没栏杆，四周是漆黑的海，水很凉。水漫过石桥和脚脖，风很刺骨，独自摸索前行。没尽头和希望，渐渐偏离了方向，一脚踩空，掉进万丈海沟……后半夜，梦魇中惊醒，大帝猛地坐起时，汗浸透睡衣。索性脱掉，赤裸上身到窗前，五月初，新月如钩。

单人房双人床，突然发现自己很可笑，不是脆弱。总在重复类似的梦，要么不停换公交，却找不到目的地；要么从楼顶突然栽下去……情景各异，心境如厮。一直以来，总想用文字记录些什么，虽知那是徒劳。

[a] 本章十分关键，它是否真实、精彩，直接决定您的去留。因一直没想好架构，设计的四条线总觉少一条。总担心写不好，辜负读者的期待，同时，我纠结于写实的分寸。那感觉很像脱得一丝不挂，在众目睽睽的舞台中央冲澡。有人在Q群劝大帝，说四条线不如三条稳定，就三条算了。

(a) 写文构思就像工作规划，先想全再逐条实施，不能因偷懒草率应付，毕竟自己觉得满分，在读者、上司眼中也就及格。

多半卡卡看到的，是网络中的大帝，叛逆而嚣张。就像《寂寞与洛神共舞》中所说，大帝就是尘世一迷途小书童。其实，大帝根本就算不上牛人。他就是典型矛盾体，能整晚陪你或聊人资，或侃文学。在对方看来，大帝读过很多书，孤傲、体贴而有趣。

也是，中文系毕业，没翻过几本名著，确实会被嘲笑。但事实上，大帝又并非他们想的那般单纯。刚毕业那会，同城聊天室那孩子玩嚣张，以无数语言问候爹娘。他错误地认为，在网上耍酷，屏幕那边都会大度地付之一笑。下了线谁也不认识谁，谁也不会找谁麻烦。

[a] 那时的大帝，刚别过四年持续灌输"要么忍、要么狠"的导员。白天，有记者的"无冕之王"光环护体。但到了夜晚，由于年少轻狂，便显得更放荡、更嚣张。大帝只敲键盘，弱弱地问了句，你在哪里？2006年冬天的青苹果网吧，锋利的刀尖亲密地嵌入他的腿骨。

或许这种方式，足够让他一辈子记得大帝的名字。接下来几年，无论对方怎样发誓在网吧等，大帝总是一次次扑空。大帝是个疯子，千万别告诉他真实地址，这说法在聊天室不胫而走。别以为在网上侵犯到谁，下线后就能一走了之。周围哥们都说，大帝认真起来，是不会考虑后果和代价的。

工作八年熬五年夜，并非游戏吸引，也和生活无关，只是寂寞。征途到寻仙，再到 WOW……弓手到金刚，再到德鲁伊、牧师。只为慰藉寂寞，一路洒满苍凉。大帝也想不到自己会告别熬夜，会爱上人资爱上她。而爱是种感觉，如感冒般让人措手不及，亦无力抵抗。

(a) 雁过留声、人过留名，这话于现实、网络均适用，若您够嚣张却一直没事，只说明运气好。但漫漫人生路，病早晚有人帮您治。

[a] 认识莫子溪，是去年底，在 W 网。那时，大帝参加 W 网两周年征文，喜获纯银镶钻项链。那时她还是个孩子，像朵温室盛开的花。她总固执地认为，网上的男人都像她弟弟莫子潇，是翩翩君子。直到现在，大帝仍无法改变她这种错误观念。

莫子溪接触到的世界和爱情，在大帝眼里纯洁得一塌糊涂。她不会相信，三唑仑这种治癫痫的药，能掺在酒里迷奸女生。又或许这类天方夜谭，只会发生在遥不可及的印度。有人说，不想念有上万个理由；而想念，无需任何理由。透过虚掩的窗，能听到楼宇间吹过轻微的风。是的，五月静谧的黎明前，大帝很想她。管是被下了蛊，还是中了毒，又有何区别？

清晨醒来，大帝望着镜子——眼袋又重了。下楼时没吃早饭，一个人不爱吃，一如独自出游。驾照到手五年，车子被刮来刮去摧残四年半。看着车身多处刮痕，大帝想到身遮白纱的青楼女子。上班高峰期，必经的五个交通岗，等了仨红灯。是的，这座油城小得可怜，但却不穷，豪车层出不穷。办公桌上，昨天新插的白百合吐蕊飘香。

[b] 没到上班时间，明亮的窗洒进清晨第一缕光。涮拖布时，碰到主管人资的副总，大帝想起考一级的费用。“杨总，咱们对职业资格认证有政策么？”大帝试探。“什么认证？”杨总盯着水龙头，脸都没转过来。“人力资源考试，有员工问，我不知咋答。”大帝转嫁问题。“没听说过，上面没下文件！”杨总态度很冷。大帝瞅他一眼，见答复如此霸气，到嘴边的话又咽了回去。

大帝所处行业为大型国企，用工总量十余万人。工作单位新组建，当时据说前

(a) 职场人心叵测，太单纯并非好事，做个低调、有脑、辨是非的员工，会是个不错的选择。

(b) 职业资格认证，是岗位细化的必然趋势，得到越来越多企业的重视，考证者要么想梳理理论知识，要么想拿补贴或当升职敲门砖，但既然想考就要认真对待。

景非常好。于是员工各显神通，终是蜂拥而入，含“官二代”若干。几年下来业务发展遇阻，能调走的又都去别的单位了。拿他们的话讲，调个工作换个岗位，跟玩儿一样。

“培训补贴也没规定？”见杨总水桶马上满，大帝问。“没听说有补贴！”水接满后，杨总关水龙头。“对涨工资和评职称，也没啥帮助吧？”大帝索性问全问透。“这两项不看这个吧？”不知杨总是不确定，还是问自己。帮他把水提到办公室后，大帝估算报名费能加几箱油……

回办公室拖完地，大帝打开 W 网看消息。郑文拉仇恨让卡卡说是谁的粉，为费用闹心的于得水知道么？为庆祝母亲节，W 网开展“最美职场妈妈”征文活动。《母亲的辛酸，没钱寸步难行》最吸引大家眼球。女人是弱者，但母亲是强者，大帝评论。

兰云飞，小眼睛、微胖不高，专职记者，大帝大学同门师弟。韩逢春，大眼睛，高挑略瘦，华锦集团薪酬主管，考证班同学。傍晚，大帝把车开回家，打车到约定地点，二人等候多时。几瓶啤酒下肚，二人明显厌倦了大帝每次酒后提莫子溪。这次不由分说，用酒杯堵住了大帝的嘴。过于喋喋不休也让他俩觉得反常，那不该是飞扬跋扈的大帝。“再蠢的男人，女人示一分好，也会用十分精力追求。”兰云飞说。

确实，无论大师菜鸟，一提情投意合，都不甘后人。大帝醉眼迷离，味蕾却灵敏，木耳蘸辣根，瞬间想流泪。莫子溪、莫……大帝去厕所时念叨，感觉天旋地暗。喝得还真有点多，对着镜子洗手，大帝脑子清醒，身体发飘。“瞅你那死样儿！”大帝甩手上的水，对着镜子自言自语。

出洗手间时，凉风拂过脸颊，大帝打个冷颤，酒醒不少。“再整一杯！”韩逢春端起杯，胳膊肘拄着桌子，头躺在上面。兰云飞更甚，胳膊搭他肩膀上和他干杯——杯口朝下。“埋单，老规矩！”大帝搀起二人，找个没人角落一起撒尿。“妈的！”韩逢春骂了句，刚吃俩羊腰子，还是尿得最近。

[a] 把二人塞进出租车，付了钱看它走远，大帝轻舒一口气。“你是我的玫瑰，你是我——”边唱边走，大帝还是吐了。大帝猫着腰，扶着路边的树，觉得头在急速膨胀。吐完靠着树，抹了下口水，独自喘着粗气。去年底，年轻的舅妈突然离世，让自己很触动。年纪不到四十，说没就没了，留下儿女——女儿才七岁。官大钱多不幸福能怎样？简单的幸福迟迟不来又能如何？

清晨，大帝望着房顶的灯，想不起昨晚怎么回的家。坐起身，见衣服都没脱，顿感全身疲乏。靠在床头活动脖子，嘴里一股酒气，鼻子微酸。“喂？”手机响起，是韩逢春。“妈的，昨晚老板娘没找我钱！”听起来，这货已醒酒。

边安慰他破财消灾，大帝边打哈欠，看时间又该上班了。“昨晚忘说了，过几天去你大学校招，一起玩去？”韩逢春问。“上班呢！”大帝边刷牙边答。“喝茶淘宝看报纸，也叫上班么？”韩逢春语气不屑。“谁说的？我还上 W 网学习呢！学习——懂么？”大帝强调。“对！以学习名义聊扯小姑娘，比如莫……”韩逢春一时语塞。“没事别总给我打电话瞎逼逼！”大帝挂断电话。

[b] 几次打火失败后，好不容易发动车子，大帝长舒一口酒气。等红灯时，肚子咕咕叫，大帝想起韩逢春的话。去年五月，和他一起考一级，一共三门课，他挂两科。他曾一度希望出成绩时，能有种配不上那么高分的愧疚。结果查完成绩，他撕教材烧笔记，发誓再不考证。亲哥韩迎春，华锦集团高管，分管市场和财务。学土木工程的他，能当上薪酬主管，与他哥关系莫大。

哥哥是想让他考个证镀镀金，不想他除工作只爱旅游。所以报名是他哥一手安

(a) 亲友离世，会让我们触动，进而看开很多事，反思自己的人生，手握单程票的您怎么想？

(b) “背后有人”现象，在职场普遍存在。该氛围下工作，要少说话、多做事，处理好各类关系，改变不了的，就必须接受！

排，课他没听，也没自学。考试时教材还是新的，也是到考场，才知道要考公文筐。虽说英雄不问出处，任能相识于考场，还前后桌，也算缘分。只是搞不懂，他理论知识全抄自己，为何他62自己60？

办公室开电脑，新闻说汽油每升降两毛。油价升降，貌似和工资没关系，大帝想到少得可怜的工资。见时间还很早，大帝拿起一级证，朝总经理办公室走。作为总经理，贺军威魄力十足，做正职已十余年。每天早早上班，工作兢兢业业，能以身作则。

[(a)] 当初上级派他负责新业务，或也是看重这股拼劲。窗外细雨淅沥，雾气蒙蒙。贺总的门敞着——他一直坚持"开门办公"原则，大帝敲门。"进来！"贺总微笑，他在前公司，用七年把产值翻三番。"有事儿吧？"见大帝略显局促，贺军威试探着问。

"嗯！工作上的！"大帝答得直接，但没底气。"你说，能办的一定办！"贺总说得客气，有领导风范。"我去年考个证，年底拿到手的！"大帝开始引导。"什么证？"贺总说话时，眼睛盯过来。"关于人资管理的，最高级了！"见他感兴趣，大帝忙答。"然后呢？"贺总不知是没听懂，还是故意装糊涂。"我在这岗位也干这么久了，您看——"大帝注意看他脸色。

[(b)] "这个——"贺军威拖长音，略显迟疑。"我自觉工作能力不差，也想为公司发展多出力！"大帝补充。"你的工作能力，可以说是出类拔萃！"贺总夸道。"我一定努力做得更好，不辜负您的期望！"大帝看到曙光。"但人际关系一般，你也知

(a) 您若是高管，能"以身作则"么？提前上班？开门办公？不端架子？不打官腔？切实替员工想问题、办实事？

(b) 下属想升职加薪，您如何反馈信息？是先扬后抑？还是顾左右而言他？

道——这是国企！”贺军威评价。

出了贺总办公室，大帝心情压抑且失落。都说国企优越，连职业资格认证都不认。人际关系能当生产力么？大帝抱怨过后，开始反思自身不足。回到办公室，隔着距离将证书扔桌上，大帝打开 W 网。母亲节征文接近尾声，喜欢的那篇文票数不低。

“天齐，忙啥呢？”午餐后雨渐停，大帝给发小打电话。王天齐，东北大学计算机专业，毕业后进了部队——正营级。“不太忙！有事？”发小的话语亲切且热情。“帮我分析下，差在哪儿？”大帝描述完问道。“国企提职得有钱有背景，人缘靠啥？靠钱堆！”王天齐分析。

大帝听完脑子有些缺氧，顿觉眼前混沌，尽是虚无。“那我也拿点钱试试？”沉默了几秒，大帝说。“你那点钱人家能看上？你没背景，没利用价值！”发小直言。“那我该咋办？”大帝反问。“要么忍着，要么跳槽！”王天齐给出答案。

[(a)]“三十出头儿，正是好年纪，想干点事，真难！”大帝感慨。“《西游记》中的妖哪个没背景？白骨精没有，被打死了！”发小说。“真后悔，当初选择进国企！”大帝想到当初的校招。“部队比你们强点儿，只看能力和钱！”王天齐补充。“我去年考个证，就当为跳槽打基础吧！”大帝想起证书。“先凑合干吧，毕竟铁饭碗！”王天齐安慰道。“铁饭碗有毛用？赚的钱根本不够花！”大帝挂断电话。

夜幕降临，车流似搬家的蚁群，黑压压排成长龙。路上停满了车，像压缩饼干，

(a) 通常讲，国企工作稳定，收入中等，不用看人脸色，升职需能力 + 背景；民企多为“一把手”文化、“家族式”链条，收入偏高，但工作累、不稳定，升职需能力 + 与家族各派关系；外企工作累、收入高、待遇好，相对正规，对语言、综合素质要求高，人情世故淡，升职只需能力够强悍。

喇叭声让大帝心烦意乱。信号灯变绿瞬间，大油门超车后，心里快意许多。贯彻中央精神还是有效果的，城市不再灯火通明，但仅此而已。上楼拖鞋，卫生间用冷水冲脸，镜中的自己脸色煞白无比。

深夜，莫子溪打电话时，大帝正躺着看书。莫子溪说，下午和同事聊天，同事问自己谈恋爱没有？浅浅地，她讲了些相关的片段，同事说这么苦，不如算了。莫子溪说，经过冥思苦想，也觉得应该断了。大帝在电话里肆意地笑，说，好的，尊重你的选择。

大帝以为自己会挽留，但这已是第三次说分手，强留有意义么？可自己知道，说不留恋的话，是说给师弟听的，他都不信。上次兰云飞也急了，在旁边问，你很喜欢她么？大帝也是肆意地笑，装出轻蔑的样子，说啥时在意过女人？兰云飞也笑，说从没见自己发这么大脾气，且从脸红到脖根。事实也如此，当时大帝摸着自己的脸，指尖有血液沸腾的温度。是的，对莫子溪，大帝骗不了任何人，包括自己。

“睡吧！睡醒了，一切都会好的！”听得出，莫子溪很疲惫。大帝清楚自己内心的倔强，包括那些鲜为人知的苦楚。“你不理解，也不会知道的！”大帝像对她说，更像自言自语。既然选择分手，我做什么还要你教么？大帝心想，嘴上没说。我要恢复以前那个大帝，让自己肆意而嚣张。

挂掉电话，许多言语如酒后醉汉，不受控地涌向鼻尖。在这张温暖的床上，孤独和寂寞，均无地自容。后半夜电话又响，是郑秀文的《终身美丽》，莫子溪的独属铃声。大帝喜欢它略显缠绵的曲调，可此时，却并不应景。随后沉沉睡去，朦胧中，感到身体和意识都开始僵硬。

[a] 五点半，大帝辗转反侧，心房某个角落，于无声中逐渐塌陷。“啥事儿？一大

(a) 职场有时也能用“值”和“不值”概括。

早上的！”扰了清梦，韩逢春没好气地接电话。大帝絮絮叨叨、吐沫横飞地描述一些片段——和莫子溪的。“这不值得伤感，不是么？”他打断大帝的喋喋不休，挂断电话。是的，男人和女人之间，值和不值俩词就能概括。

出门下楼梯，大帝并未开车，而是打算步行。有时觉得自己像个等待宣判的犯人，生杀大权在她手中，大帝想。婚车车队急驰而过，伴着轻缓和煦的风，甩下一只气球。猫腰捡起它，明显气已不足，看来和自己一样，没有生气。末端绑着毛线，气球上升的浮力，刚好是毛线重量。于是，它就这样悬在半空，和毛线僵持着，不上升也不落地。起风了，它仍那样悬着，像子夜孤魂，找不到落脚的地方。

自己也和它一样，飞不出莫子溪的世界，亦落不到现实的地面。“我昨晚没睡好！”上午下班，莫子溪打来电话。“你睡的好不好，和我有关系么？”大帝语气轻蔑。挂电话时，大帝开始邪恶地笑，笑自己的强撑和虚伪。为何相爱却要互相折磨？古今如此，大帝心口发堵。

食堂打饭同事自觉站成蛇形。领导或娴熟加塞，或到备餐间行使特权，盛气凌人。看到这场面，大帝心中五味杂陈，又无能为力。打完饭菜坐下，盯着丰盛午餐却没胃口，满脑子莫子溪。《终身美丽》铃声响起，莫子溪顽固地再次打来电话。

“我知道，你没睡好，那就接着睡吧！”大帝不容她开口。这丫头究竟要怎样变着法地折磨人？铃声三次响起，大帝想。不都结束了么？她不是亲口说，痛过后就会忘却么？“为什么抢先挂我电话？”莫子溪声音很无助。“好，既然如此，我给你时间挂电话！”大帝握着电话。

只要是她想要的，都会给她，多一次也无所谓，大帝想。“怎么还不挂？挂呀！”大帝出食堂，声嘶力竭地吼。“我……想你，舍不得你！”电话那头的声音娓娓道来。那一瞬间，阳光异常耀眼，大帝知道，这辈子注定逃不掉。自己也并不想逃，莫子溪，就是拴自己的那条毛线……

[a] 莫子溪注册 W 网那会儿，大帝正写《W 网群英传》，无比嘚瑟。因推荐的寻仙主题曲《如梦令》她说很喜欢，渐渐熟识起来。她说各花入各眼，也喜欢古诗词，于是又多了共同语言。现在想想，那算两人的曙光，而此时，生活才算充满阳光。莫子溪说自己略瘦，一米七的模特身材，弟弟陪父母在国外。她坦言曾留学新南威尔士大学，学土木工程，地道“海归”。初听大帝没在意，很久以后才知道，为啥外国人没听过清华。

[b] 莫子溪说回国两年，自己相继考下二级建造师和二级人资证。舅舅有大公司，让她去当 HRD，她说做不来，就进了这家公司。公司很小，做装饰工程，做一年多人资专员，没谁知道她的背景。上司欧阳静，身为人资经理只负责面试。其余招聘、绩效、考勤、保险、离职等工作，全让莫子溪做。按规模，公司需要五个二建证，当时只有四个。欧阳静也说，当初复试决定要她，就因为俩证公司全能用。

[c] 欧阳静，只有一个下属的 HRM。莫子溪在办公室，她不停安排工作，一会打表格一会发通知。莫子溪去人才市场，招少说态度不认真，招多嚷着想面试累死她。即便如此，她仍是高薪，因为想成长，莫子溪选择忍耐。听莫子溪说，员工们都常置疑，欧阳静能嫁出去么？她老公求婚那会儿，当着很多同事，奉上一枚大钻戒。当时她三步并作两步，扑向桌上的钻石，两眼放光不止。

(a) 国人没听过新南威尔士大学，就像 HR 没听过王全一、于彩凤等知名培训师，并不影响对方的名气。我们需要了解的，一直很多。

(b) 不同等级施工企业，对项目经理资质要求不同，从高到低分为特级、一级、二级、三级，比如：一级资质要求“企业具有一级资质项目经理不少于12人”。

(c) HRM 要有能力、有肚量、有涵养、会培养人才，不能有好处自己拿、急难险重推手下；大企业能学到正规流程，小公司有实际应对措施，无论身处何处，若想学处处可学。

[a] 认识大帝前，莫子溪报了一级，但挂了一科。“人资证有那么重要么？”年后备考时，她俏皮地问。“能系统梳理理论知识，关键还得看实战！”大帝答得很职业。“不想在这破公司干了，学不到东西还死累！”莫子溪娇嗔道。“去舅舅公司当总监？”大帝顺水推舟。“没想过靠他们，只是这公司人资风险太多！”莫子溪若有所思。“拿到证再跳吧，裸辞风险大！”大帝帮分析。

“喂？我害怕！”几天后她打来电话，话筒里不停抽泣。刚要问原因电话又被急匆匆挂断，几次回拨不通，很久后她说——员工离职车间主任答应额外给钱，她说做不了主，对方就要动手。听完莫名担心同时，大帝想把刀尖再次亲密嵌入对方腿骨。“后被同事拽走了，没打到我！”听她说，大帝还是觉得吃了亏。

“来东北吧！”电话里，隔着几千里，大帝深情邀请。“我——还没准备好！”话筒里声音颤抖。“何必难为自己，给这破公司打工？”大帝话语中透着心疼。“我需要磨砺！这些年太依赖父母了！”她像在自言自语。“那就等你啥时想好——准备好了！”大帝没再勉强。

正午阳光异常耀眼，刺耳的刹车声打断了大帝的思绪。扭头看时，脚踏车被撞翻，人落地后不由自主地向后滚。大帝忙转回头，快速朝公司走，与很多看热闹的人擦肩而过。一路上，都在想那只气球，和拴气球的毛线。此刻，她应该在吃午餐或午睡吧？进公司门时，大帝想。

下午上班，为响应压缩办公面积规定，公司几层楼都在搬家。大帝闭上眼，想着中午那场车祸——与阿 Q 砍头被围观一样，国人看“热闹”的劣根性真强。没规

(a) 有理论无实操，就会像纸上谈兵的赵括，所以人在职场漂，必须两手抓，两手都要硬。

有跳槽念头要先学会“蓄势”，若在专业素质、硬件条件、心理期待等方面都准备好了，那就跳吧！裸辞虽能断后路、表决心，但要知道：离职风险大、裸辞需谨慎。

定的时候，就不能自觉压缩下办公面积？随后，在回味吴仁宝的至理名言中，大帝沉沉睡去。

走廊中，柜子与地面的摩擦声，使大帝猛地惊醒。抹下口水看时间，已是下午五点多。外网接通时，等抢沙发的卡卡都说被忽悠了。大帝说明天赠送沙发，下次的就是这次的。有的人说，为抢这沙发，定好的模特面试都没去。

感觉周一发文没周二好，因为周末美文多，强发难上首页。而周二又没周三好，毕竟周三比周二竞争还小。结果今天周三突然断网，发现浑身上下都不好了。或许周四也不好，因为是学习日，卡卡没空看总结。那就得等周五发，草稿箱就这样攒下很多文，大帝慨叹。

把想法发到征文群，有人冒泡——“大帝真强，少写点会死？这让别人怎么活？”红尘醉弥勒说。“有我做靠山，人气没问题，别在意周几！”郑文说。“想看的终会看，要人气叫郑文甩首页挂一周！”LaureW 说。“就是，大气、霸气、漏了……”郑文接话。“我不想当周卫国他爹！我是为没文发圆场！”大帝解释。“晕死、恶心、浪费口水，蛇精病！”郑文感慨。

晚下班，回家路上，机动车挤得不可开交。等灯的车流，既像压到极限的弹簧，又像被切断的毛毛虫。过了人行横道，大帝放慢脚步，想起莫子溪弟弟的爱情。莫子潇，或是爱屋及乌，读起来很顺口。国外留学的他，有父母照顾和陪伴，生活很惬意吧？若知姐姐在国内受气吃亏，会不会立刻飞回来？

[a] 他今年二十四，从小读书就用功，高中毕业去了康奈尔大学。父母做生意，他又孝顺，就听父母建议选了工商管理专业。又和姐姐一样，对人力资源感兴趣，

(a) “莫子潇式”爱情是想说，情侣、朋友、同学、上下级间，都该有起码的信任，您做到了么？

所以选修了同校该门课程。他女朋友是高中同学，高考后他出国，她去了郑州大学。二人每月通话极少却互信不已，莫子溪说，因为彼此深爱。

小区里郁郁葱葱，一对蝴蝶飞过，大帝想到莫子溪。对事有相同认知点，憧憬的生活一样，有类似生活经历……一段时间接触并交往，二人的感觉也是深爱么？喷泉水流上喷下散，花坛的花吐蕊凝香。没想到自己情绪波动这么大，心里满满装的都是她。原来她的声音已渐渐同化了自己，随之欢喜，伴其忧伤。想起中午的电话，大帝心底有股暖流，散遍全身……

“下班没？”进家门时，手机响起。“正往家走，今天真累！”话筒里传来高跟鞋声。“那回去好好休息，晚上吃点啥？”大帝关切地问。“有点担心胖了！去买黄瓜吃，还能做面膜！”她答得很女人。“下午忙啥？累成这样？”大帝想到欧阳静，心里冒凉风。“去银行给入职的办工资卡，回来给离职的办手续！”莫子溪回忆。“别总咋咋的，烦人！我现在说话都一股东北味儿！”她补充。

“东北话多好听哈？”见她心情好，大帝调侃。“你当然觉得好听，还把我往沟里带！”大帝想她撅嘴的样子。“带你熟悉下，为以后生活做准备嘛！”大帝一阵坏笑。“谁说要去东北了？净想美事儿！”莫子溪开始装糊涂。“没说过么？”大帝装惊讶。“说过么？”莫子溪针锋相对。“好吧没说过！那我们坐上了火车去拉萨！”大帝唱，她笑不停。

“晚饭吃了么？我猜你今天走路上班的！”莫子溪胸有成竹。“吃了碗面，你咋知道？”大帝情商直线下降。“不开心时，你都不会开车！”莫子溪运筹帷幄。“你咋知道我不开心？”大帝瞬间情商为负。“你还说天天坐着少锻炼，不想老那么快！”她没接茬继续说。

“学土木工程又有二建证，你没想过往这方面发展？”大帝问。“公司不知道我留过学，用俩证还不想多付钱！”莫子溪答。“而且，跟项目比较适合男人！”见大帝没吭声，她补充。“这留学的投入和产出，也不咋成比例哈！”大帝慨叹。“父母供我留学，只想让我更有修为！”莫子溪引以为傲。

[a]“屈身这家小公司，难为你了！”想起欧阳静，大帝心疼道。“也没什么，人资领域我还是新手，想好好学学！”她笑了笑。“我不在，再遇到员工闹事，你就说你也是打工的！”大帝叮嘱。“有你真好！即使没在身边我也感觉很幸福！”莫子溪心中温暖。“天下私企一般黑，干那么多，开这么点！”大帝鸣不平。“欧阳静说，过几天给我工资提一档！”她说时很开心。这叫“画饼”，说说而已，大帝想想，没说出口。

白云，原野，远处天地相接，遍地油菜花和薰衣草，彩蝶飞舞。莫子溪身穿白婚纱，大帝牵着她手，花丛中奔跑。一眨眼间，身上婚纱变成紫色，随后又是红色。半空中，一对天鹅在飞，花丛有几只白兔跳来跳去。莫子溪开心地笑，看她笑大帝也笑，随后大帝醒了，是场梦。终有一天，我俩会掌心相对、掌纹相连。擦了擦口水，大帝想了想，继而又沉沉睡去。

黎明前的夜，让人们彼此愉悦、慰藉。同时它又很寂寥，掩不住思念和清晨第一缕霞光。生活仍在继续，像张网晃晃悠悠。我们永远搞不清，它带来了什么？又将带走什么？一如生命，像飘零的种子，不停打转，飘向未知的远方……

“下楼，在你家楼下呢！”几天后的早上，韩逢春打来电话。“啥急事？死人了？”大帝睡眼惺忪，看时间还不到四点。“前几天不说了，去你学校校招！”韩逢

(a) 工作是公司的，安全是自己的，维护公司利益与保障人身安全中选，应先保证自身安全，先考虑下你出事后家人的心情。

身处职场，您是否遭遇“画饼”？您是否这样做过？在此温馨提醒：不要看对方说什么，关键看他怎么做，无论职场，还是生活。

春饶有兴致。“不去，我要睡觉！”大帝挂断电话，转身继续睡。“去吧！你不去多没意思？”他电话又打进来。

“妈的！不去，没请假，困！”大帝吼完，挂断关机。刚想睡，窗外鞭炮齐鸣，二十一响振聋发聩。坐起开窗，刚想破口大骂，见韩逢春掐着烟头朝这边笑。“妈的，你够狠！”大帝指着他大骂。关窗套上外套，大帝下楼。

五月亮天早，出单元门时已大亮，微风徐徐，但不冷。大帝打个哈欠，见韩逢春正和身边男生私语。“妈的，你这么顽皮，你哥知道么？”大帝推他。“我哥让叫上你！叫你去玩耍，还这么多事！”韩逢春解释。“滚！你这么作死，不怕邻居群殴你？”大帝哈欠连连。“没事！他们真出来，我就说替你送亲的！”韩逢春猥琐地笑。大帝没再说话，幻想莫子溪蜷着身体，睡在楼上大床上。

“公司挺阔哈？主管配奥迪 A8！”大帝边开车门边说。“滚吧你！这借我哥的，平时都不让我坐！”上了车，他解释。车上除司机，还有一男一女，大帝表示不熟。“介绍下，这我们招聘主管——白金铭！”大帝和他握手。“这是戴雨诺，你学妹！”大帝点头示意。“你妹！”大帝以为韩逢春在骂自己，差点喊出声。车子发动，缓缓驶出小区。

“这我哥们儿，人家可是过了人力一级的！”韩逢春介绍大帝。他没提考证班，或是觉得丢人，也未提 W 网，大帝叮嘱过。“你也辽大的？哪个院？”车上高速，大帝问戴雨诺。“人文科技学院！学长，您呢？”她怯怯地问。“你们院在崇山校区吧？我学中文的！”大帝答。

高速上，奥迪不停超车并道，像被猫捉急的耗子。从盘海营高速并到京沈高速时，白金铭和戴雨诺都睡着了。“校招是人家的活儿，你跟着嘚瑟啥？”大帝低声问。“一是高管的意思，二是我去说明薪酬构成……”韩逢春呲牙笑。“少扯！你哥又不分管人资！他俩不会说？”大帝打断他。“还有三，他希望我去，因为能弄到这车！”他指向白金铭。“难怪你哥叫韩迎春，你叫韩逢春！”大帝瞅向车外，不再说话。

进沈阳市区已是六点半，上班车流逐渐汇聚。从铁西区到皇姑区有段距离，车在市内跑不快。小车中奥迪算宽敞了，但大帝坐后排，仍感觉伸不开腿。被俩男人夹在中间，大帝费劲地抽出手机，跟同事打招呼。挂断电话，开始看窗外行人，和这呆过四年的城。奥迪超过236公交车时，大帝想起如昨的大学时光。那时天总是很蓝，笑的也肆无忌惮，挤公交，干促销，做家教……

“时间咋安排的？”车驶到北行附近，大帝转头问。“上午专场集中招，下午招聘会散招，明儿一早回！”韩逢春答。大帝边瞪他边皱眉，因为自己本意是问白金铭。车在富林酒店门口停了——和辽大只隔着崇山中路。“先把东西放酒店，再去招聘现场！”韩逢春打开后备箱。

三个房间，戴雨诺一间，白金铭和司机一间，大帝和韩逢春一间。仨男人搬行李时，大帝坐床上看华锦的企业文化手册。看的差不多了，韩逢春来叫吃早餐。去餐厅路上，他递过招聘计划表，说是和白金铭要的。上眼一看，多是行政管理和技术研发岗，总需求近七十人。

[(a)]“上午还有其他企业搞专招？”进了辽大校门，大帝问。“特意岔开其他公司，怕撞车！”白金铭提着笔记本电脑。韩逢春捧着传单没吭声，戴雨诺拿着易拉宝和宣传海报。穿过蕙星楼广场，大帝回想当年报道场景，感慨万千。那时，自己没跳进社会这大染缸，懵懂单纯。而此时，生活的无奈、工作的不顺心愈发多，却又无能为力。哲经楼侧，爬山虎郁郁葱葱，命运却如一叶扁舟般不受控。

(a) 校招人不用过多，只需分工明确，带上必需用品，与校方提前协调好便可。有专场安排的，正确评估自身实力，尽量与对手打时间差。

哲经楼共三层，外加一层法庭式报告厅，中文系导办设在三楼。一楼大厅，淡黄色的马克思石膏像屹立不倒，威严如昨。二楼此前是历史系院部，搬去新校区后，转给了理工类院系。319当年人满为患，很多人在这听刘铁教授讲伊拉克战争。门口已有学生等在那，手中简历各式各样、参差不齐。

“几点开始？”快八点时大帝问，因为早起，略困。“八点半！”见白金铭在远处忙，韩逢春边向每桌放传单边答。白金铭接完电源，开始放宣传片，戴雨诺去楼下贴海报。“怎么个程序？”大帝看着宣传片，觉得还没文化手册内容全。“放宣传片、答疑、收简历，初选、电话通知面试！”白金铭答。

[a]大帝听完眉头紧皱，欲言又止，心想算了，自己就是来玩儿的。“想说就说，墨迹！”韩逢春发完宣传单，重重地拍自己肩膀。“小鸡不尿尿，各有各的道！说多不好！”大帝瞅向白金铭。“没关系，你说！”白金铭话语诚恳，不像敷衍。“不宣讲么？这在校招中很重要！”大帝试探着问。“之前都这套路，宣讲只听过，没试过！”白金铭很感兴趣。“好的宣讲有鼓动性，能让学生了解公司，愿意来！”大帝说。

“但这次没带培训师，没人讲哈！”白金铭叹气表遗憾。“培训不是宣讲，况且……”大帝本想说他上就行，但有顾及。作为大型集团的招聘主管，该具备这能力，大帝想。“你上呗！干过记者肯定能说会道！”韩逢春推了下大帝。“我又不是员工！况且谁说做过记者就会宣讲？”大帝反驳。

“准备不太足，如果能行，就帮下呗！”白金铭言语诚恳。“关键我也没准备，掌握的信息全听他说的！”大帝瞅韩逢春。戴雨诺贴完海报，气喘吁吁上楼，进门

(a) 雇主品牌宣传在专场校招中尤为重要，除反复播放宣传片加深印象外，宣讲环节必不可少。

时呼吸还略急促。“半小时后开始，还要放宣传片，要不你试试？”白金铭望过来。“那……我先看看！”大帝望向门口，学生陆续进来。

上午八点半，哲经楼319室，华锦集团校招专场准时开始。放宣传片时，大帝在翻企业文化手册，并问了白金铭几个问题。望着台下学弟学妹，想着即将上台忽悠他们，心里还是紧张。耳膜发堵，呼吸急促，像要表演胸口碎大石。“喂，啥事儿？”正眩晕恶心，兰云飞打来电话。“在哪呢？办公室电话没人接！找你有事，面谈！”他说。“谈个球，我在外地，回去说！”大帝挂断，随后关机。

宣传片放完，台下掌声热烈，白金铭走上讲台。作为主持，他非常合格，见他收发自如，大帝评价。介绍自己时，竟忽悠台下说是资深宣讲师、一级人力资源管理师。大帝深觉碎节操，随后有些露怯。上台瞬间，又捋捋宣讲内容、递进层次、语气互换、关键手势。

[a] 站台上往下望，分不清男女，黑压压一片。豁出去吧，谁让自己嘴欠还嘚瑟？大帝拿起话筒。从简介到发展史、再到成就业绩，大帝将文化手册概述一遍。刚要继续，几位迟到同学破门而入，见座无虚席，他们略显尴尬。示意后面坐，接着讲薪酬构成、福利待遇、培养方案、晋升渠道等。

讲完台下掌声热烈，大帝看时间，快十一点了。“咱也是校友！我学中文，她学人力资源！”大帝指向戴雨诺。掌声再次响起，算是认同吧？大帝想着，把讲台留给白金铭。站在门口，看着台上韩逢春、白金铭答疑，大帝感觉刚才像场梦。随后握握拳——掌心全是汗。

“我中午不回，吃饭就别等我了！”大帝和戴雨诺耳语。出了哲经楼后门，对面是网球场，当年体育课在这上。楼后的丁香香气浓郁，大帝想起戴望舒的《雨巷》。

(a) 宣讲者要能较好控制现场节奏，掌握听众心理，抓住其兴奋点。

穿过银杏林和留学生院，到超市拿了两条芙蓉王，用报纸包了。徜徉于校园，偶有学弟学妹擦肩，仰望天空——光很暖、不刺眼。

进校机关楼时已接近中午，门卫室没人。来到二楼走廊尽头，敲响校纪委副书记办公室的门。是的，自己工作没多久，导员洪恩宽升任该职。“请进！”浑厚的声音，大帝庆幸他在。“洪导，是我！”再次推门而入，已是时隔多年。

“是你小子，快进来！”见是大帝，洪恩宽起身相迎。大帝很激动，每届几百人，他带好几届，还能喊出自己名字。“八年了，洪导一切还好？”见他泡茶，大帝坐下寒暄。“挺好！毕业去国企，还在那儿？”当时校签，他帮推荐过。“国企节奏慢、变化小，一切如昨！”大帝答。

“常跑沈阳，但时间仓促，也没来看您！”接过茶大帝说。“工作了，不像上学那会儿，都忙，挺正常！”他说。“这次是陪朋友来校招！”大帝如实相告。“校招？华锦那个么？”导员消息灵通。“是！朋友在那儿工作，规模还算大！”大帝答。“你们没毕业时，就和咱有合作，每年都来招！”洪恩宽回忆。“我来混场，他们这次主招管理和技术！”大帝补充。

“我有个人选，不知你们感兴趣不？”洪恩宽迟疑下，然后说。“啥条件，您说说！”大帝知道，他从不轻易推荐。“叫岂涟漪，想签她的公司挺多，她还在挑！”洪恩宽娓娓道来。“您肯推荐的人——差不了！”大帝接话。“她是校社联主席、化学系学生会主席，能文能武！”他介绍。

[a]“头衔都挺硬，难怪公司抢着签！”大帝一直敬佩有才华的人。“她和当初的你一样，想去北上广，华锦待遇不错！”他说。“怎么联系她？”听完推荐，大帝也

(a) 拜访导员，旨在说明人脉重要性。同时，拜访可能会带来意外收获（引荐岂涟漪）。

好奇起来。“社联上午开会，下午你们散招，我让她过去！”洪恩宽答。“好，我们等她来！”大帝说时有种错觉，像在等莫子溪。说中午请吃饭，导员说中午有应酬，大帝只得作罢。趁他不注意，大帝将烟扔沙发上，转身出门下楼。

“在哪儿呢？来桃李园，等你！”刚出楼门，韩逢春打来电话。桃李园食堂二楼，当年那家“一品粥”已不在。大帝深觉自己太怀旧，但这样不好，人终归要向前看。“上午专场，效果咋样？”找到三人坐下，韩逢春已帮打好饭菜。“宣讲作用突出，效果相当好！”他指向餐桌下厚厚一摞简历。

“锦上添花，真得感谢你！”白金铭、戴雨诺微笑示意。“多少份？数了么？”大帝看了眼，顺口问。“大概两百多！”戴有点兴奋，像中了头彩。“下午多少家公司？”大帝边吃边问。“大概二十几家，基本都是小公司！”白金铭语气里胜券在握。

“我吃完了，咱早点过去！”大帝边说边起身。“不回去睡会儿？中午估计都去午睡了，没啥人！”韩逢春说。“去晚没好位置！”大帝帮戴雨诺拎起那一大摞简历。三人跟着下楼，大帝自觉有点太过上心，或叫——犯贱。自己都不是华锦的人，效果好坏与自己何干？

[a] 正午时分，阳光直射，略晒，像倾泻而下的瀑布。蕙星楼前广场上，虽应聘者人影寥寥，却已有公司在搭桌子。“幸亏早来，要么真被挤犄角旮旯了！”戴雨诺边吐舌头边庆幸。大帝帮抬桌子，见入口右侧还没被占，建议放那里。“为啥选这？中间多宽敞？”韩逢春挠挠脑袋，显然没相中。“又不摔跤，宽敞有屁用？这是第一落眼点，醒目！”大帝解释。“嗖嘎，明白了！”韩逢春恍然大悟，不住点头。

一点多，公司相继到位，忙乱地摆桌、拉条幅，为地盘争吵。又过半小时，学生三五成群地渐多起来，随后人潮涌动。桌子不停摇晃，韩逢春和大帝站桌角，用

(a) 校招要尽早抵达，熟悉现场环境，优选有利地形。

大腿顶着。咨询者无论男女，像抢着上公交车占座般问着关心话题。看久了大帝有些眩晕，想到早市批发白菜的商贩。

[a] 八年前，自己准备毕业论文，对这场面再熟悉不过。会客厅里，总编居中，两侧坐满，大帝身处其中。央企的招牌、国企的名片，足够吸引大家来挤破脑袋。必须是男生，女同学面面相觑，少一半被刷掉。毕业证、学位证、英语四级证，又四分之一被淘汰。省级以上报刊发表十篇以上作品，左右环视，所剩无几。竞争如此残酷，而对大帝而言，馅饼从天而降……

投简历环节，总编吸着烟整理，大帝站在他身后。"你是投还是不投？"总编转过身问。"那投份吧！"大帝很迟疑，毕竟一直想去北上广发展。一个月后的大四劳动周，系中同学在花棚翻土。总编打来电话，说要复试签就业协议。或许所谓的就业难易，本就取决于是否有备而来。离校前陪室友去校招现场，那拥挤的场面，至今记忆犹新。

[b] 大帝缓过神，眼前校招气氛持续升温。有的甚至将简历高举过头，和周围同学"肉搏"。话说多了，戴雨诺声音也不似上午那般甜美，而是略显沙哑。白金铭吐沫横飞地夸华锦有河蟹有大米，就差说有女人了。显然，投简历的男生被戴雨诺美貌吸引，女生没经住河蟹诱惑。这是对症下药么？大帝佩服白金铭深谙校招之道。一眨眼的功夫，涌过来的人群已将四人隔开……

(a) 作为应聘者，对各类硬件要求（毕业证、学位证、教师证、会计证、英语四六级、计算机二级证等），高考后您规划么？所以说，你此时的努力程度，决定未来几年的生活状况。

(b) 校招要明确自身优势，及时灌输给应聘者，只有对症下药，方能事半功倍。

[a] 下午四点多，同学渐少，过道不再拥挤。戴雨诺用海报遮额头挡阳光，韩逢春、白金铭在另一侧喝水聊天。大帝猜想，韩逢春一定在和他提岂涟漪的事儿。无论薪酬多少，签下她，这是自己给他的建议。“应届生给太多，我怕做不了主！”韩逢春为难地说。“还薪酬主管呢，跳水池淹死算了！”大帝朝身后喷泉努嘴。“滚！”韩逢春皱着眉，天不怕地不怕的架势，激将法奏了效。

盯着过往同学，大帝猜哪个是岂涟漪？没来么？来了嫌人多又走了？洪导忘告诉她了？大帝揣测。无论结果如何，导员的介绍，让自己对她充满好奇。正漫无边际地乱想，猛地察觉人群放慢脚步。大家不约而同朝入口这边望，让人略觉局促不安。

再仔细看，大家是望向入口外。挪了两步脚，视角绕过彩虹门，是位身着白裙的女生。浓眉大眼，长睫毛瓜子脸，长发略瘦腿长，目测身高一六八。小伙伴都惊呆了，大帝也惊呆了。穿过彩虹门，她背双肩小黑包，一双白舞鞋，像待嫁的新娘。

“请问是华锦集团？”她俯身问戴雨诺，韩逢春嘚瑟地凑过来。“是，请问有带简历么？”戴雨诺应声后问。“嗯，有的！”她解开双肩包丝带扣，向外掏简历。包上用丙烯画着寻仙小萝莉，穿着天使服，手握幡旗，栩栩如生。右侧钥匙链上，手持风剑的狂暴战手办很醒目，大帝眼前一亮。作为 WOW 首把橙武，风剑在地球时代版本可遇不可求。直到 Soo 版本，还有战士舍不得丢掉，毕竟它象征一个时代。

“给您！”戴雨诺接过，大帝扫了眼姓名栏——岂涟漪。这丫头挺有个性，大

(a) 为何非签岂涟漪：一来她由恩师推荐，且韩叫大帝来帮忙，这是证明自己的时刻；二来女生确实不适合去大城市打拼（即使出色），算是对学妹的变相“拯救”；三来华锦这样的大企业要发展，需要她这样的可塑之才（没经验可培养、着重看能力）！

帝捋捋下巴，朝韩逢春、白金铭使眼色。“来，我看看先！”韩逢春从戴雨诺双手间抽出简历。“洪恩宽以前是我导员，咱是校友！”大帝直截了当。“嗯，是他推荐我过来看看！”岂涟漪素颜，并未化妆。

“听说你想去北上广发展？”大帝将话题深入。“小城市都没想签！”若不是导员说，大帝会觉得她在吹牛。是的，当下的大学毕业生，基本等同于白菜价。而供大于求局面短期难扭转，势必一岗难求。“当年我也这么想！”大帝想起自己。“后来咋没去？降低择业标准了？”岂涟漪问。“我怕北京的雾霾、上海的房价、广州的气温！”大帝说。

“您学中文，咋还干上招聘了？”她眨着大眼睛，好奇地问。“我陪朋友来的！”大帝引见韩逢春、白金铭。“听说贵公司是化工企业？”听她问起，白金铭开始滔滔不绝。大帝转身，给他俩让地方，朝厕所走。蕙星楼东侧，一舍被夷为平地，礼堂也翻新过。

大学时光，一个个瞬间凝成永远，封存于记忆深处。走在东配楼楼后的鹅卵石路上，大帝感觉夕阳无限好。学弟学妹擦肩而过，或悠闲自在，或行色匆匆。老槐树下的英文朗读，更渲染了浓厚的缅怀氛围。一草一木，历历在目。

[a] 正在陶醉，肩膀被重重拍了下，转身看，是韩逢春。“没谈拢，那妮子要走！”他皱着眉，满脸相中人家的表情。“你爱上她了？差在哪儿？”大帝转身，边走边问。“滚，谁特么知道？试用期六千，都快比我高了！”韩逢春说。“有时真不是钱的事儿！”大帝瞅了他一眼。韩逢春的表情，很像被心动女生灭灯的男嘉宾。“帮我搞定她！”他说得咬牙切齿。

(a) 中意的面试者对你不感冒，怎么说服对方跟你混？一味提高薪酬？

[a] 远远地，望见白金铭、岂涟漪隔着桌子，就那样对坐着。白金铭一直在说，肢体语言也很有感染力。但岂涟漪面无表情，并不感冒。“这月薪未对校招开过，再考虑下！”大帝走近，白金铭说。岂涟漪眼皮都没挑，大帝看着她水汪汪的眼睛。“给我弄瓶雪碧，热死了！”大帝朝韩逢春使眼色。“我不热！”白金铭说完，还是被韩逢春拽起，戴雨诺跟在身后。

[b] “天使服不错，你玩过天君？”大帝指指她包上的画。“你还知道这个？”岂涟漪眼前一亮，用手摸了下背包。“咱也年轻过，摩云山金刚一枚，95级不玩了！”大帝说。“我在黎阳道，门派是落雪黯香魂！”岂涟漪说。“六尾、金甲、穿山我都有，最喜欢的仨坐骑！”大帝开始嘚瑟。“我有大白兔子和金甲！”岂涟漪接话。“其实金龙装也不错！”大帝补充，随后二人沉默。

“风剑不错，女生还玩战士？”大帝指指钥匙链。“牛头人，二区熔火之心，上善若水公会！”她眉飞色舞。“MC？我578装等牧师，打完奥格就没怎么玩儿！”大帝说。“索克 CD 卡很久，无限灭！”她回忆道。“老三是道坎，DPS 不够，也是无限灭！”大帝补充。

这妮子是怎样一个人？见她沉默不语，大帝想。“我刚听说，你对这公司不太感冒？”岂涟漪摆弄着钥匙链。“城市小、地方偏，也没啥夜生活，听说当地人就认吃！”她说。“想过夜生活，开车俩小时就到沈阳了！”大帝帮分析。“赚了钱都没

(a) 校招中，用语言、肢体传递诚意尤为关键，这方面白金铭很称职，与岂涟漪感冒不感冒无关。

对话有时需特定环境，故和岂涟漪对话前支开三人。表现上看，韩逢春情商较高，白金铭稍逊。有兴趣的读者可分析下韩逢春的性格特征，是否属大智若愚？

(b) 从应聘者衣着、佩饰、谈吐中捕捉兴奋点，也是 HR 必备技能。了解多领域知识，能对工作发挥较好辅助作用，即使是网游。

地儿花！”她撅着嘴抱怨。“那你可说错了，那边物价比沈阳高多了！”大帝感触颇深。“土豪多呗？！”大帝不知她在感慨还是在发问，没回答。

“没工作经验，是在校生最大的劣势！”大帝话锋一转。“我知道，只是觉得去小城市不甘心！”岂涟漪说。“我那会儿也不咋甘心！”大帝赞同。“大城市待惯了，会很不习惯！”她道出真实想法。“节奏慢、压力小，可能比北漂、深漂好！”大帝说。

夕阳被辽大图书馆挡住，只露半张脸，余光温而不暖。岂涟漪渐行渐远，大帝感觉有些微凉，打了个冷颤。周围校招的公司都在收摊，地上散落几张宣传单。“咋样？拿下没？”三人从超市回来，韩逢春急切地问。“她说考虑下！”望着岂涟漪消失方向，大帝想到莫子溪。

[(a)]“六千，什么岗？”晚饭后和韩逢春出宾馆，大帝低声问。“技术部主管——以往校招都是先从技术员做起！”韩逢春答。“挺舍得下血本哈？赔得起么你？”大帝暗笑。“妈的，有点后悔了！女人是祸水，还不因为你？”他瞪大帝。“关我屁事？自己撬不动人家来求我，不要脸！”大帝损道。

夜幕下的北行声音嘈杂，车辆拥挤不堪、不停鸣笛。路边夜店放着各式歌曲，杂糅在一起，听不清歌词。从韩都烧烤出门，大帝搀着韩逢春，踉跄着朝酒店走。“逢喝必醉，改叫韩逢醉吧！”路行过半，韩逢春呕吐不止。“滚！我春天出生，不是我爹喝醉生的！”他转头骂道。

[(b)]“把我的悲伤留给自己……”酒店走廊里，他哼着陈升的歌。拖着他，大帝

(a) 韩逢春为何敢试用期给六千？对可塑人才大力培养、特殊对待，符合民企行事风格。毕竟舍得投入，才有可能多产出。

(b) 韩逢春的感情世界未多着墨，从他酒后唱陈升的歌，有兴趣的读者可八卦下，他为何喜欢旅游？为何时而正经，时而像个流氓？

摇晃着走，经过戴雨诺房门时，捂住他的嘴。不知戴雨诺看了此情此景，会不会拨110，大帝边开房门边想。将他推到床上，见他四仰八叉躺着，大帝去冲澡。高压水流喷在身上痒痒的，大帝打个嗝，瞬间翻江倒海。吐完趴在坐便上，盯着水流旋转，混着白酒和啤酒味。莫子溪在做什么？大帝酒后从不给她打电话，因为像个酒鬼。

裹着浴巾出门，见韩逢春酒醒了些，光着膀子在沏茶。很多假象看起来很真，就像誓言放进马桶冲过，依然光洁清新。说他是怎样的人？自己真不清楚，大帝坐下，没说话。“和我哥说说，来我们公司算了！何必呢？”他没抬头。大帝瞅他一眼，依旧没吱声。

[a]“三十出头儿，你就这么漂着，有意思么？”他喝口茶。“在国企，就那么回事吧！”大帝没直接回答。“国企适合女人，你个老爷们儿，这就开始养老么？”他问。“领导说让我再锻炼二年！”大帝想起贺军威的话。“屁话？到时让你再等，你还等？”他靠着床头又喝口茶。“再说吧！也没合适机会！华锦又不是你家的！”大帝也泡杯茶。“混国企就是慢性自杀，不适合你！”他说完躺在枕头上。

“好马也得有伯乐，否则一辈子拉车的命！”大帝感慨。“谁说不是？”韩逢春应了句。大帝也困了，躺下后自言自语，说了很多莫子溪的事。“莫子溪，莫仔细，莫仔细！”韩逢春絮叨着。“滚！仔细不仔细，关你啥事？”大帝腾地坐起，只闻鼾声。在国企里，能力和才华多钱一斤？大帝问完冷笑。夜，迷醉的夜，落寞被胡乱撕扯，难以停歇。

车在高速上急驰，几人都在打盹，大帝望着绿化带发呆。凌晨，莫子溪貌似电话里说看《我爱的是你爱我》，感动得直哭。她还让自己有空写首独属的歌，然后合

(a) 韩逢春劝大帝应是真心话，这也凸显出民企对人才的渴望，还有国企阵痛的用人规则：你有光有热，却无需你发光发热。

唱，在婚礼上放。爱你是孤单的心事，用我自己的方式……大帝找节奏哼小曲。素材不太够，也没准备好，写出来也不好听，大帝答道。提到写歌是梦么？大帝也不确定，又没法打电话求证。奥迪下高速，过了收费口，渐渐驶入市区。

[a] 五月下旬，街头不像节假日拥挤，购物热情却丝毫未减。小城为跻身文明城行列，大批城管出动，疯狗一样在街上乱咬。等红灯时，大帝目睹四名城管扑向煎饼果子摊。一人卸煤气罐，熟练地扔上车，另三人对摊主拳打脚踢。“东西没收就得了，你们凭啥打人？”摊主据理力争。“就打你了，怎么地？”城管面目狰狞，回手又是个嘴巴。摊主没站稳一屁股坐地上，大帝好奇是谁给了他们动手的勇气？

城管也很“懂事”，从不去高档会所、星级酒店找茬。而创城也是刮风，检查团走了，也就歇了。乱停乱摆确实要整治，但要如此嚣张？创城三年一次，商贩三年遭次殃。“成天净整虚的，有用么？”看摊主表情痛苦，大帝慨叹。

车在公司门口停下，几近中午。大帝下车朝三人摆手，示意电话联系。看车渐行渐远，大帝进公司上楼。听说部门“空降”来一副职，屁孩儿一个。为表礼貌和尊重，还是换件上衣，朝他办公室走。

[b] 敲门进屋上眼望，娃娃脸一张，戴窄框黑边眼镜。没想到才谈完，贺总说暂无空岗，就安排来这么一位活爹。寒暄几句，听他说学机械制造，在一线站场锻炼过。“对部门工作有啥好建议？”又客套几句，这小子征求意见。“可以试试轮岗！”见他挺认真，大帝答道。“啥是轮岗？”他想半天，冒出一句。外行领导内行就是浪费

(a) 城管的素质和行为，凸显出有令不行、有禁不止和特权阶级。

(b) 多次提及国企适合养老，没背景则没前途，“空降”副职也能看出，贺军威的话就是敷衍。

有时部门“空降”会产生“鲶鱼效应”；但多半空降兵只会纸上谈兵，进而水土不服，时间一长便有摩擦且不可调和，这与内部培养、梯次晋升截然不同，需 HR 加以重视。

时间，大帝不想再说，找借口出门。

回办公室听同事私下议论，这孙子老爸是处长，大伯是副局长。没有无缘无故的恨，也没有无缘无故的爱，大帝想。中午下班，感觉昨晚酒劲儿还没过，大帝迷糊着朝家走。“下班了？”大帝拨通莫子溪电话。“嗯，你吃过了？一会儿跟你说件事！”她语气凝重。“没吃，往家走呢！下午不想上班，想睡觉！”大帝加快脚步。“好，那一会儿跟你说！”莫子溪挂断电话。

“怎么了？”进了家门，大帝迫不及待地回电。“今天招聘回来，临时配的助手说帮车间打印条码！”她说。“然后呢？”大帝追问。“IQC 检验退回，PMC 经理说碳带不对，要罚钱！”她忿忿不平。“罚多少？”大帝又问。“一张一块，八千多张！真罚我就不干了！”莫子溪答。大帝没说话，脑子飞快转着。

[(a)]“首先，你应该及时向欧阳静汇报！”大帝说。莫子溪说通完话，会马上打给她。“然后查查制度，看打印归谁管？车间让你们做？”大帝问。“他们不爱做，硬塞给我们！”莫子溪接话。“离职也不能这么离吧？背调会受影响！”大帝提醒。

挂完电话躺沙发上，想她一定在给欧阳静打电话。“这么快就说完了？”电话响起，大帝问。“啥说完了？是我！回来了？”仔细听，是兰云飞的声音。“回来了，有事儿么？”大帝问。“有，昨天不给你打电话了？你在哪儿？”兰云飞提醒。“在家！困了想睡觉！”想起“空降”那小子，大帝有气无力。“下午不上班？国企真好，自由随便！”兰云飞感慨。

(a) 莫子溪及助手会犯错，一是权责不明，打印条码属车间工作；二是对助手培训不清、交代不明。遇突发状况应及时汇报，并理顺制度，明确责任。

被冤枉离职，多半再入职背调，难有好的反馈，因此，最好离职前将问题处理好。

[a]“你到底有事儿没？我困了！”大帝催促。“前几天采访一大哥，他想单干，你有兴趣么？”兰云飞问。“咋个情况？”大帝又饿又困，眼皮开始打架。“顾天远，北大首届 MBA，现任一家公司副总裁！”他介绍。“他怎么知道我的？”大帝好奇。“采访他时，他在看 W 网，然后……就认识了！”他说。“你出卖我？”大帝提醒过他，别透漏 W 网信息。

“你在国企呆得那么憋屈，多条路不好？”兰云飞很委屈。“没劲，很多事都没啥意义！”大帝又想起“空降”那小子。“不想见算了，过几天去北京开会，一起去？”他换话题。“不去，全是雾霾！再说，开会的都不认识！”大帝答。“都是熟面孔，再说，我是先过去等！”他说。“再说吧！我先睡了！”大帝将电话调成静音。这一觉睡得天昏地暗，醒时已近九点，头在沙发另一端。

[b]手机上五个未接来电，都是莫子溪打来的。“怎么了？刚才睡着了，手机静音！”大帝忙解释。许久过后，那头还没声音，大帝有些担心。“公司要罚钱，关我什么事？我要离职！”莫子溪语气倔强。“也好，早离早省心，别冲动就行！”大帝提醒。

[c]“想好了！但俩证都在公司，欧阳静不给我！”她无助地说。“公司没权扣证件，

(a) 兰云飞认识顾天远是巧合，但身处职场，积累人脉、扩展圈子依然重要。认识他时能推荐大帝，一是哥们儿间情谊，二是为自己发展铺路。

(b) 经济处罚是企业核心竞争力弱的具体表现。很多员工犯错是因岗位职责不清、制度束之高阁，此时若只想罚钱，员工只能选择离职，走了再招，浪费成本，还给对手免费培训成手。

(c) 劳动法规定，用人单位招聘，不得扣押身份证和其他证件，同时，建设部《注册建造师管理规定》指出，注册证书和执业印章由本人保管使用。莫子溪入职时，欧阳静以公司名义扣押两证，属知法犯法或业务能力不强，这也提醒 HR 要勤学习、懂业务。

劳动法上有说！”大帝惊讶。“我当时入职，她就说证、章由公司保管！”她委屈道。“是公司让你离职，还是你主动要求的？”大帝问。“我本想提，但她告状后老板要强行辞退！”她开始抽泣。“然后呢？”大帝咬牙切齿地问。“说不认罚就尽快滚蛋，还让她开手续盖章！”她描述。

[a]“辞退手续在手里？”大帝又问。“在，我憋屈！凭什么？我还不想干了呢！”莫子溪答。“手续保存好，以后有用，一定要保存好！”大帝叮嘱她。“嗯，她把二建印章给我了，俩证还没给，我怎么办？”她问。“别急，你先去劳动监察大队投诉！”大帝帮出主意。听莫子溪在哭，大帝无以言表，便不停安慰。挂了电话，大帝坐起身，想着事情经过，陷入沉思。

几天后，D16动车上，大帝望着电线杆急速后退。本对北京没啥兴趣，但因莫子溪离职烦心，权当散心。这丫头去投诉，监察大队还算作为，立即立案调查。为表明工作到位，还多次派人到公司调查。但老板一直不在办公室，无法下达相关法律文书。

[b]几天来，监察大队多次联系老板，希望给双方调解。但欧阳静以老板出差为由，三番五次推诿。监察大队终止调查，给莫子溪下《劳动保障监察告知书》。就在昨晚，她攥着通知书，问下步怎么办？“去二建管理办和派出所，看他们怎么说？”大帝出主意。

(a) 解除劳动关系由谁提出结果不同：用人单位提出，需支付经济补偿；劳动者提出，可不支付补偿金。

(b) 与公司发生劳动纠纷，应去劳动监察部门投诉，或到派出所等部门申请调解，无果后申请仲裁，再无果走起诉程序。

[a] 莫子溪说去年年初入职，但今年二月才签一年劳动合同。公司每月仅支付1800元工资，与期待相差甚远。她不知民企水有多深，但她说这在国外是绝不允许的。多少次她电话倾诉，怀疑自己选择回国是否错了？而找份人资工作，对她而言并非难事。公司强行辞退第二天，她就入职另家工程公司，还做人资。但俩证不在手，月薪依旧被压得很低，甚至难以接受。

[b] 大帝望着窗外，一路走过，由暖转热。她所在城市能穿裙子了吧？大帝手握电话，静静地想。“喂？怎么样？”手机响起，大帝站起身，朝车厢一端走。“二建管理办和派出所帮协调，仍不还证书！”她说。“妈的，你老板是不是法盲？”周围乘客投来异样眼神。“欧阳静还说，想要证掏四万，或再干三年！”她声调无助。大帝面色难看，却没再吭声，一心想着她老板的腿骨。

动车追着风声疾驰，二人都选择了沉默。“你那边好吵，你在哪儿？”见大帝没接话，她转移了话题。“火车上！兰云飞去北京采访，我陪他一起！”大帝如实相告。“虽在国企，你不用上班么？明天连载还更新么？”她问。“活得像乞丐，还有脸管？更新，存草稿箱了！”大帝答道。

[c] 唐山北没人下车，一女生拖着行李箱上车，声音很像莫子溪。“你可以考虑换个赚钱多的工作！”莫子溪语气诚恳。“没好机会！即使有，不没时间陪你了？”大帝说。“讨厌，谁要你陪！”莫子溪口是心非。“幸福指数和钱多、职位高没多大关系！”大帝阐述人生观。“我也没太高期待，只想做个小女人，被爱着宠着！”她接

(a) 工程公司挂靠二建证需支付相应报酬。

能力强永远不愁工作，这点和找对象类似。同时，资格证书要妥善保管，它是“谈薪”的重要砝码。

(b) 劳动纠纷中，公司提无理要求，劳动者要敢于说“不”。

(c) 但鱼与熊掌不能兼得，金钱职位重要？还是陪家人重要？

话。大帝闭上眼憧憬未来，猜她也在做同样的事。

动车启动提速，列车广播，下一站北京。“明天去申请仲裁吧，带上辞退手续！”大帝转回话题。“会支持我的请求么？”莫子溪问。“返还证书、开单位变更证明、赔扣证损失一万！”大帝说。“会不会难执行？”莫子溪有些迟疑，担心惹毛老板。

[a]“新版劳动法很给力，你工作满一年半没？”大帝鼓励。“从进公司算有了！第十个月才签合同！”此时的她很小白。“那还得支付九个月双倍工资，一个半月经济补偿！”大帝说。“公司会给？欧阳静不会找我麻烦吧？”莫子溪打怵地问。“给不给他们说得不算，你今晚写份诉状吧！”大帝说。

挂了电话去卫生间，出门洗手，见兰云飞在洗水果。“莫子溪？”他递过一个苹果，然后继续洗，没抬头。大帝瞟他一眼，咬了口苹果，没吭声。“真甜蜜！”他感慨了句，甩甩苹果上的水，朝座位走。“谢谢！”大帝心情复杂，好是和莫聊天，不好是事没结果。

北京站的钟准点报时，奏着《东方红》。去年此时，自己也曾站在这里，为考取一级人资证。时光飞逝心境不同，去年心里空，此时已住进莫子溪。兰云飞要打出租，为少吸几口雾霾，大帝坚持坐地铁。“回去能报销！挤地铁多遭罪？”他皱眉。“我想多活几年，虽已身处地狱！”大帝买了两张地铁票。“四块钱，给我报了！”大帝塞他一张，随口说。

“哪位？”二号线换四号线时，大帝看是陌生号。“学长，我是岂涟漪！”那

(a) 关于试用期，《劳动法》十九条有说明。莫子溪入职，公司未及时签劳动合同，根据《劳动法》八十二条，将承担自用工之日起满一个月的次日至满一年的前一日，每月支付双倍工资。同时，根据《劳动法》四十七条，工作满一年半，还要额外支付一个半月经济补偿。

天下午，她要了大帝号码。“你好！最近——还好吧？”大帝略显局促。“嗯！工作的事我考虑了下，又结合了亲友意见！”她说。“怎么决定都好，那些只是我个人看法！”大帝装平淡。

[(a)] 四号线上拥挤不堪，看得出，多是在校大学生。“我打算签，正如您所说，幸福与城市大小无关！”她说。“那咱就在同一城市了，也有个照应！”大帝客套。“学长罩我！”不愧为社联主席，说话滴水不漏，大帝想。挂电话时已到圆明园站，兰云飞示意下车。

[(b)] “你是想把我卖了吧？”夜色中霓虹闪烁，大帝说。“你这智商，卖着费劲！”兰云飞说。“好，就当你在夸我智商高！”大帝跟在身后。“咱先找个地方住，然后吃饭，叫上我表妹！”兰云飞说。“你妹？”之前没听他提起，大帝好奇之余说走嘴。“你妹！我表妹，清华经管院读大四，想见活大帝！”他奸笑。“妈的，你又出卖我！我说你这么好心！”大帝想起顾天远。

又走一百多米，马路对面，是清华正门。夜色中，汉白玉大门愈发庄严，三五成群的学生进进出出。眼前车辆交错穿梭，大帝顿觉地狱天堂也就一街之隔。找了宾馆，放下背包，二人出门。进清华校门一千多米左拐，五百多米右拐，便是图书馆。

“你表妹叫啥？”图书馆门前，兰云飞拨电话时，大帝问。“刘灵子！”兰云飞拨通电话。“喂？我们到了！”他说完挂电话。图书馆正门不宽，进门左拐有几阶楼梯向上。山不在高有仙则灵，大帝想到梁启超、胡适、王国维、钱钟书……

刘灵子很快出现，因图书馆逆光，大帝没看清长相。“我表妹——刘灵子！你总

(a) 校招，对用人单位是挑选优秀员工，对毕业生是即将步入职场。岂涟漪最终投向华锦集团怀抱，是懂得取舍的结果。

(b) 身为 HR 要低调，兰云飞透露身份给表妹，大帝心中是不舒服的。

念叨的大帝——活的！”兰云飞介绍。“哈哈，终于见到活的了！”刘灵子转过脸。长发大眼瓜子脸、瘦高戴眼镜约一米七，穿浅绿蕾丝长裙。“都是普通人，没啥特殊，你喜欢绿色？”大帝问。“很喜欢！”她扶下眼镜，另只手抱着三级教材和一打A4纸。三人朝校门口西餐厅走。

[a]“在备考人资三级？”兰云飞点餐时，大帝拿过教材，边翻边问。“看完你写的考证记就报了名，十一月考！”刘灵子笑答。无意中翻看打印纸，大帝惊奇地发现，全是自己发过的文章。“你——有心了！”大帝自己都被感动了，于是说。“喜欢看，就打出来了！关于考证，给点经验呗！”她不忘取经。“别人的经验，不见得适合自己！”大帝说。“明白！我会努力的，争取一次过！”刘灵子笑了笑。

趁她不注意，大帝偷看她一眼，纤纤玉手，喝咖啡时很优雅。“你在W网叫什么？”见点的餐还没上，大帝又问。“叫灵牙！去年九月注册，关注您很久了！”刘灵子答道。“还伶牙俐齿呢？”大帝调侃。“透露下呗，莫子溪在W网叫啥？绝不说出去！”她八卦道。

服务员上餐，大帝有些饿，咽了几下口水。“剧透是可耻的！”大帝守口如瓶，使劲瞪兰云飞。“就知道叫莫子溪，别的我也不知道！”他摊手耸肩，一脸无辜。“话太多了！你是记者，不是狗仔！”大帝用柠檬片堵他嘴。“莫子溪真幸福！”刘灵子双手交叉，自言自语。

[b]倒了红酒，三人共同举杯，一饮入喉。“听我哥说，你工作不太顺心！”刘灵子切着牛排。“啊？也没什么！”大帝装傻，暗骂兰云飞没职业素养，什么都说。“其

(a) 要考证，就不能“三天打鱼、两天晒网”，他人经验只可借鉴，却不能依赖，毕竟方式方法、思维习惯均不同。

(b) 想清要什么？能做什么？时机是否得当？内心是否准备好了？

实有能力在哪都好，何必受这窝囊气？”她继续。“看看再说吧，暂时也没合适机会！”大帝敷衍，没再说话。

吃完饭，二人送刘灵子回了宿舍。“你再泄露我隐私，我阉了你！”回宾馆路上，大帝威胁。兰云飞吐吐舌头，下意识地捂裆，或觉得理亏，没吱声。“明天我跟会，你干点啥？窝在房间？”进宾馆时，兰云飞问。“还没想好！北京到处雾霾，没啥逛头！”大帝答。“要么陪我妹去798？正好她想去，没人陪！”兰云飞笑得诡秘。“你预谋已久，早答应人家了吧？”兰云飞听完，笑得更邪恶。

(a) 坐一下午火车，大帝倍感疲乏，衣服没脱就躺上床。“喂？啥事儿？”兰云飞冲澡时，韩逢春来电话。“奶奶的，你俩去北京快活，竟不叫上我？”韩逢春质问。“都是雾霾，共走黄泉路？再说，你校招有时间？”大帝说。“这两天累死，话说辽大学生质量真参差！”他边抱怨边评价。“都一样还用你校招么？”大帝答。“也是！”韩逢春深表赞同。

(b) “诶？对了，告诉你件好事！”韩逢春话锋一转，故作神秘。“咋了？”莫子溪睡了？诉状写完了？大帝想。“岂涟漪说这几天来签协议，终于把她拿下了！”他得意道。“拿下个屁，那可是我学妹，别乱来！”大帝叮嘱。“好说，好说！”韩逢春应声。

大帝望着天花板，二人沉默了十几秒，都没说话。“那个，有点事儿，你帮我想想！”韩逢春很扭捏。“说！”大帝答。“我们乙烯公司研究降低原料损耗，降了13%！”他描述。“然后呢？”大帝问。“他们想联合技术和我们，申请特殊奖励，

(a) 校招把好关、选对人，既是对企业负责，也是对学生负责，否则一旦试用期不合适，再想参加校招就难了。

(b) 签下心仪候选人确实开心，但作为招聘者（韩逢春、白金铭），更应考虑如何使其尽快适应企业环境，成长为独当一面高级人才。

我咋做？”他问。“你们内部的事，我不了解情况，也没啥兴趣！”大帝说。

[a]“说说呗，这事挺急的！”韩逢春恳求道。“一级公文筐咱俩一起考的，自己联系下！”大帝提示道。“考是考了，没过！”大帝略难为情，像在揭人短。“了解降耗情况，估算直接效益，拟定奖励方案！”大帝指路。“被国企这坑埋了，白瞎你这人儿了！”他学范伟腔调。“将方案报人资总监，有些需要其他部门配合！”大帝补充。“明白！”韩逢春长舒一口气，像是大功告成。

兰云飞还在冲澡，传来哗哗水声。“你说我们推广下员工持股咋样？”他问时，兰云飞手机响起。“你等下！”翻出手机刚要递卫生间，见是条短信——哥，明天的事，大帝同意了么？大帝看完咬牙切齿，想掐死兰云飞这货。

[b]“咋想起这档子事？”大帝将兰云飞手机扔床上。

“最近集团财务不太乐观，现金流吃紧。”韩逢春正经起来。“然后呢？”大帝问。“我觉得可以试下，能盘活资金又能增强员工责任感。”他说。“这问题你定不了吧？得你们总监拍板！”大帝说。“是，我收集了政策，草拟了方案，提出了操作方法！”他解释。“加上可行性分析和利弊分析，会更有说服力！”大帝补充。

挂了电话，大帝窝在床上，惊叹自己竟身处北京。想起刘灵子的话，已不是首个劝自己跳出樊篱之人。莫子溪也劝过——她睡了么？思念开始毫无征兆地蔓延。兰云飞冲完澡，只穿条内裤出来。“你去吧，不凉不热，正好！”他甩甩头发，用梳子梳着。“我真不适合泡在国企？”大帝没抬头，若有所思地问。“傻子都看得出，

(a) 身为集团薪酬主管，若想顺利申请奖励，韩逢春必须与绩效、技术等部门对接协调。

(b) 推广员工持股计划，需考虑持股方式（福利分配型或风险交易型）及具体操作方法。另外，身为经理（主管）级别，工作要自觉加压，有想法、有行动。

简直是荒芜了青春！”他继续梳，没回头。

清晨醒来，对面床上，兰云飞已不在。床头压张字条——表妹七点半楼下等你！再看表已七点十五。刷牙洗脸出门，一楼电梯门处，刘灵子坐在沙发上。她站起身缓缓走来，粉色长裙、白凉鞋，手提袋装着吃的。坐上737公交时，刘灵子话并不多，两人挨着坐了，一起吃早餐。

大山桥东站下车已近九点，远远望见798正门。她撑着淡绿色太阳伞，左手腕上的绿翡翠手链格外醒目。进门右拐，是老式红砖废旧楼，听她介绍，798前身是工厂，作为50年代建筑，还是苏联援中时，由东德建筑师设计建造的。园区艺术气息浓重，二人漫无目的地走，偶尔品评下艺术品。某个瞬间，看着她的倩影，大帝会误以为是莫子溪。于是会下意识地上前去牵她的手，她一转身，大帝梦醒。

798太大，下午二人看了园区地图，发现才转四分之一。刘灵子去卫生间时，大帝站在门口等，心里惦记离职的事。诉状写了？仲裁怎么答复？大帝心口发堵。手机响起，是莫子溪。“去仲裁院了？”身边人来人往，大帝钻进一家画廊。

[a]“他们说支持双倍工资和一个半月经济补偿请求！”莫子溪说。“然后呢？”大帝继续问。“其他请求没受理，给开了《不予受理案件通知书》！”她说。“然后呢？”大帝接着问。“没了，现在不知怎么办呢！”莫子溪像只无助的白天鹅。“既然仲裁不受理，你下午把诉状递交法院。”大帝提醒。“只能这样了！其实我不想闹这么僵！”她展现出善良。

(a) 随着《企业劳动争议处理条例》和《劳动法》相继制定实施，目前已形成协商、调解、仲裁、诉讼为主要环节的劳动争议处理制度。仲裁院只解决部分劳动纠纷，若超出其职能范围，将开具《不予受理案件通知书》，劳动者想继续维护自身合法权益，需到法院提起诉讼。

“对了，刚才欧阳静给我打电话了！”莫子溪突然想到。“又为难你？”大帝紧张起来。“她收到传票不停道歉，说赔那么多钱工作肯定丢！”她说。“自找的，然后呢？”大帝问。“我说把证还我，尽量协商少补偿，她说老板不答应！”莫子溪描述。

[a]“如此法盲老板，那就赔，一分也不能少！”大帝气愤。“仔细想想，欧阳静也不容易！”莫子溪替别人考虑起来。“当初她咋对你？这也能当HRM？不摔跤不知道疼！”大帝说。“看看再说吧！你在哪儿？”莫子溪话锋一转。大帝先是一愣，然后犹豫，想着如何回答。坦白说担心她多想；但如果说谎，又觉得对不起她。“陪兰云飞表妹逛798呢！”大帝不想彼此心中有痕。

画廊外的十字路口，行人匆匆，步履杂乱。刘灵子站在路中央，焦急地东张西望。那近似无助的柔弱，像极了莫子溪，原来，她们都是水做的。她在熙攘的人群中搜寻，终发现不远处渐行渐近的大帝。刘灵子快步上前，像只依人的小鸟，没问也没说。

傍晚出园区，坐上公交没多久她便睡了，靠着大帝肩膀。确实累，低头看她酣睡的面庞，大帝感慨。中关村附近下车，家乐福挑了饼干、面包、矿泉水和水果。她说买给表哥车上吃，大帝扫了眼，都是双份。吃完KFC出门，天气微凉，送她回宿舍时，大帝将外套披给她。

[b]回宾馆进房间，兰云飞趴在床上，用笔记本写稿。“玩得爽不？”他盯着屏幕。“爽个屁，要死了——累得！”大帝没精打采。“美女相伴，泛舟798，还累？”兰云飞又问。“故宫走到十三陵，你试试！”大帝顺势倒下，喘着粗气。“我靠，真浪漫，有情调！纪念品送你了！”他指床边盒子。“不要，想当年老子也是记者！”大帝嘟

(a) 人生如戏，若成大事先做人，坦诚相待是最起码的规则。

(b) 兰云飞费尽周折把表妹介绍给密友，是单纯见一面，还是有其他想法？

囔完沉沉睡去，没冲澡。

[a] 清晨朝地铁口走，隔着条宽马路，大帝又望了眼清华校门。“有空帮我联系下顾天远！”D41驶出北京站，大帝说。“好，回去就办！动心了？”兰云飞转过头问。“看看再说，还没想那么多！”大帝答。动车提速前行，大帝耳膜鼓胀，于是闭上眼。

D41驶离山海关站，大帝打开手机数据连接。因心疼流量，对群内无节操发图行为深表鄙视。打开总结牛人群，见大家正在探讨如何在W网一夜成名——够专业如风十三；有恒心如秉骏哥；有文采如格格乌；文风犀利如弥勒；更新快如Vivian莫离……大帝顿了顿——能抓住W网特色如翩翩公子；敢黑人会黑人如大帝。前面大家赞同，说到最后大家都吐了，包括青梅、大卡和郤犨泽。

生活是该归于平淡，还是不停折腾？大帝扪心自问。莫子溪不在身边，可能需要折腾，因为这样才不空虚。而她在身边，自己则不会沉沦，平淡亦是幸福。平淡和折腾对立么？大帝并未想清。只是觉得，折腾的日子过得更快，即使没意义。

[b] 傍晚，路边烧烤摊儿，大帝和韩逢春、兰云飞醉眼迷离。不知酒精对神经的麻醉，是否能减缓思念？亦不知如此买醉，算不算自我调戏，或是惯性的折腾。由于外行得相对彻底，新来的小子正把工作往沟儿里带。大帝对此不以为然，还学会了“装哑巴”。莫子溪起诉至法院，院方希望主持调解，但公司方多次推诿。也不知啥时是个头？大帝灌下一杯啤酒，心疼起莫子溪来。

韩逢春、兰云飞也没少喝，但没醉。“顾天远出差还没回，回了联系你！”兰云飞说完接电话。韩逢春今晚第四次描述岂涟漪签协议的经过。大帝端起酒杯，堵住

(a) 跳槽念头蠢蠢欲动，无论如何选择，先要明确想要的是什么？

(b) “空降”上司若很差劲，别当众嘲笑或越级打小报告，正确打开方式是私下提醒、侧面辅助、维护其权威。

他的唠叨，自己也一饮而尽。想自己每次酒后絮叨莫子溪的种种片断，也真是苦了他俩。

[a]“我今天看满意度调查，感觉一线对薪酬不满！”韩逢春说。“为啥？”大帝问。“效益降、奖金减……他们奖金与销售关系不大！”他答。“这短期解决不了，你想咋整？”大帝打个酒嗝。“弄份分析报告，建议总监调整薪酬。”韩逢春难得正经。

大帝没吭声，毕竟这是华锦集团内部事务。“你说分析报告——我都写点啥？”韩逢春追问。“你打算写点儿啥？”大帝反问。“搞次座谈，听他们对薪酬不满的具体原因！”韩逢春照实答。“分析制度缺陷，听他们对奖金与销售挂钩的看法！”大帝补充。“还有么？”韩逢春若有所思。“和上司讲清楚，得到授权再起草薪酬调整方案！”大帝说。

“不但一线员工不满意，几个子公司也置疑！”韩逢春递进。“你们集团这么大，瞅着欣欣向荣，没想到还挺乱！”大帝摇头。“他们说按集团薪酬等级划分子公司工资等级不合理。”他说。“咋不合理？”大帝吃根烤豆角，饶有兴致地问。“说行业差异大、薪酬差距也大，离职率都升高了！”韩逢春答。“然后呢？”大帝接话。“他们希望权限下放、灵活管理，但这涉及集团成本！”他为难。

“这个你说的又不算，做好本职工作就好！”大帝宽慰道。“我着重翻了子公司的满意度调查，意见确实很大！”韩逢春说。“最好搞个市场调查，并论证权限下放可行性！”大帝建议道。“这些我也想了，正安排人做！”韩逢春答。“拿出控制人工成本具体方案，毕竟牵一发动全身！”大帝补充。“我正闹心这事，常规一旦打破，

(a) 员工满意度下降，或与公司盈利能力、薪酬水平有关。HR 要了解生产岗（基本工资＋计件工资＋全勤奖）与销售岗（纯佣金制、基本工资＋佣金、基本工资＋奖金、基本工资＋佣金＋奖金等）薪酬比例构成差异。

有很多麻烦事！”他皱眉。“顾天远周末回！”兰云飞接完电话说，规矩后又是韩逢春埋单。

[a] 周末上午，大帝将车停在惠丰小区门口的露雨轩茶楼前。旁边是“辽 L67890”黑色宝马，兰云飞曾提起，这是顾天远的车。没想到他更早，和北大 MBA 高材生会面，大帝心存压力。上二楼敲门，小姑娘开门，二十出头，学生气十足。茶桌旁，顾天远四十出头，方脸微胖、浓眉大眼、大框眼镜。大帝进屋，他起身握手寒暄，说小姑娘是他女儿顾高阳。听他说，女儿就读东北财经，大二学财会，大帝朝她微笑示意。

“我也看 W 网，上回听小兰提起你，文章视角不错！”顾天远说。“写着玩，不用当真！”和他聊天，大帝顿觉气场不够，莫名压抑。“咱就开门见山，有兴趣出来和我单干么？”他说完，燃上支中华。“这个……您打算干点啥？”大帝略迟疑，试探道。“装饰工程，投资大概两千万！”他话不多，但信息量很大。

[b] “我能帮您干点儿啥？”大帝脑子飞快运转。“公司正在注册，人资这块还没人挑起来！”顾天远答道。“这个……”大帝喝口茶，想了很多。“收入你放心，比你现在高一大截，不过会累些！”他开始诱惑。“累倒不怕，咱这行前景咋样？”大帝想了想问。“在这行摸爬滚打多年，略有些人脉！”他笑了笑，答得隐讳。“我考虑下，尽快给您答复！”大帝想这职位，莫子溪是否做得来。

(a) 成功人士多半有幸福和睦家庭。顾天远是否早有“单飞”打算？女儿学会计是否也与此有关？

(b) 一个想创业，一个想发光，对话却暗藏心机。顾天远关心“你能做什么”？比如：视野、能力、跳槽动机等；大帝关心“你能给我什么”？比如：公司规模、发展后劲、薪酬待遇……

[a] 茶楼门口，阳光洒在脸上，天空蔚蓝，没一丝风。“喂？”上车系安全带，刚要发动车，莫子溪打来电话。她说三天后开庭，老板恐吓说再要赔偿就一起玩玩，她说她怕。大帝说他在吹牛逼，安慰她不用怕，一切都会好的。挂了电话，大帝开始订机票。

两天后，桃仙机场途中，回想认识莫子溪以后的日子。相识前独自游走，灵魂不受控；相识后心房满满，全是幸福感。网络虚幻，感情却真实，W 网除学人资经验，还客串了月老角色。值机后过安检，大帝盼着快些起飞。而登机后面对前方跑道时，大帝想到 MH370，又有些害怕。

发动机轰轰作响，像十几台低挡、大油门的解放卡车。若真从三万英尺高空掉下去，她会知道么？空姐提醒关闭手机，下意识地拨那个熟悉号码。“飞机即将起飞，请您关闭手机，谢谢合作！”空姐再次提醒。飞机弹出起跑线，顿觉耳膜鼓胀、呼吸困难。离地瞬间，大帝感到失重，有俩鼻孔大股流血的错觉。飞机爬升，穿透云层，空姐问喝什么？大帝摆手。

抵达莫子溪所在城市时，已是下午四点多。下飞机后，大帝开始后怕，虽然每次都怕，但此次更甚。找家距法院近的宾馆住下——并未告诉莫子溪。深夜，她再次打来电话，说明天不敢去法院。现在是法制社会，没事的，大帝不停安慰。莫子溪说，此时此刻，真希望大帝能在身边。不知过了多久，那边没了动静，大帝猜她握着电话睡着了。

清晨早起，感觉天气潮湿、微凉。大帝吃过早饭，提前来到法院，靠在柱子上发呆。门前椰树上的细枝随风摇曳，路边的木棉开得正盛。看着法院正门上的标，回想起大学时的民俗课。古代审判会将人绑上河边石台，神兽咬则有罪，反之释放。

(a) 劳动纠纷中遭恐吓，有人遇到过吧？

“我快到法院了！”莫子溪打来电话，有气无力。粗石柱下台阶尽头，莫子溪白色连衣裙及膝，配黑高跟鞋。她左手握电话，右手提粉色挎包，面容憔悴。“快到法院正门了吧？”大帝悄悄绕到她身后不远处。“你怎么知道？”莫子溪好奇地问。“我怎么不知道？”她转身后惊讶，却没说话。下一刻，莫子溪扑进大帝怀里，泪流不止。

[(a)] 十几平米的审判厅，审判员、记录员坐在上面。大帝陪莫子溪坐在原告席，握着她冰凉且不停颤抖的手。被告席两男一女，男的是老板和律师，女的是欧阳静。法官希望调解，大帝同意，对面意见明显不太统一。老板恶狠狠地瞪莫子溪，见大帝盯着他，随即望向别处。最后，对面达成一致，律师赞同调解。大帝放弃扣证赔偿，他们返还证书、协助办理变更证明。

调解结束，大帝对审判员表示感谢。出法院大门，见老板跟俩小混混低语，大帝把莫子溪挡在身后。老板上车未喊欧阳静，她撅着嘴脸色难看，狼狈追赶上了车。俩混混不时朝这边扫几眼，大帝掐腰站着，直勾勾瞅他们。没多久，二人骑上踏板摩托，悻悻离开。

身后的莫子溪开心不少，咯咯地不停傻笑。“九个月双倍工资和一个半月经济补偿给你了？”大帝问。“看欧阳静那脸色，你说呢？”莫子溪还在傻笑。“好吧？你赢了！”大帝松口气。“听说读者都在问，我在W网叫什么？”她俏皮地问。“尤其是弥勒那货，很八卦、不停问！”大帝牵着她手。“你可以给个提示，就说参加了封面大赛！”莫子溪耳语。

(a) 法院对法官每年撤诉率，虽平时不作考核要求，但评优时会作为参考标准，为此，法官均会尽力调解。此间，我们既要守底线，又要懂退让。

[a]“参加了么？会误导大家的！”大帝正经起来。“没参加么？”莫子溪搂紧大帝脖子，更显俏皮。“好吧，参加了！”大帝会意，猜弥勒会让谁“躺枪”？欧阳静怒火中烧，取出俩证“啪”地甩在桌上。“章还没盖！”大帝和她嬉皮笑脸。

欧阳静不情愿地取公章，大帝看到她无名指上那枚钻戒。出楼门，远远望着莫子溪，轻风拂起长发，似梦又如此真实。牵着手过跨江大桥，莫子溪挽着大帝胳膊，闭着眼走。傍晚，海边，吹着海风，莫子溪钻进大帝怀里。没多久，她便睡着了，大帝轻轻俯身……

(a) 法院诉讼离职需尽快收尾。另温馨提示：相关省市《建造师注册实施办法》规定，在建设执业企业变更后，建设证照持有人需递交《注册建造师变更注册申请表》，由原单位盖章确认工作单位变更，才能由新单位帮其注册新的执业资格证。

（四）

◎

不为人知的密谋（1）

清晨，微风拂面，海平面泛起鱼肚白。路边椰树上，身后草地中，尽是鸟语花香。每天醒来想的第一件事是工作，再想第二件事，没变化。多少生机消散在春风里？或凋零于这氤氲的水面？于得水忘记多久没出来晨跑、呼吸新鲜空气了。

生活像条河流，我们永远不知道它带来什么？又带走什么？海子的诗，朴素明朗，隽永清新，令人钦羡。同时，又反衬出现实生活的不如意，展示着孤独和绝望。面朝大海的房子，春暖花开的日子，谁不向往？而生活本身往往是场荒诞剧，让人沉沦，又难以自拔。

[a] 于得水捡起块石头，用尽力气，抛向远处的水面。石头划出完美曲线，击起水花无数，荡起阵阵涟漪。经过几年悉心运营，W 网吸引用户无数。但公司运转就要经费，物业费、水电费，员工也要吃饭。身为运营总监，高层要求缩减经费，自己理解，但也头疼。

(a) 高管累身累心，轻则头痛失眠，重则脱发抑郁！您扛得住么？

[a] 公司员工做事一向勤奋、卖力。几次三番义务加班，不加薪也就算了，现在又要缩减。于得水深觉有些对不住这些并肩作战的弟兄。还得想想办法，慨叹后看下时间，快七点半了。于得水回到车上，朝香梅路方向驶去。

听潘新民建议，又重读了一遍《明朝那些事儿》。听李江华推荐看了《大逃杀》，在那个泪流满面的夜晚。没多久，快播就因违法经营获天价罚单。不知此时若苍老师出马，是否也会获高价赔偿？等红灯时，于得水悲叹宅男神器的悲惨命运。

信号灯变绿瞬间踩下油门，中投国际商务中心已在眼前。娴熟地左右并道，车子像极了澳洲草原上裸奔的袋鼠。路边行人，或手握文件，或吞咽早餐，皆步履匆匆。这座钢筋混凝土的城市，很难有片刻的闲适。停车上楼时，北京银行的卷帘门缓缓上升。

电梯朝七楼徐徐上升，于得水显然有些心烦意乱。自公司要求缩减费用列支，又过去四个月了。显然在这件事处理上，明朝皇帝大臣都帮不了自己。而中川典子作为幸存者昭示的道理，也只是似懂非懂。走出电梯，于得水打开办公室门。

等电脑开机时，熟练地给饮水机通电。随后取出咖啡盒舀两勺，加少许白砂糖。透过明亮的窗，天有些蔚蓝，昭示着又一个热天。楼下干道上拥挤不堪，让人生厌。公交似拥挤的爬虫，与急行路人汇聚，像雨前搬家的蚁群。

开水跳闸打断思绪，于得水转身冲咖啡——香浓四溢。轻轻搅动，伴着咖啡豆味，杯中散出白雾。回到座位，于得水用双手掌心从额头抚到嘴角。自己知道内心深处的疲惫，难在片刻休整中得以舒缓。于是燃上支烟，望着烟圈渐渐消散在空气中。

八点五十二，于得水打开写字间的门朝外环视——除郑文均已到岗，郤犨泽在

(a) 左手高层催执行，右手下属表无辜，做“奥利奥”中间那层奶油，也着实不易。您会优先哪边？

打扫卫生，班森禹在群发消息。另一头，大卡在编辑资料，董青梅在整理新到货的奖品……刚要关门，见郑文飞奔而入，气喘吁吁。这小子年底绩效全优，却习惯踩点上班，于得水摇头。

九点五十，再次打开写字间的门。偌大的写字间，只有敲打键盘声，大家都在认真工作。于得水转过身，继而带上门。“通知大家到会议室开会！”拨通董青梅分机，于得水语气低沉。挂了电话，用力朝后靠去，并轻微叹气。

推开会议室门，大家正交头接耳。或是猜到主要议题？或是聊周末所见所闻？唯独郑文和大卡，各自啃着半个苹果，桌角一堆瓜子皮。二人有所察觉，将剩余苹果连核带皮塞进口中。腮帮子被撑得像两只鼓叫的青蛙。

(a)“公司要求缩减费用、尽快盈利！”于得水开门见山。大家面面相觑，不知说什么，便缄口不语。“兄弟们都不容易，我也努力过！”于得水说。想起几个月前的怒吼和纵横捭阖，自己百感交集。“大家确实辛苦，但公司也确实紧张！”于得水补充。日子还得过，工作还得做，问题终于摆上台面。生活就是一锅菠菜汤，是咸点还是淡点，自己别没了主张。

(b)“新开展的业务势头不错，但还不够！”于得水说。

郑文扫了眼于得水，担心哪句话会徒增个人的工作量。其他人一言不发，齐唰唰瞅向于得水。“专家出书能增强品牌宣传，但我们未盈利！”于得水继续。行政部主任张鹏远努努嘴，欲言又止。“部分页面试植广告，收入比预期相去甚远！”于得水道。于得水顿了顿，端起茶杯抿口茶，观察众人表情。

(a) 公司（董事会）决策应及时转达，包括高层的态度、自己所做的努力。

(b) 业务以经济效益为中心，但也应兼顾品牌宣传，有时软实力也能创造效益。

[a]“用户免费多年，现在相关业务收费会好些！”张鹏远提议。“一提收费，用户马上骂娘！”郤犨泽提醒。“现在是商业社会，哪有终身免费服务？”张鹏远据理力争。于得水燃上支烟，云雾缭绕，听着争论没插话。“要么尽快收费，要么坐等倒闭！”张鹏远心中不爽。

“这几年盈利想得少，确实有些措手不及！”于得水说。“取消实物奖，也算少了项支出！”董青梅言简意赅。“已承诺暂不收费，估计短期不能再打脸了！”于得水答。“话虽如此，我还是觉得收费利大于弊！”张鹏远坚持。“收费也是和作者按比分红，没多少利润！”于得水高屋建瓴。

“所以，重点还是经营管控！”于得水若有所思地补充。于得水说完又抿口茶水，看着两旁人不说话。“考证团购是首次合作，但效益不错！”董青梅说。“嗯，收入稳定！鹏远，咱保洁现在几个人？”于得水问。“仨！一位阿姨，两位辣妈！”对本职工作，张鹏远如数家珍。

“辞俩吧！拖了很久，终究还得说！”于得水语气坚定。“好，会后马上办！”张鹏远回答简单扼要，却凸显执行力。“建议辞年轻的，她们找工作容易些！”于得水考虑周全。“明白！”张鹏远点头。“光靠减员增效不行，大家集思广益下！”于得水说。

大家开始沉默，像事先通过气。毕竟不合时宜的言语，将带来深重的灾难。“之前的加班费……”见局面尴尬无趣，于得水再次开口。听到“加班费”三字，大家本能地抬头。于得水没继续说，而是又燃了支烟，深深吸了口。

加班费涉及切身利益，关注也正常，于得水想。此刻，对在座而言，其实死并不可怕，可怕的是等死。大家都期待加班费能保全尸，并镌刻在工资条上。“之前的

(a) 业务层面的理顺，经营策略的转换，会潜移默化影响员工及用户心理。

加班费估计全泡汤了！以后也得取消！”于得水说。郑文听完闭上眼，祭奠那些曾加过的“班”。

[(a)]“非但如此，加薪计划也要暂缓！”于得水刀刀见血。郑文听完，用力咽了下口水，却依旧如鲠在喉。会议室里，空调喷着冷气，与烟圈纠缠、混为一体。“最后，勤俭节约要执行到位，比如空调！”于得水强调。随后拿起遥控器，将强风模式调成省电模式。

[(b)]“不靠减员增效，但还是会有人离开！”于得水语重心长。一剂预防针，既打了招呼又鞭策了下属，董青梅感慨。马儿没吃草，还要奋力跑，郑文嘀咕。要么发奋，要么滚蛋，在座各位心中暗自嘀咕。空调温度调高了，但却凉意来袭。

大家就这样一声不吭地坐着。唯有空调导风板，偶尔发出摩擦声，吱吱作响。大家扭头瞅于得水，等他宣布更糟的决定。这一刻，大家像等待“上刑”的仓鼠，却又无力反抗。郤犨泽闭上眼，见大家争先恐后地冲向终点……

许久的沉默，大家各怀心事。于得水看时间已接近中午，即使还有很多话想说。好在缩减经费的风算吹下去了，大家也需要时间消化。尽快结束这压抑的会吧，于得水环视四周。“公司经营逐渐趋于利好，面包会有的！”于得水为各位打气。

打气没发挥太大作用，几乎没人回应自己。看来还都深陷坏消息及失落中难以自拔，于得水猜测。裁员增效、减缓加薪、停发加班费，着实让人打不起精神。这远比坠机暴乱台风地震更残忍，因为它关乎切身利益。此时此刻，任何暖人心的话，都略显苍白无力。

(a) 几个小动作不能在缩减费用上立竿见影，但还是要从“积小流、积跬步”做起。

(b) 压力是把双刃剑，一方面能让员工有工作动力，另一方面，员工没有安全感和归属感。

“大家都了解，最近东南沿海都在军演！”于得水岔开话题。“可不？华东八机场都停降航班了！”董青梅接过话茬。“国防部及时辟谣，说军演非航班延误主因！”班森禹难得插话。“这不重要，重要的是咱一董事是军方高层！”于得水神秘兮兮。大家静静期待着，想知道他下面要说什么？

[a]“他朋友说，借军演能提供次拓展培训，时间待定！”于得水说。众人听完交头接耳，一阵骚动。“具体事宜还没定，只是有这么个意向而已！”于得水补充。一条工作外消息，确能缓解淡淡的忧伤，于得水略感欣慰。也就是在这一瞬，于得水有了新想法。

还是再考虑下，等想法成熟再说吧！于得水劝自己。“这次算试水，下步怎么做大家都想想！”于得水说结束语。大家收拾东西，准备起身。“大刀阔斧的改革还在后面，现在权当休会！”于得水补充。众人听完，顿时没了食欲，悻悻地朝门口走。

关了空调，坐在座位上，于得水陷入沉思。一口气宣布了权衡已久的措施，自己却未感轻松。不能给辛劳的下属谋福利，某种意义上便是不称职。事实和结果就摆在那，虽是不得已而为之。鬼知道下面会发生什么？走一步算一步吧，于得水宽慰自己。

望着瞬间空下来的会议室，再次燃上支烟。坏消息的宣布，总会让人面临困境，于得水感慨。无论事前、事中及事后，都会内疚和焦虑。而对任何员工而言，被离职都将是职场中最糟糕的一天。因为对于他们来说，工作就是生活，是第二个家庭。

午休时间里，思维不停跳跃，于得水觉得困顿。下午上班，见了几个想入驻W网专栏的专家。洽谈合作事宜时有些昏昏欲睡，摇摇头强打起精神。在见出版商前，来到洗手间，用自来水洗了脸。冰凉的水冲在面颊上，瞬间清醒许多。

(a) 各类会议若议题沉重，姗姗来迟的“好”消息能救场。

生活中，我们总像智者一样劝慰别人，却像傻子般折磨自己。对着洗手间的镜子，于得水感叹。生活在别处，或许身处地点之外的“别处”，才真正值得怀想。而生活本身就不完美，与其沮丧抱怨，不如坚定信念。用毛巾擦脸时，于得水不停劝慰自己。

再次回到办公室，出版商已等候多时。“得把握节奏，急也没用！”谈及出版事宜，于得水斩钉截铁。“什么时候有准信儿？”谈到最后，负责人发难。“九月初活动会很多，我们可以共同关注下！”于得水答。“有什么好关注的？一群新手入学而已！”感慨中充满蔑视。“是没看头，但专栏将有新人入驻！”于得水说得神秘。三人对视后，不约而同地点头，随后起身告辞。

日子过得像新闻联播，于得水送走客人喊自己，郑文感慨。每天围着日志编审，和几百人聊天、约稿。工作周而复始，好像很难有尽头，生命的种子飘零其中。“开学典礼要做好，尤其是专家入驻这块！”于得水叮嘱。郑文表示明白，不住点头示意。“相关方案不明白，可以百度参考下！”于得水善意提醒。老娘不用百度，老娘就是活百度，郑文忿忿地想。

傍晚，一抹火霞褪去燥热的骄阳。于得水出门见合作伙伴，谈完业务，已是五点多。“今天我接孩子补偿下！”去幼儿园途中，于得水给老婆打电话。“哈！太阳打西边出来啦？”老婆先惊后喜，满是挖苦之意。随后摘下无线耳机，朝普林斯顿幼儿园急驰而去。

隔着段距离停下车，想给女儿个惊喜。等待放学的间隙，抽出支烟燃了，想着下步经营策略。车外凉风习习，索性关了空调，车窗四开。透过天窗，车顶有鸟儿叽喳而语，时而有几片绿叶飘然而至。天不凉，盯着车外零星的叶，于得水望得有些出神。

幼儿园门口，私家车不断聚集。十几分钟时间，车辆交错纵横，家长下车上车。车人渐少，仍不见自家“小可爱”，于得水眉头微皱。刚要下车，年轻的女园长领着宝贝女儿及时出现在门口。女儿大哭不止，园长不停地哄，稍显手足无措。一起出现的还有一男孩，被一年轻妇女拽着，不停数落。于得水搞不清状况，情急之下，忙发动车子赶过去。

“抱歉，没照顾好孩子！”于得水下车，园长不停道歉。“对不起，是我家孩子……”年轻妇女转身，两人都愣住了。“你不是那个……”于得水认出是保洁员小吴，但叫不出全名。“嗯，于总好！”小吴更显拘谨。“什么总不总的，都是家长！”于得水忙说，毕竟她还年长两岁。

女儿甩开园长的手，跑过来抱于得水大腿。“怎么个情况？”于得水随口问，小吴张张嘴，却没说出话。“刚这位家长来办转学，他就趁机推倒了她！”园长描述。“事发突然，我一定严肃处理老师！”园长再次道歉。“不是幼儿园的错！怪我没教育好孩子！”小吴低声道。

(a) 朝男孩望去：头上三撮头发，和三毛如出一辙。再俯下身看闺女，膝盖破了皮，小白裙上血迹斑斑。闺女略微抬头，委屈得不停抹眼泪，大眼睛扑闪扑闪的。“为什么转学？”于得水边问边去摸小男孩的头。他极不情愿地甩开，眼中充满敌对情绪。于得水始料未及，自嘲地摊开双手，耸了耸肩。时间静止，男孩低下头、不说话。

“不许这样，平时怎么教你的？”小吴说着，手落在他后背上。男孩“哇”一声，委屈地哭。“没关系，孩子小不懂事！”于得水紧走两步，拉开小吴。“下午张主任说要辞退我，说得委婉，但我懂！”小吴低语。办转学、推女儿……于得水瞬间懂了。

(a) 高层决策开始执行，即使你处理得井井有条，结果也没什么两样。这就像杰克·韦尔奇的描述：有个男孩登上学校班车，一拳打在他儿子约翰的脸上，因为在前一天，他解雇了那个男孩的父亲……

“孩子不懂事，咱别和他一样的！”小吴不好意思地说。“说哪去了，小孩一起玩儿，哪有不斗架的？”于得水回应。“我回去一定严肃处理当班老师！”园长又及时表态。“算了，谁也不能神经时刻紧绷，也没大碍！”于得水大度道。于得水礼让半天，母子俩才肯上车，答应坐趟“顺风车”。

没过多久，俩孩子就在车里重新成了“小伙伴”。“我和爱人都在打工，但希望孩子接受好的教育！”她说。“不一定非转学吧？”于得水望向后座小男孩。“不想他输在起跑线上，这次没办法！”小吴想到失业。“也别太悲观，深圳就业机会相对多！”于得水劝慰。“来公司也有几年了，一直喜欢并珍惜这份工作！”小吴说。“从孩子发型中不难看出！”于得水边笑边接话。

天色擦黑，将母子送到简陋工棚，丈夫等在路旁。夜幕中，一家人渐行渐远，于得水觉得他们的幸福很简单。“爸爸开车，饿！”听女儿喊，于得水也觉得很幸福。“还没到家？把女儿拐哪儿去了？”回家途中，老婆打电话催。“马上到了！”沿途找家正规诊所，给女儿消毒包伤口。“不疼！”女儿龇牙咧嘴，喃喃自语却没哭。进门前和女儿约定，受伤不告诉妈妈，不让她担心。

老婆正在看《爸爸去哪儿》，闺女跑过去，一屁股坐上沙发。膝盖暴露无疑，约定瞬间泡汤。“膝盖怎么搞的？还缠了绷带？”老婆站起身，心疼地问。“没事儿，不疼！”闺女想起约定，忙用手去捂。“到底怎么回事？”老婆转过脸，声色俱厉地质问。

“也没什么！就是吧……”于得水只好不加渲染地描述经过。“瞅瞅你，半年接回孩子，还给挂彩了！”老婆找碴伏。自知理亏，于得水装没听见，盯着电视聚精会神地看。“当个总监到处惹人，人家儿子都不愿意了吧？”老婆埋怨。“可能解聘年轻的不对，解聘大的？”于得水自言自语。

“你这一天，就总得罪人吧！”老婆说气话。“下次不敢了！这次给闺女算工伤，行不？”于得水答得幽默。“还有下次？再有下次，你就别回来了！”老婆被火上浇油。于得水无奈地摇头，不再说话。“宝贝儿，疼么？”见腿上缠着绷带，抹不了碘伏，老婆问。

“妈，我饿了！”《爸爸去哪儿》一集结束，女儿说。“好，马上吃饭！”老婆抱过宝贝闺女。“缩减经费就得动人，不过想想，挺对不起她！”于得水说。天塌了，对宇宙而言，只是上帝打个喷嚏，对地球却是灭顶之灾。于得水想了想，没再说话。

[(a)] 晚饭后，沏上兰盏清茶，等电脑开机时抿了一口。茶香入口，瞬间凉快不少，随后燃上支烟。或许，浇灭希望的，往往不是困境，而是停滞不前。人们总是在原地踏步中，溺死在平庸里，却在逆境中激发斗志。于得水又想起小吴一家三口，尤其是男孩看自己的眼神。只要心是晴朗的，人生是否就没有雨天？于得水拨通电话。“周总么？我这儿有位员工，工作踏实……”于得水介绍说。

(a) 如果你不得不解聘一些深爱公司的员工，恰好又有能力为他们做些什么，那又有什么理由不去做呢？

（五）

◎

和灰狼不得不说的故事

挂了电话，打开 W 网，满眼的广告让人迷眩……这是第十八个电话，依旧无人接听，或被拒接。输入熟记于心的学号，点下总结频道的按钮。翻看总结发现他在评论女卡卡的日志，或称作“调戏”。那些“调戏”，依然有着让女孩心动的甜言蜜语。只是楼主变成另一个樱花。静静的夜，在时空里被撕扯，异常漫长。

换做几天前，若有人问我最不能忍受异性的哪些行为？我想，我会毫不犹豫地回答——活着。但此时，看他和异性打情骂俏，我发现自己没那么怨妇。我是帅哥不是怨妇，在剧烈的刺痛中，我一遍遍提醒自己。鼠标移至右上角的“设置”，点击“账号信息”，在昵称后点“修改”，我将樱花改成顺水平舟，性别男。夜凉如水，心却淡然。

有时，明知爱上那个人是个错误，却还是死心塌地地爱了；有时，明知自己这样做是不好的，却还是执迷不悟地做了；有时，明知他的心已不在这，却还心甘情愿地把心给他了；有时，明知他不再爱我，却还是将电话习惯性地打给他了；有时，明知自己不能再这样下去，却还是不由自主地哭了。

灰狼不是狼，是色狼，三年前的夏天，W 网这样疯传……我此时还清晰记得，他曾在 QQ 上借汪国真的话，允我情意——不要以为，当我没有注视你，便是心中对你没有牵挂；就像不要以为河水一直流向远方，就表明对两岸没有眷恋。他就是借用这句话，将我推向感情的漩涡，及万劫不复的深渊。

感情让我们前仆后继，像飞蛾扑火，没太多原因。若非要挤出个原因，那就因为，他是火。那时的自己很天真，天真得有些迂腐——以为天空总是蓝的，海水总是咸的，他的眼神永远是温暖的。现在回想，或许无论哪个行业，专业的都越来越贵。如果很便宜，不是你捡到了便宜，而是被别人练手了。而生活就像被强奸，不管压力多大，你都必须撕咬挣扎。

意识如潮水，将记忆冲得支离破碎，往事不受控地涌上心头。原来眩晕并不一定是贫血，过度感伤也能达到同样效果。我或许不能再轻易快乐了，蒙尘的眼亦失去发现爱的能力。或许我注定孑然一身，孤独终老。只有努力工作，才能让迷离的眼神愈发清澈。又或许，我注定与爱情无缘。湖南又下雨了，我还有勇气继续回忆么？

2011年，我离开湖南，到广州一家公司上班。因为做 HR，误打误撞进了 W 网，每天乐此不疲地抢楼打卡。没过多久，通过了一个 ID 叫灰狼的好友申请。也就在那时，常出门招聘的我，被很多无业游民追得无处躲藏。灰狼身为教师，人类灵魂工程师的名头，很快吸引了我。

身为168cm、45公斤、70c 的女孩，平时受够了猥琐男的意淫。那时的我，郁闷之情溢于言表，希望能找个信赖的人倾诉。只可惜，当时身边的环境，根本不给我这样的机会。恰在此时，灰狼手持爱情双刃剑，闯入我空虚的内心世界。一场轰轰烈烈的悲剧，就此拉开序幕。

用他的话说，那时的我，清纯得让人不忍欺骗。当时《甄嬛传》风靡全国，我常在Q上说他“贱人就是矫情”。他每次都装可怜，即使在办公室，我也常忍不住掩面偷笑。或是他太有心计，总能轻易猜透我的心思，投其所好。少女的心，就这样轻易被他捕获。

今年四月下旬，W网的朋友组织线下聚会活动。一起去好吗？我们见面吧！隔着空间，他在另一端打字。被爱情冲昏头的我，已顾不上此行的危险，毅然钻进出租车。“去荔湾区！”我对出租车司机说，语气坚定。下车时，从眯起的双眼能看出，他对我的身材和相貌十分满意。

我昂起头，仔细端详眼前这个最熟悉的陌生人——外表十分忠厚，忠厚到我没看透那路人皆知的司马昭之心。“你真漂亮。”他在我耳边夸奖。薄荷味口香糖的气息，令我怀春的少女之心悸动不已。我竟有种莫名的冲动，巨蟹的理性及时扶正了我迷乱的脚步。“看你W网头像，我以为是卖烤串的！”我咯咯地笑。“羊肉串，新疆羊肉串，得一得一香！”他卷着舌头模仿。

活动很成功，大家一起玩游戏、谈人资。傍晚时分，聚会即将散场。灰狼邀我去深圳玩儿，我竟鬼使神差地答应了。他说今晚住朋友家，秉烛夜游。我猜，不过是想明早顺路接我而已。

清晨第一缕光照进窗棂，我俩已登上首班地铁。一号线转二号线，前往广州南站，只见人潮涌动。望着手中地铁牌，我俩竟略显尴尬，相视无语。地铁上更挤了，我有些站不住。“往我这边站站！”灰狼说着，揽我入怀。

还没来得及反应，我已靠在他的胸膛上。红云浮上面颊，灰狼掩饰不住兴奋。过安检后乘一号线，“世界之窗”站下地铁。进了世界之窗大门，乘两次电梯，我俩登上铁塔之顶。“那边就是香港！”他指过去，我却什么都没看到。

世界之窗转小半天，又转战锦绣中华。阿诗玛三字的断崖下，灰狼讲述彝族女子的传说。傍晚，某条路的 supermarket，他还为我买了件蕾丝内衣。“穿给我看好不好？”灰狼色迷迷地问。当时我没说话，在他看来，沉默或许就代表同意。

在他软磨硬泡下，我竟同意了在住所留宿的过分请求。恋爱中的人啊，请替我珍惜，女孩子的初恋，只有一次。以前，我一直无法理解，处女如何主动献出贞操。直到我遇到了灰狼。任凭他狂野的动作，我如风雨中一叶扁舟，随波逐流。

我已经记不得，他是如何褪去我身上的衣物。记忆里唯一残存的，是他急促的喘息，和我不自主的紧拥。我即将放弃半推半就，接受女孩到女人的转变。“我们不能这样！”他突然停止动作，大义凛然地说。后来，他慷慨激昂地演讲，说和 W 网的编辑们关系如何密切。我没听进去，眼里只有他那空若无物的内裤。所有的话都是借口，真相就是他不行，我这样告诉自己。

他几句话，就将我黯然返回的感伤，转为对他死灰复燃的思念。樱花，你知道吗？都说思念让人孤单，孤单则让思念更凝重。而我因为你，患上了无法治愈的病。你的出现，让我像嗅到阳光的陈腐一般，渴望得不能自抑。尤其是对你这样一位 168cm、46公斤、70c 的天生尤物。我也是正常的男人，你能理解我吗？我在屏幕前使劲点头，我想我爱上这心思细腻的男人了。

“我去广州看你吧！你要尽那个地……”灰狼突然打字。“地主之谊！”我及时接道。“这可是你说的！”我猜，他一定在那头淫笑。何员外那部《毕业那天我们一起失恋》，我很早以前就读过。用里面的对白来骗我，未免太小儿科了吧？这一瞬，一种从未有过的厌恶感浮上心头，如蝇在喉。“你来做什么？”我冷冷地问。

你相信我吗？过了很长时间，他才回我五个字，外加一个标点。一个简单疑问句，却击垮了我最后的心理防线。是的，我连最珍贵的东西都准备给他，还有什么理由怀疑？我有点恨自己，差点冤枉了一位绝世好男人。

“马上出站，你在门口？”灰狼发短信时，夕阳散尽余晖。是的，夜晚即将来临，像逃不过的梦魇。站在出站口，我扫了眼手机屏幕，五味杂陈。夹杂在农民工中的他，实在难以辨认，好在他先认出我。“樱花，等着急了吧？”他边问边拍我屁股。

“先找个地方住吧！”我尽量躲开他那如影随形的咸猪手。“住你那不好吗？”他嬉皮笑脸。“那……好吧！”我迟疑几秒，还是同意了。通往市中心的地铁上，我默默想着心事，不想说话。他倒是很兴奋，谈笑风生地讲他在深圳如何威风八面。横飞的吐沫，甚至引来旁边几个红毛 MM 对我艳羡的目光……我经意不经意地瞟他两眼，没说话。

我的小窝，与其他女生没什么分别。不知谁曾说，双人床是单身女子出外旅游探亲访友必备之物。我一度没理解这话是否有暧昧成分，只知道大床睡着舒服。可惜，灰狼却将我的床看作暗示，一种和性有关的挑逗。故而刚关上房门，他就开始脱我衣服。

“你对每个女生都这样吗？”我边说边推开他。“当然不！因为我喜欢你，想拥有你的一切！”他喘着粗气。“是么？”我嘴角动了下，挤出个微笑，冷冷地看他。灰狼似乎也感觉到，刚才的莽撞与身份不相称。于是，便不再纠缠。我们出去走走？他微笑着对我说。好啊，我的心情瞬间由阴转晴，却没有猜到结局。

我领他去珠江边转转，顺便游览大元帅府。似乎很傻，但我真想不出有什么地方可以去。登上夜游珠江的客船，我一直用余光关注着他。不过他好像更关注船上那些漂亮妹子的胸部，我只好长叹一声。“广州哪里美女最多？”小蛮腰近在咫尺，他意识到我的存在。“白云区那边，不过天河时代广场也不少。”我答道。“有兴趣去转转吗？”我补了一句。

“好啊！”灰狼兴致马上又高起来。“夏天更好，她们穿得更少！”我冷冷且委婉地表露不满。“没发现能和你媲美的！”他嗅出醋味，轻搂我的肩。我噗哧一下笑出声，油嘴滑舌确实有种特殊的魅力。风迎面掠过，我感到丝丝凉意，瞬间打个喷嚏。“冻到了吧，小心着凉！”他体贴地将外套披到我肩头。我冲他笑，算是感谢，女人的笑都很美，但我并不是爱笑的人。

“买点东西回去吃吧！”灰狼似乎急于和我独处，远离世人。我们打车去家乐福，他挑了一大堆速食产品。在收银台，他熟练地拿起两盒 durex，放进购物篮。杜蕾丝总比毓婷好吧？我这样安慰自己。为保持身材，我晚饭只吃水果，他好像也有心事，没吃多少。所以，整个晚餐环节，并未占去太多时间。“我去洗一下！”我向浴室走。

“一起洗鸳鸯浴吧！”他拉住我。“还是不要了！”我把他的手甩开，将浴室的门反锁。或是羞怯的天性作祟，我无法接受异性向我的裸体行注目礼。出浴室时，我仍将自己裹得严严实实。虽然眼前这男人是我的最爱，但我只熟悉 Q 上那跳动的头像。当真实的他站在面前，短暂时间里，陌生感仍无法消除。“你也去洗洗吧！”我递他一条新毛巾。

浴室里，水流冲刷地面的声音，撞击着我脆弱的耳膜。我眼睛盯着电视，却不知在播什么，胸口狂跳不止。该来的总要来，当他裹着浴袍走出，我想。“温柔点好么？”想着初夜将献给眼前这男人，我略感紧张。我也能感觉到，浑身的肌肉在逐渐僵硬。

据说大多数强奸案，都是女子放弃了反抗。意大利曾有一起案件，因女孩穿牛仔而宣判嫌疑人无罪。理由竟是若非被害人主动协助，牛仔裤脱不下来。此时，我已完全笼罩在男性持有的气息中，身若无骨。侍儿扶起娇无力，或许并非长时间桑拿，而是受了宠幸。万事俱备，只欠东风，我突然感觉体内有股热流，呼之欲出。没错，我姨妈来看我了。

此刻，我还依稀记得灰狼眼中的异样表情。现在回想，或许整桩事就如一出闹剧。他虽如开闸泻洪般难收，却还没混蛋到不考虑我身体。只是他长舒口气，侧过脸，拿赤裸的后背对我。夜，长长的夜，无眠亦无话。

想甩掉一个女人，分手的话留给她说，这才像男人。比如，选择慢慢疏远她，她会明白你的想法。灰狼就是这样对我，电话不接，短信不回，QQ对我隐身。“你真那么忙？”那天夜里，难得抓住他上线，我问。“嗯，最近学校事多！”回答后，他又及时隐身。

“你对我厌倦了？”喝了口浓咖啡，我死盯着屏幕。“没有啊！”这次回得及时，却只仨字，外加一个标点。“有就说有，我又没要你负什么责！”我手心冰冷。“我觉得我们不适合！”又过许久，灰狼回复。“就这样把我甩了？”说完我就后悔了，觉得像个傻子。“那你还想怎样？”那头发来的文字，让我彻骨心寒。今夜注定又是伤心夜，我呆坐半天，关机时已满面泪痕。

失去了最爱的人，我已失魂落魄，双眼皮哭成单眼皮。工作简单交接，我便递交辞呈回到湖南。受伤的我，只有家，才是我唯一可以停靠的港湾。樱花已凋谢，想起与他泛舟湖畔，顺水平舟这名字贴切。据说他也辞职了，深夜对镜梳妆，我独自发笑。

（六）

◎

七进七出，却非子龙

笑过后，又看下刚写的打卡，戴海安站起身。夜幕中的苍穹，皓月当空，星光点点。无锡的冬，多是暖冬，既不干冷，亦无雪影。这有糯软锡剧唱腔、灵山佛音、二泉映月曲凋和无锡排骨。大美无锡的过往和当下，均被江南烟雨、太湖碧波孕育。

身为牛人，“带你去海边”这 ID 名贯 W 网。出任公司 HRM，手下俩女将精明能干、一点就透。“海边锅锅，头像为什么是赵子龙？”女卡卡嗲嗲地问。“我自己书生气过浓，喜欢威武霸气的赵子龙！”海边答。“原来是缺什么补什么！”女卡卡顷刻间茅塞顿开。

“海边锅锅，你为什么叫这名字？”女卡继续卖萌。“和我真名谐音，比较好记！”海边乐于解答。“带几个女生去过海边？有几个惨遭咸猪手？遭毒手的有女下属么？有面试等结果的么？”男卡卡调侃。看到这类问题，戴海安便佯装不在。

之所以选择拒答，与提问者是男卡卡有莫大干系。很多次，海边都为自己得逞的小伎俩窃喜。“难道他没在？刚见他回复挺及时哈！”有人问。“透露个秘密，他每次去海边，都带俩女生……”大帝说。“滚！”海边终于按捺不住。

此刻，圆月洒下皎洁的光，为整座城披上银纱。十一月，无锡的夜，寒意微泛，略显清冷。楼下小区，街灯散出悠黄的晕，不耀眼，透出温馨。又是个静谧的夜，有多少人在挑灯备战人资考试？海边攒足力气，打了个酣畅淋漓的大喷嚏。

朝阳从地平线喷薄欲出，无锡也迎来新的一天。无锡锡山山无锡——唐伯虎的对联，道破古城名字的由来。拉开窗帘，一米阳光倾泻而入，儿子睡眼蒙眬。“快起，上学迟到了！”戴海安挠儿子脚心，父爱展露无疑。见儿子没动，他轻轻摇头，出卧室去洗漱。

老婆在准备早餐，老太太定是准时出门买豆浆了。见老婆忙里忙外，感激之情油然而生。她做财务，本有出国深造机会，却为这个家留下来。相夫教子、相濡以沫、贤妻良母等词涌上心头。是的，只能用一生呵护，弥补她的义无反顾。

早餐后，老太太送孙子去幼儿园，戴海安和老婆同出家门。“周末有时间，咱去看看海宁吧！”老婆锁门。“嗯！”戴海安感其思虑周全。“注意安全！”二人方向相反，老婆叮嘱。“你也是！”戴海安说完，朝公司进发。

空气格外清新，阳光暖暖的。上班路上，戴海安回想起大学毕业的十年职场路。为成为公务员，大学学行政管理，却阴差阳错进了企业。十年时光如梭，恰似白驹过隙。自己也不再是那个四处碰壁的懵懂学生。此刻，自己已具备六年生产管理经验、四年 HR 管理经验。公务员美梦早已远去，人得早点学会面对现实。

沿着中山路朝前走，时代中心大厦和明珠大厦已隐约可见。人要干一行爱一行，不爱是傻话，说爱是假话。想起专访时说过的话，戴海安淡然一笑。手机响起，是公司老板万天明。“到哪了？”万天明开门见山，也符合他的一贯作风。“公司门口！”戴海安忙答。“一会儿来我这儿一下！”万天明说完挂断。

[a] 说实话，自己是他在十年前的校招上“画大饼”忽悠来的。当年经验少，他身为民企老板，很多承诺至今仍未兑现。而自己校签后，也把其他“罗马”之路堵得死死的。望着大牌公司给出的诱人薪水，也只能望洋兴叹。毕竟不想承担数额不菲的违约金，妹妹上学也需要钱。

毕业前的几个月，只能心里不停劝自己——金子在哪儿都发光，是狼到哪儿都吃肉。但七月报道，看到荒凉的厂区，也开始置疑自己的选择。读大学就为走这条路？人生像凄清悲情的荒诞剧。而自己又不是导演，无法左右结局，只能任剧情野蛮发展。

角色转换，瞬间变成车间小技术员一枚，像被套了犁的黄牛。前途或许光明，怪只怪自己走得太慢。但路再长也得走，为年迈的父母，和读书的妹妹。几年下来，从技术员到车间主任，再到生产管理组长。万天明也是满脸惊讶，连称沃土压不倒幼苗。一路艰辛苦涩，只有自己最清楚。随后岗位调整，万天明让自己做人力，一做又是四年有余。

刚做 HR 那会，顶头上司名义上带自己，但却没教过什么。没多久，他就因身体不好，长期在家静养。那时，万天明也不太重视人资工作，一味地抓生产销售。自己私下狂补专业知识，力求做到精准、敏锐。事实也证明，命运的天秤，终会倾向有准备的人。

[b] 到新岗位半年后，按照万天明要求，扩招了一大批操作工。他要求尽量节省

(a) 签就业协议是把“双刃剑”：企业收了人才，但招聘名额变少；毕业生有人“要”了，但遇到更好机会就少了选择，双方均须慎选。

(b) 《劳动法》规定，用人单位自用工之日起，即与劳动者建立劳动关系，岗前培训既是劳动者的权利，也是用人单位的义务。对操作工的岗前培训，是受公司指派参加，应视为劳动者提供“用工”。

开支，一个月岗前培训不算正式工作，只发600元生活费，培训完根据表现决定去留。当时，自己曾坚决反对，并委婉提醒他占小便宜吃大亏。但他面露不快，打擦边球心意已决，自己也只能作罢。不出所料，受训员工不接受并提请仲裁，公司损失二十几万。此后，万天明重视起人力资源工作，并任命自己为部门负责人。

[(a)] 那件事到现在，又过去三年了。在他关注下，自己也及时摆脱了光杆司令窘境，有了俩下属。人资工作相继铺开，并取得较好成效。刚听他电话里语气沉重，一定是又有棘手的问题了。戴海安想到这儿，加快了脚步。

“来了？”办公室门半敞着，万天明刚接完电话，随口问。“嗯！万总有何指示？”戴海安边进门边谨慎地问。天明灯具有限公司做出口，年产值几千万，纯利润几百万——四十几岁的万天明，无疑是事业有成的代名词。这也是戴海安死心塌地跟他干的原因。“坐下说！”万天明指指桌前座位。戴海安侧身坐下，抬头瞅向万天明。

[(b)] “你刚来人资部，仲裁败诉那次，还记得么？”万天明引入正题。“记忆犹新，公司还……”戴海安想到赔款，说完又觉不妥。“当时招的电气工程师，还有印象吧？”万天明没太在意。“他们有证，咱还是花钱外请机构进行了培训！”戴海安对答如流。“八个人都约定了五年服务期！”见他没说话，戴海安补充。“听说要集体离职，你处理下，最好能留住！”万天明若有所思。“哦？好的！”戴海安先是

(a) 十年辛酸坎坷职场路，说明金子终要发光。工作出类拔萃，老板自会看到。

(b)《劳动法》第二十二条规定，用人单位为劳动者提供专项费用，对其进行专业技术培训的，可与其订立协议，约定服务期。同时，《劳动法实施条例》第十六条规定，《劳动法》第二十二条第二款规定的培训费，包括用人单位为了对劳动者进行专业技术培训而支付的有凭证的培训费用、培训期间差旅费用及因培训产生的用于劳动者的其他直接费用。

一愣，随即心领神会。

一个女人顶五百只鸭子，回办公室时，俩下属等在那。趁他不在，一千只鸭子在畅谈周末逛街、看电影、相中的衣服。“九零”后的世界自己不懂，不知有几条沟，自己感慨并摇头。但每周碰头会风雨无误，汇报工作进度，并安排下步重点。二人见戴海安沉着脸，瞬间安静下来，改换职业面孔。

结合公司实际和两人特长，戴海安将日常工作进行拆分。周家玉活泼，粗中有细，负责招聘和培训。安乐沉稳干练，心思缜密，是做绩效和薪酬的好手。两三年下来，自己对她俩满意至极。而人资规划和劳动关系，只能自己亲自上手。

“怎么了？这么严肃？”刚坐下，周家玉心直口快。“没什么，在想事！”戴海安答得若有所思。两人汇报完工作，戴海安没说话，屋子里异常的静。“小周，一会把电气工程师的服务期协议拿给我！”戴海安吩咐。“好，我这就去拿！”周家玉站起身，朝门口走。

[a]“顺便约钟队长来坐坐，明天上午吧！”戴海安补充。“好的！”周家玉说完，身影消失在门口。“回去看下他们绩效，再查下同行薪资水平！”戴海安冲安乐说。“这就去！”小安声音像电台主播，每次年会都是她主持。望着她出办公室，戴海安脑子飞速运转，顺势打开电脑。光棍节后，W网又开始了新一期年度征文。上次喜获纯银镶钻项链，眨眼间，一年又过去了……

(a) 员工在约定服务期内有提前离职意向，HR应调查区域内同行业当前薪资水平，并结合自身薪酬体系及员工综合业绩等，采取合理应对措施，尽量规避行业风险。

[a] 整个下午，戴海安都在研究服务期协议。同时，对比翻阅绩效考核表和薪酬发放记录。他们究竟为何离职？自己揣摩不透，准备着明天的面谈。“我今天下班早，要不咱早点去？”傍晚，老婆打来电话。“也好！”戴海安揉揉太阳穴，犹豫后答道。

出公司大门，西下的夕阳，洒下金红色的余晖。夜幕下车流奔袭，像群秩序井然的蝗虫，所到之处，霾雾四起。透过出租车挡风玻璃，前车转向时，尾灯闪出晕黄的光。坐在后座上，想着命苦的妹妹，还有那些不堪回首的往事。它们亦幻亦真，似刚落幕的舞台剧，既痛彻心扉，又历历在目。

为使兄妹平安宁泰，父母给自己起名戴海安，妹妹叫戴海宁。妹妹乖巧心善，从小学到研究生毕业，没让父母操过心。也许是因前路走得过于平坦，老天都会妒忌。于是，它像是给妹妹下了蛊。魔咒不但摧残着妹妹的身体，还折磨着家人内心。

MH370的新闻，媒体不再热炒，渐渐淡出国人视野。对局外人而言，消息或可有可无，去哪了与自己毫无干系？而对逝者的亲人，却是场永远挥之不去的梦魇。因为妹妹失去了未婚夫。自己失去了好同事、好哥们，外加——好妹夫。

房建石，瘦削帅气，被妹妹领来见家长，立刻被认可。自己当即被惊呆，同事两年，他俩地下恋情竟能如此隐秘。妹妹大二时他大四，入职五年，两人却已热恋七年。他在公司的口碑和在东南亚的销售业绩，让自己没理由反对。年初婚礼后的马来西亚蜜月行，却拉开了一场悲剧的序幕。

蜜月接近尾声，两人本该一起回国，他临时决定去见个客户。便哄妹妹先飞北

(a) 服务期，是用人单位与获得特殊待遇的劳动者在劳动合同或其他协议中约定的劳动者应当为用人单位服务的期限。约定服务期，以双方存在劳动关系为前提，又不同于劳动合同的期限。服务期必须在法定情形下才能约定，期限内劳动者不能解除或终止劳动合同，若硬要解除，应支付违约金或承担赔偿责任。

京，等他一起看升国旗，说自己随后就到。那晚，妹妹还打电话说要早睡，然后起大早去机场接他。谁知在机场等一上午，也没有MH370抵达的消息。中午沮丧着回酒店，才在电视上看到航班失联的新闻报道。

清晰记得，妹妹电话中声音的颤抖无助，甚至绝望。一场浪漫的蜜月游，心中刚填满美好回忆，一切瞬间崩塌。那人或已永远消失在这世界上，就像从未来过。"哥，我要飞回去！没准儿他没坐这趟！"妹妹声音依然颤抖。"你先别急，等我过来！"说这话时，自己已在去苏南机场的路上。

首都机场旁的希尔顿酒店，戴海安进门，一眼便望见妹妹。她独自坐在休息区，两眼无神，目光呆滞。"海宁！"戴海安来到她身边，手里攥着两张机票。"哥，咱马上飞过去！"戴海宁想站起身，一趔趄又坐下去。戴海安搀起她，朝候机大厅走。

MU271准时起飞，戴海宁没再说话，泪痕划破淡妆。飞抵上海前，她又默默哭了会儿，或是累了，沉沉睡去。浦东机场中转时，已是晚上七点多，戴海安将外套披给她。而当MU9861在跑道上狂奔，随即离地的刹那，自己也开始悲伤。二人在接近未知的噩耗，此行注定心碎。

吉隆坡的子夜，在双子塔映衬下，掩住部分喧嚣，略显雍容。兄妹却各怀心事，没心思看上一眼。转头看熟睡的妹妹，想着昨天她还满脸幸福，不禁心中一酸。命运多舛，谁能预料下一刻发生什么？惟有珍惜当下。起落架着地，与地面剧烈摩擦，妹妹瞬间惊醒。该来的终要来，搀着她下飞机，戴海安想。大量武装人员在机场来回巡逻，气氛紧张异常。

航站楼出口处，横幅上醒目写着：MH370乘客家属接待处。接待处的人越聚越多，表情或焦急、或茫然、或抽泣……戴海宁脚步渐缓。"他会没事吧？他没坐这趟吧？"她转过脸问。戴海安没应声，径直走过去。没和工作人员废话，抄起登机乘客明细表——自上而下，第三个是房建石，再瞅向妹妹，像只摇曳的孤舟。

[a] 她一步一挪地过来，看到名单后当即晕倒，这已是后话。再多回想已没太大意义，只是妹妹醒来再没哭过，更没笑过。她的行为举止逐渐变得古怪，比如害怕发动机轰鸣声。再比如，常独坐窗边望向远方，一望就是小半天。医生说受了强烈刺激，再后来，严重到工作都辞了。房建石消失后的前几个月，反常举止还是间歇的。

近两月，听照顾她的小保姆描述，妹妹的病情每况愈下。她现在眼中只有陶陶——和房建石一起养大的泰迪。那也是她无锡下飞机后，第一时间记起的事。除此以外，她现在不认识家人，不记得同事、朋友。像是倔强地活在自己的世界，啃食着支离破碎的回忆。陶陶也成了她心灵的寄托——形影不离。

出租车停车时，缓冲的晃动，打断了戴海安的思绪。下车时，见老婆等在小区门口。“咱妈去接儿子了，你这也太慢了！”老婆略带责备。“路上车多、红灯多，没办法！”戴海安略带歉意地笑。“快进去吧，也不知海宁最近怎样？”老婆说完，走在前面。

出了电梯，妹妹家门虚掩着，戴海安一步上前，打开门。屋内没什么变化，还是年初结婚时的样子，收拾得一尘不染。见保姆在厨房忙，戴海安朝卧室走。轻推开门，妹妹站在窗前，抱着结婚照，表情呆滞。戴海安进来，她转过脸看了眼，又转过去，陶陶趴在她脚下。“哥，陪我出去走走！”她平静地说，没回头。“好！”很久没听她如此平静的说话，戴海安愣过后说。

“早点回来吃饭！”和妹妹出门，老婆从厨房探出头叮嘱。出金科世界城小区，她走在前，身旁是陶陶，戴海安跟在后面。夜色中，妹妹形单影只，早没了一年前

(a) 描写二人虐心之恋，是为探寻人为什么而活？大帝认为，工作是为更好地生活，一旦生活目标丧失、精神支柱崩塌，升职、加薪皆为浮云。

的无忧无虑。原本稳稳的幸福，还没细细品味，却突然消失在茫茫人海。中南路上车多起来，都是顶着星光出门，披着夜色回家的人。海宁静静地走在前面，戴海安跟在身后不远处。也许，她是太寂寞了，只想出来散散心而已，戴海安想。

[a] 中南路与金城路交叉处，车流更加拥堵，二人距离又拉开些。

各类车辆鸣笛，夹着发动机的轰鸣，使戴海安心烦意乱。远远望着妹妹，她走路时精神恍惚，于是赶忙加快脚步。二人仅隔三四米时，她猛地跨过栏杆，朝马路中间冲过去。夜晚的车流，阻断了戴海安的呼喊。白色 SUV 躲闪不及，陶陶冲到身前，随即是猛烈的撞击声。伴着刺耳刹车声，戴海宁嘴角有解脱的笑，和陶陶躺在血泊中。

一切来得太突然，没等反应过来，就像房建石的离去。“120么？中南路和金城路交汇口有车祸，速来！”戴海安打电话。“不要命啦？妈的！”伴着阵阵咒骂声，戴海安躲闪车辆。白色 SUV 停在原地，双跳灯频闪，女司机下车时面色惨白。妹妹躺在地上，衣裤被血染得通红，陶陶眼珠上翻，叫声凄厉。“哥，照顾好爸妈，我想他了……”托起海宁时，她在笑。“先别说话！”见她嘴角淌血，戴海安用手拼命捂住。

市人民医院离得近，救护车及时赶到，鸣笛且闪着紫光。将妹妹平托到担架上，戴海安也及时上车。肇事的小姑娘不知所措，把车钥匙甩给交警，也钻进救护车。护士给海宁戴上氧气罩，测血压、心率……车内乱作一团。“司机，停下车！那只狗，那只狗！”小姑娘指向车后不远处。陶陶虽奔跑姿势扭曲，却在车后拼命追赶。小姑娘抱它上车后，大家才发现，一段肠子耷拉在伤口外……

“来人民医院，多取点钱！”救护车急驰，戴海安给老婆打电话。陶陶俨然

(a) 主人身陷险境，宠物尚能挺身护主，是否足以让我们反思？

已奄奄一息，血迹染红了小姑娘的白上衣。戴海宁被推进手术室时，已脉搏微弱、人世不醒。“救救她！”大夫进手术室，戴海安抓他胳膊，血染红白大褂。老婆及时赶到，听完戴海安描述，边哭边楼上楼下忙着交费。

五小时后，手术还在继续，除了等待，只能等待……戴海安没敢给母亲打电话，担心她心脏承受不住剧烈刺激。而被告知颅内大量充血必须开颅时，戴海安就懵了。护士递过家属签字确认单，戴海安签时，手抖得厉害。“妈，跟您说件事，您千万别……”戴海安拿起电话。半小时过后，老人匆匆赶来，步履蹒跚，双眼红肿。“怎么样了？到底怎么一回事？”她焦急地望向手术室的门。

凌晨三点，门灯由红转绿，继而被推开。“危险期还没过，接下来就看她自己了！”主刀大夫说。八小时的漫长手术，戴海安被抽两次血，脸色煞白无比。但听了大夫的话，还是稍微松口气。在此期间，小姑娘抱着陶陶，去夜宠店缝合伤口。此刻，它静静躺在她怀里，眼神无辜地望过来。妹妹被推进 ICU，双眼紧闭，面色惨白，呼吸微弱。

“你和妈先回去吧，我留下！”戴海安对疲乏的老婆说。“我明早来替你！”老婆想了想，随后说。“你也走吧，这事不怪你！”目送二人进电梯，戴海安对小姑娘说。“人都被我撞了，怎么也得等她醒过来吧！”她倔强又固执。见陶陶在她怀中熟睡，戴海安没再接话，摘下眼镜揉鼻梁。走廊两张长椅，两人各占一个，先后打起盹来。黑黑的夜色，像张巨大的网，肆无忌惮地伸展、蔓延……

天还没亮，戴海安猛地坐起，自己一直没睡好。每半小时会起次身，透过玻璃窗看妹妹情况，但她始终昏迷。这次，看她戴着氧气罩躺在病床上，戴海安愈发心疼。逝者安息，生者如斯，是局外人劝慰他人时最好的话语。但对曾海誓山盟的情侣而言，却略显苍白、无力。房建石若还在，一定不希望她这样！戴海安望向妹妹。

老婆来时眼圈红肿，猜她也是一夜未眠。“洗把脸先去公司吧，我今天请假了！”老婆体贴道。又朝 ICU 望了眼，妹妹依旧未醒，头上缠满纱布。“把衣服换了，海宁的我待会给她换！”老婆掏出干净衣物。戴海安低头瞅，身上除了血迹，还有不知在哪儿蹭的泥污。

[a] 爬三层楼，走向办公室，远远看到周家玉等在门口。“怎么？没睡好？”自己的疲倦被一眼看穿。“嗯！家里有点事！”戴海安未详细提及。“要么……先休息下？”周家玉很知趣，没继续打听，试探道。“还好！怎么？有事么？”戴海安打个哈欠，强打起精神。“钟队长约好了，九点过来！”周家玉答得职业，没有废话。“好！待会儿你也一起来！”想起这档子事，戴海安拍了拍脑门。

望着她出门的背影，看下时间——快八点半了。于是站起身伸个懒腰，又沏了杯茶，整理面谈思路。虽然心绪不宁，但自己也清楚，工作不会剧终，生活还得继续。随后喝口水，又仔细看了下桌上的协议和数据。“钟队长到了！”九点整，周家玉带着钟千摆出现在门口。

“钟大哥，很久没见了，快屋里坐！”戴海安忙起身相迎。钟千摆年近五十，肤黑魁梧、双鬓略白、两眼有神。“怎么？戴经理找我这粗人有事？”钟千摆开门见山。“也不算！这不也很久没见了？”戴海安挠头。钟千摆没再说话，接过周家玉沏的茶，边微笑边抿了口。

“那个……”气氛略显尴尬，戴海安又挠了下头。“还是有事吧？就怕你们读书人，拐弯抹角不爽快！”他说。“也不算大事，就是有些困惑！”戴海安赔笑，略难为情。“哦？”钟千摆疑惑了下，转过脸看戴海安。“就是……听说你们组要集体离

(a) 员工面谈喊上下属，能加快其成长步伐，某天您高升或离职，也算对自己负责，对公司、下属负责。

职？”戴海安语气委婉。

“你听谁说的？”钟千摆满脸狐疑，像被出卖了一样。“我也就听别人这么一说，难道是真的？”戴海安察言观色。“没有的事！”钟千摆一脸若无其事，但语气略显没底气。“那最好，其实万总挺器重你们，昨天还夸了！”戴海安笑道。“器重别总挂嘴上，来点实际的，比如涨工资！”钟千摆喃喃道。

“我们最近做过调查，咱的薪资不低了！”戴海安赔笑。“上月新开的公司，比咱多五百！”钟千摆犹豫了下，继而说。“新公司有保障？半年倒闭了，退休金上哪领？”戴海安问。“你怎么知道人家一定倒闭？”钟千摆不服气地反问。“咱公司这十多年，效益可一直递增！”戴海安说得不卑不亢。

(a)“而且当初培训，咱可都签过服务期协议的！”随后适时补充。“五年那个？你在威胁我们么？”钟千摆听完面露不悦。“这话说哪儿去了？绝对没有！”戴海安又挠挠头，表情平静。“没有？没有还这么说话？”钟千摆显得声色俱厉。“钟大哥，咱私下关系不错，但在其位、谋其政！”戴海安提醒。“那这职我们还离定了！”钟千摆站起身，没回头地走了。一直站旁边没说话的周家玉竖起大拇指，戴海安却若有所思。

(b)“老张忙不？和你问下！”周家玉出门后，戴海安拨通电话。“抓住易起争议的俩焦点”仲裁委的老张低声说。“受训内容和培训机构性质？”戴海安猜道。“对！培训专业性强否？是否委托第三方？”老张补充。“和预测偏差不大！谢了，改天吃

(a) 《劳动合同法》规定，提供专项培训费用，进行专业技术培训，是约定服务期的唯一情形和条件。

员工面谈想效果好，应充分准备（猜原因、查资料、看业绩、比同行）。面谈时应摆正身份（代表 HR 部门），语气委婉，方式恰当，恩威并重，软硬兼施。

(b) 与仲裁委人员处好关系，有时你会发现，“关系”确实是种生产力。

饭！”戴海安长舒一口气。

一上午，戴海安都在斟酌，如何更好地处理此事。他们提请仲裁，虽不是自己想看到的，但却左右不了。“喂？”中午快下班，老同学吕鸣鑫打来电话。“晚上有空不？出来坐坐？我买单！”老同学似乎有心事。“这几天不行，忙完联系你！”戴海安想到医院的妹妹。

“醒过，不吃东西，只默默地哭！”傍晚医院，老婆摇头。“你先回吧，我留下！”戴海安盯着妹妹，没回头。“也好，我回去看看妈和孩子！”她说完收拾东西，满脸疲倦。“你也先回吧！一天一宿，也够受了！”戴海安和女孩说。“我还顶得住！”她边说边穿上洗净晾干之前蹭满血迹的外衣。

“你叫什么名字？”许久过后，戴海安转过头问。“白书君，学行政管理，刚毕业，考了公务员！”她答。“你先回吧！这事不怪你，是我妹乱穿马路！”戴海安继续劝她。“毕竟撞我车上了！这是我爸妈买的水果。”白书君说。说完，她剥了个桔子，递到戴海安手上。“这也不是一两天能出院，你先回家补觉吧！”戴海安说。“也好！这是我身份证，押你这！”白书君塞过身份证。

[a] 深夜趴在床边，戴海安听到抽泣声直起身，见海宁望着屋顶。戴海安站起身，

(a) 空难客机失联家属可通过两个途径得到赔偿或补偿：一是商业保险，包括乘客本人自行购买及航空公司、旅行社等代为购买的航空意外险；二是责任赔偿，即发生事故的航空公司根据相关国内法及国际法所必须承担的赔偿。

蜜月婚假期间见客户谈判是否算工伤工亡？工伤认定条件：主体是劳动法律关系的一方当事人；有人身损害事实发生；损害必须是其履行工作职责过程中发生；事故与劳动者受到的损害间有因果关系；在法律规定时间内提起工伤认定。此外，还有特殊情形下工伤工亡，即：职工从事领导临时指派工作受伤；因公外出期间发生交通事故致残；工作期间突发疾病死亡；因检举违法违纪行为遭打击报复；在公司组织的或代表公司参加运动会等活动。

扯出纸抽，拭去她眼角的泪滴。“赔偿有用么？钱能换来人么？”她嘴唇轻动，声音微弱。自己知道，她说的是航空事故责任赔偿和商业保险赔偿的钱。同时，按照万天明交代，公司还争取到工亡赔偿金。此时此刻，戴海安不知该如何劝她。马云说得对，钱能解决的问题都不是问题。

“你不吃不喝，他一定不想你这样！”戴海安轻声说。“他看不到了，也听不到了！”她盯着天花板，喃喃地说。“他一定希望你幸福，无论在不在你身边！”戴海安继续劝。“心死了，幸福走了不会再来了！”她扭过头闭上眼，不再说话。戴海安心如刀绞，却无能为力。

周一上午，站在解放南路仲裁委楼前，身后是周家玉、安乐。果不出所料，钟千摆等最终还是因离职提请了仲裁。细想想，这已是做 HR 以来第六次走仲裁程序了。“材料带齐了？”戴海安转身问俩下属。听了二人回答，才自信满满地进了仲裁厅。

“一如既往地准时哈？”老张热情地和三人寒暄。“又来麻烦你们，哪儿还敢迟到？”戴海安冲他半开玩笑。三人落座，戴海安见他们还请了律师，一副势在必得的架势。老张宣布仲裁程序开始，双方肃静下来。从调查阶段到辩论，争执焦点为约定的五年服务期是否有效，延伸为是否委托第三方机构进行了专业培训并产生费用。戴海安按仲裁员要求依次提供票据，对面瞬间处于劣势。

[a] 看得出律师是有备而来，但显然钟千摆提供的信息太少。接下来，仲裁员征求双方意见，是否同意调解？“不同意！”钟千摆瞬间站起身，激动得大声嚷。律师拽了拽他，待他坐下后耳语几句，神情才渐缓和。“我方同意调解！”

(a) 公司外请讲师（委托第三方机构），对钟千摆等人进行专业性较强电气培训，并能提供相关票据，故双方签署的服务期约定有效，强行离职需支付违约金。

取得了授意，律师说。“承担违约金离职，或与公司自行协商！”仲裁员要求二选一。戴海安望向律师，见他满脸通红，一时语塞。

几天后，万天明出差回来，戴海安第一时间汇报仲裁结果。“做得不错！你怎么看？”他听完没表态，抬头问。“都是老员工，工作也很卖力！”戴海安答得委婉。“嗯！都走了也是损失！”万天明若有所思地揉揉下巴。“而且，仲裁没走到裁决程序，对公司也有利！”戴海安补充。

[(a)]“月薪普涨些吧，都不容易！”万天明斟酌后决定。“涨……多少？”戴海安犹豫了下，继而问道。“五百吧，让他们好好干！”万天明说完叮嘱。“加薪这么多，他们会满意的！”戴海安答。“把活儿干好，有酒喝、有肉吃！”万天明的话极有深意。

仲裁回来，戴海安就琢磨给几人争取加薪，这回终于如愿。“真的假的？”接到电话，在家闹情绪的钟千摆变了声。“给那几个人加！你不坚持离职么？”戴海安说完要挂电话。“等等——等等！”钟千摆捉急地喊，再次破声。“怎么？”戴海安心底暗笑。

[(b)]“小戴，都为多挣俩钱儿，普涨绝不能少我！”他说。“不去别家了？”戴海安明知故问。“不去了！加薪的事，感谢你、感谢万总！”他忙答。“加不加的这几年万总待咱可不薄！”戴海安点到为止。“没下次，没下次了！一会儿就上班！”钟千摆喜形于色。

(a) 仲裁等进展情况应及时汇报。上司征求意见，既不能没想法，也别太直白，最好是既能保护自己，又道出建议。

(b) 公是公，私为私，钟千摆、戴海安双方：一方为争取个人利益（加薪），另一方为做好本职工作，虽曾因此“对簿公堂”，但私下还是好同事、好哥们儿。

[a] 下午，钟千摆等人来办公室，满脸堆笑硬要塞礼物。“烟酒拿回去，电影票我留下！”戴海安指着四张票说。众人拗不过，只好提着礼物回车间，出门前不停道谢。就加薪这点诉求？会哭的孩子有奶吃？戴海安目送几人走远。“你俩过来下！”随后，戴海安打电话给周家玉和安乐。

“有事？”二人敲门进来后问。“《匆匆那年》和《我的早更女友》！”戴海安指着票说。“哪儿来的？您奖赏我俩的？”安乐试探着问。“你钟大叔给的好处！”戴海安半开玩笑。“周末不和嫂子去浪漫浪漫？”周家玉看了眼电影票，随后问。“早过那年纪了！而且最近家里有事！”戴海安想到海宁。“那我俩就……收了？”二人拿了票，喜笑颜开。

周日下午，保姆来医院替换，打了开水帮海宁擦脸。出门时，戴海安又望了眼妹妹——两眼无神。自车祸以来，她愈发沉默寡言，依旧活在自己的世界。担心又不知如何安慰，便只期待奇迹。幸好还有陶陶，关病房门时，见它趴在门口。

出了医院大门，深深地呼气、吸气。在这种极易直面生死的地方待久了，呼吸都会沉重。上午，吕鸣鑫又打来电话，说下午聚聚。千百度烤肉店，路并不太远，戴海安决定步行。穿梭于熙攘闹市，自己有些心不在焉，忆起好命的同学——

吕鸣鑫，高中同学，高考时听父母建议，学了人资专业。自己还在车间奋斗时，他已任江阴模塑集团人资专员。十年来步步高升，现任 HRM，十一才和老婆的闺蜜修成正果。不但全款置房购车，还极尽奢侈地马代巴黎蜜月游。今天又该生命不息、嘚瑟不止了，戴海安边想边加快脚步。

进烤肉店上二楼，但见他坐在临街靠窗位置。“请吃饭还来晚，好意思不？”吕鸣鑫起身迎过来。“吕经理年薪几十万，好意思让我请么？”戴海安打哈哈。“好意思，

(a) 重礼不能收，但好意不能不领，同时也能犒劳下属，两全其美。

好意思！”他一脸坏笑，随声附和。“在屌丝面前装屌丝，我都难为情！”戴海安的话意味深长。“甭装穷，为这顿饭，我车都没开！”吕鸣鑫拉开阵势。“好吧，你赢了！”戴海安开始点菜。

“怎么样？蜜月还满意？”点完菜和酒水，戴海安顺口问。“马代的阳光和巴黎的浪漫，俩字——爽！”吕鸣鑫回忆。“好吧！欢迎进入围城，给我做伴！”戴海安长舒口气。“我刚进城，你儿子都能打酱油了！”他顿觉矮半截。“没关系，允许你闺女嫁给他！”戴海安安慰道。

“那我闺女不亏了？诶？谁说一定是闺女？”他反应过来。“你多看看《一仆二主》，大叔现在很吃香！”戴海安解释。“那是后话，你现在该给我点鼓励！”吕鸣鑫收回话题。“虽说婚姻是坟墓，至少不会死无全尸！”戴海安轻拍他肩膀。“滚！消极狗！”吕鸣鑫听不下去，开始封口。“小鬼，你渐渐就会懂了！”戴海安也为话题划句号。“不扯了，海宁最近怎样了？”话题收住，吕鸣鑫正经起来。

“不太好！”戴海安简要讲述了近期发生的事。“可怜的妹子，怎能摊上这事呢？”他听完感慨。“没办法，世事弄人，她现在很不好！”戴海安自言自语。“一会儿我也去看看她！这丫头从小就和我好！”吕鸣鑫说。“你怎样？情场职场两得意，干劲十足吧？”戴海安反问。

“别提了，估计年终奖没了！”见服务员上菜，他一脸沮丧。“怎么？婚假还扣年终奖？”戴海安顿感好奇，紧跟着问。“公司一男客服，半年前入职，当时和他签劳动合同时，约定按其岗位根据公司薪酬规定确定工资标准，月薪两千，他贷款买房要收入证明，但收入三千以上银行才给贷款，当时我休假，他就央求我下属给他开月薪三千的收入证明！”“然后呢？”戴海安喝口啤酒，追问道。

“薪酬主管心软，请示了人资副经理就给开了！”他说。“这不挺好？表明公司关爱员工，挺人性化！”戴海安夸道。“好么？没多久他就以公司拖欠工资为由，提出解除劳动合同，并要求补发工资、支付经济补偿，公司说没拖欠不补发，他就提请了仲裁，要求按每月一千标准补在职工资，同时，支付因公司违法导致员工解除劳动合同补偿。”他忿忿地说。“你们公司要倒霉了！”戴海安想了想，随后说。

“仲裁中，他说月薪三千，并提供了加盖公章的收入证明，我的副手是生产出身，庭上说他贷款购房证明并非真实收入，实际每月两千已足额支付，并提供了工资支付记录，但上面没有员工本人的签字！”他一口气说完，干了杯啤酒。“你们员工真是心机婊，临走还摆公司一道！”戴海安笑道。

[a]“仲裁认为合同未约定具体工资金额，提供的支付记录，只能证明实际支付数，而非应支付数，且无员工本人签字，因此，月工资认定三千，支持其全部诉求！”吕鸣鑫说。“但这事你没参与，与你年终奖何干？”戴海安好奇地问。“领导责任！副手和主管离职，我扣钱！”他略显不甘。

“也算公平！不过你在度蜜月，不知情吧？”戴海安继续问。“冤就冤在这儿！几万块就这么打水漂了！”吕鸣鑫无奈。“有钱人就是不一样！来，干一个！”戴海安半开玩笑。“钱是次要，关键耽误升职，竞聘副总没戏了！”他感慨。“下次，下次组织会考虑你的……”戴海安学领导语气。

俩人正闲侃，戴海安手机响，看是保姆号码。“海宁要跳楼，快回医院！”那头很吵，保姆气喘吁吁。“你说什么？喂？”戴海安忙站起身。几次回拨，均无人接听。

(a) 根据法律规定，劳动合同约定的工资标准，是公司计付加班费和各种假期工资的依据，因此，有必要合理有效对其做出约定。约定方式有：直接约定固定金额；仅约定基本工资；具体列明基本工资、岗位工资、奖金、津贴、补贴等数额（结构工资）；约定底薪，明确绩效奖金计提方式；年薪制。大帝推荐采用结构工资，它能使企业通过平衡和调节，充分实现绩效管理，获得更大用工自主权。

“先走了，急事！”戴海安抓起衣服飞奔下楼。

“市医院！”死命拦了辆出租，戴海安上车便吼。“喂，快来医院，急事！”慌乱中拨通老婆电话。“快点儿，麻烦再快点儿！”戴海安心情烦躁，不停催司机。司机见他情绪激动，也没多说，用力踩下油门。路旁街景迅速向后退去，像那些开心或难过的往事。隐约望见海宁站在楼顶，生无可恋地一跃而下。而自己却又无能为力，眼睁睁看她摔在地上，满身血……

嘈杂的喇叭声，将自己拉回现实，司机不停超车。心头压抑得喘不上气，索性将车窗摇开道缝。窗外的风灌进来，透着些许寒意，在这阳光明媚的下午。车驶到拐角，警车、消防车交错穿插，停在医院楼下。医院门前车辆被清理一空，摆着俩鼓鼓的救生气垫。

戴海安忙下了出租，抬头朝医院楼顶望——白色楼体，海宁身着蓝白相间的病服，端坐在七楼楼顶。冬日微冷的风，撩拨她的长发，吹过略显虚弱的身躯。因为太高，看不清脸，但该是清冷绝望的，戴海安猜想。“歌声是这么残忍，让人忍不住泪流……”路边放着阿桑的歌。

沿楼梯一路小跑，到楼顶时已是气喘吁吁。自己也不知撞了多少人，撞翻多少护士手中的托盘。天台上，几名警察正在劝说，保姆面色苍白地缩在身后。警察像在例行公事，无非是“你还小、以后路还长”的话。海宁双腿悬空，背对这边一言不发，身边坐着陶陶。

“我去打开水，回来后她就不见了！”保姆声音颤抖地解释。“不关你的事，没事的！”戴海安轻推开保姆，想走上前。俩警察围上来，听是家属，便没再阻拦。“海宁——”只喊声名字，戴海安已泪如泉涌，声音哽咽。若换自己，是否精神早已崩溃？想到她的苦痛，戴海安扪心自问。

海宁明显听到了呼喊，身子轻颤了下，仍未回头。耳边有清冷的风偶尔吹过，在这冬日的下午。天空几朵白云，和煦的阳光，并不那么耀眼。这样静谧的午后，适合约朋友聊天、喝咖啡。而妹妹却在准备离别，在她眼中，这世界或早已没了牵挂。

戴海安没再说话，一步步向前蹭，试图靠近。“哥，照顾好咱妈！”海宁双手一撑，整个人消失在楼顶。“海宁，海宁！”戴海安三步并作两步跑上前。与此同时，陶陶也毫不犹豫地一跃而下。“海宁，陶陶！”保姆和警察也冲上来。

看着海宁身体迅速下坠，那个瞬间似被定格，凝成永远。她表情从容，没有丝毫眷恋。同时下坠的陶陶，在空中吐着舌头，傻傻地向上望。也许，它并不知道即将发生什么。戴海安闭上眼，大脑空白一片。物体着地的响动先后传来，伴随一阵欢呼。再睁开眼，但见海宁趴在气垫上，陶陶却重重摔在地上。

跌撞的奔跑下楼，再奔跑再下楼，戴海安顿觉双耳失聪……到一楼大厅时，海宁已被抬上担架，人世不醒。“海宁，海宁！”戴海安扑上前，拼命地摇她肩膀。“惊吓过度，需要急救！”护士护着担架，朝急诊室跑。戴海安瘫在地上，回想刚才的场景，像场未经彩排的悲剧。

猛地想起陶陶，赶忙站起身朝门口走。警车、消防车都在收工，救生员在给气垫放气。陶陶呼吸微弱，趴在地上一动不动，周围没有血迹。戴海安走近，蹲下身想抱起它，它却本能地后缩。稍用力托起它，软的像无骨的毛绒玩具。再仔细看，肚皮伤口被撑开，肠子掩在身下。戴海安鼻子一酸，转身朝宠物医院狂奔。

半路上，相继接到老婆和吕鸣鑫电话，简要说明了状况。“救救这条狗！”进了宠物医院，戴海安语气近似哀求。自己知道，陶陶对妹妹意味什么，它必须活着。“全身骨折、胸腔积液、肝脏碎裂……”医生叹息、摇头。戴海安安静下来，眼皮不眨地盯着医生。“已脑死亡，只是还有牵挂，不肯闭眼！”大夫说。轻抚陶陶的头，不停念叨着海宁没事，它才渐渐没了呼吸。

夜幕降临，街头跑来跑去的出租，像一座座移动的坟茔。抱着陶陶尸体，浑身酸软无力，踉跄地朝医院走。若房建石的消失是偶然，那陶陶的死也是意外？妹妹接下来的日子，精神又该寄托何处？想着陶陶弥留之际的眼神，自己心绪不宁，像煮沸的水。

将尸体暂置于楼前花坛，戴海安上楼。三楼病房，老婆、老同学、保姆都在，还有赶来的白书君。“刚睡！没大碍，只是惊吓过度，外加身体虚！”吕鸣鑫说。戴海安摘下眼镜，双手捂脸，不停摇头。“你们都先回吧，今晚我留下！”戴海安说。

“哥，我不想做了！”大家都走后，保姆轻声说。“这事不怪你，你做得已经很好了！”戴海安安慰。“都怪我没照看好，才惹出这么大祸！”保姆深感愧疚。“人都有意识，你不可能总盯着她，如果她想！”戴海安说。“你们对我都好，我也不想走，那我再想想！”她慨叹。

子夜，海宁熟睡时都会突然皱眉，这让戴海安深感心疼。在她的梦中，是与房建石延续蜜月？还是与陶陶相依为命？而事实是——前者已撒手人寰，后者亦一去不返。不知以后，她执拗的感情又将寄于何处？戴海安蹑手蹑脚出病房，从门卫大爷那借了把生锈的铁锹。

医院马路对面，自己在一棵老槐树下挖了深坑。将陶陶略僵硬的尸体放进去，盯着瞅了许久。花季来临时，它眼前开满花，该不会太寂寞。“陶陶呢？”悄悄溜回病房，刚带上门，海宁盯着问。见许久没回应，她转过脸，身体微颤，没再说话……

“介绍下自己！”几天后，戴海安正在面试。鉴于多次劳动纠纷有效化解，万天明让招个劳动关系专员。也就在昨天，刚面试完老婆推荐的同事儿子董壮。今天这小丫头，又是白书君大学时的闺蜜。“我叫柳如荫，应届生，法律人资双学位……”姑娘从容介绍。“死党挤‘独木桥’，你怎么没去？”自己饶有兴致地问。“我对公务员行业不太感冒……”柳如荫娓娓道来。

[a] 面试结束回到办公室，沏了杯清茶，戴海安陷入沉思。几天面试下来腰酸背痛，五十多人做分母，谁能一枝独秀？思来想去，也就董、柳二人靠谱，这倒和熟人介绍关系不大。本来合着自己意思，是想招个男的，处理劳动关系更应手。董壮三年工作经验是在设计部门，言行举止沉稳老练。柳如荫刚毕业，双学位，有朝气有干劲儿，像一张白纸。反复权衡后，冒着得罪老婆的风险做了艰难取舍。

[b] 随后，打开江苏 HR 交流群，见一妹子在刷屏，问题常规——“刚转行做HR，之前离职了！公司招销售人员，老板说，一个月岗前培训不算正式工作，只发500元生活费，期满看表现决定去留，员工质疑，我怎么做？”她很捉急。“参训就代表建立劳动关系，公司做法违法！”戴海安私聊她。“谢谢前辈，谢谢前辈！”妹子打个害羞表情，不停道谢。“这是常识，你得补课喽！”自己半开玩笑地回复。

新年钟声敲响不久，马航召开新闻发布会。正式宣布MH370已失事，机上239人均已遇难。妹妹的反应，戴海安依稀记得，就是没任何反应。戴海安及时关了电视，揣摩海宁的心思。但见她背靠床头，保持那个姿势，盯着电视不说话。

情人节如期而至，满大街都在播放《没有情人的情人节》。这个节注定不冷清，因为它赶在周末，成全了情侣们。对自己而言，懵懂早已转为亲情和责任。半月来，与安乐、柳如荫一起，进出仲裁委很多次。仔细盘算，这也是做 HR 以来，第七次与仲裁打交道。

作为常驻南非业务代表，入职五年的徐泾源业绩斐然，按照当初签订的劳动合

(a) 招聘最后“二选一”，是看重工作经验还是发展潜力？

(b)《劳动合同法》规定，用人单位自用工之日起，即与劳动者建立了劳动关系。所谓“用工”，就是指用人单位实际开始使用其劳动力，劳动者在其指挥、监督、管理下提供劳动。用工之日，就是劳动者在用工单位开始上班的那一天。岗前培训，是劳动者的权利和义务，也是受用人单位指派参加，即使未正式工作，也应视为提供“用工”。

同，公司对其实行年薪制，为保障基本生活，约定月工资50%在南非发。但半年前，境外劳务签证办理出现问题，导致无法及时发工资。安乐当时及时上报，万天明要求妥善处理。几次国际长途，自己解释并致歉，承诺签证办完马上兑现。但签证审批迟迟未果，一拖就是半年，徐抗不住压力提请仲裁。

自己曾代表公司，同意一次性补发半年未足额发放的工资。但他还要求支付拖欠工资总额四分之一的经济补偿。戴海安仔细查阅相关资料后，向万天明做了详细汇报。“你怎么看？”当时万天明听完，曾征求意见。“拖欠工资该补发，但经济补偿要求不合理！”自己胸有成竹。

徐泾源说未及时发放工资理由，不属于法律规定可拖欠范围，也不属不可抗力，同时，公司有义务做好签证办理事宜，由此导致的不良后果，应由公司方承担。而戴海安坚持认为，签证办理受阻导致工资未发，公司已和员工沟通说明并努力解决，不构成无故拖欠。

[a]仲裁委经审理认为，公司行为构成无故拖欠，应支付经济补偿。戴海安代表公司表示不服，遂向法院提起诉讼。法院经审理认为，公司未能按月发放月工资50%部分，属海外劳务签证办理困难所致，且工作期间员工未提出异议，故公司不属于无故拖欠工资，对其经济补偿请求未予支持。

(a) 根据《对<工资支付暂行规定>有关问题的补充规定》解释，《规定》中所称“无故拖欠”，是指用人单位无正当理由，超过规定付薪时间未支付劳动者工资。不包括两种情形：一是用人单位遇到非人力所能抗拒的自然灾害、战争等原因，导致无法按时支付；二是确因生产经营困难、资金周转受到影响，在征得单位工会同意，可暂时延期支付，延期时限由市以上劳动行政部门根据实际情况确定。徐泾源作为驻南非业务代表所遇情况，应属第一种情形，故不构成“无故拖欠”。

[a] 回公司路上，戴海安不住地夸柳如荫入职时间短却进步飞快。到了公司，二人又及时向万天明做了详细汇报。万天明不住点头，随即答应给仨女生换间大办公室。回到办公室，戴海安接到徐泾源电话，他表示将继续努力工作。戴海安也对拖欠行为深表歉意，并保证不再出现类似问题。“明天好好过节，放松放松！”快下班时，戴海安关心下属。三人默契地抿嘴一笑，没多说话。

情人节和春节，只是抢花和抢红包的差别。而到妇女节这天，家中氛围异常压抑。一年前的今天，海宁去首都机场等房建石，微笑挂在脸上。此时此刻，对她而言物是人非，恰似过了万年。至此，世间少了年轻有为的房建石，多了什么都无所谓的戴海宁。

一整天，戴海安都窝在书房，除了胡思乱想，便是担心妹妹。傍晚，在老婆几次催促下，两人才去超市大采购。沃尔玛内人潮涌动，戴海安看了心烦意乱。推着车，尾随老婆机械地朝前走。她挑了很多海宁爱吃的零食、蔬菜、熟食……

戴海安想到《星愿》中那个叫“洋葱头”的病人。一个人看似从未来过你的世界，但你却记得他，那便是爱吧？房建石在天有灵，见妹妹如此折磨自己，他也会心疼吧？他会后悔蜜月顺便见客户，继而错失一生挚爱么？MH370给逝者家属带来的阴霾，何时才能散去？又或是“从来不曾想起，永远不会忘记”？念着妹妹，想着工作，戴海安迷失在人头攒动的超市里……

(a) 若想有位，必先有为——若抱怨不受重视，最好先想想，你都为老板做了啥？

（七）

◎

众所周知的那只妖

傍晚，提着两瓶酒出超市，马小东走街串巷，转过几道弯。三月的杭州乍暖还寒，夜色下的西湖宁静如斯。徐胜华和张维璋这俩货，算好发薪时间，冒低温跑来宰自己。肯定事先商量好的，马小东边走边想。“买酒去这么久，是诚心请客的节奏么？”刚回徐胜华就发难。“滚！谁说要请客了？”想想渐空的钱包，一百个不情愿。“失业不停面试，要感恩有人陪！”徐胜华倒着酒没抬头。

“是辞职好吧？再说，有公司明天让我去报道！”马小东忿忿道。“看来下个月，又有酒喝！”张维璋边剥蚬子边说。马小东张张嘴，终决定压下满肚子愤怒。杭州路边烧烤还算地道，辣而鲜香，白酒亦不刺喉。或张扬明快，或沉稳老练，没女生在场，男人更放得开。正因为放得开，所以这种场合，男人更习惯扮演小丑。兄弟和酒均完美亲切，能让自己忘记是粒微不足道的尘埃。

和他俩相识于 W 网，一起嬉笑怒骂，一起崭露头角。自己读不懂张维璋——有笔挺鼻梁的汉子眼中的落寞。但还是喜欢看他说话时的那份睿智。他用手势和眼神回应自己的喋喋不休，或肯定、或不屑。他的一举一动，能让自己找到影子，安定且从容。此刻，他用食指敲着桐木桌面，酒品豪爽，仰头就是一杯白酒。他酒量强不到哪里，只是在兄弟面前，醉了又有何妨?

徐胜华这货，自认识就没见他上过班，虽常听他说去面试。但两年过去了，他仍是“坐家”，每天写文、炒股。还有关键一点，就是凭一张脸在W网专业撩妹。自己确实好奇一段时间，他不造假、不贩毒，究竟以何为生？也不知他常约美女见面、拉漂亮女生入群，他老婆知道不？后来想想算了，也别对这自称HR界王二小的人苛求得太多，毕竟好色之徒必有过人之处，估计这次来也没和老婆请假。

看他在W网老成持重的样子，俨然是美女卡卡们的精神领袖。苏杭一带W网用户不少，也常流出些关于这货的传说。比如喜欢水蛇腰美女，能用双眼皮夹羊肉串之类的……因此，这货更是神龙见首不见尾，偶尔拨开云雾，探出一鳞半爪。但自己印象中的他稳重睿智，谈吐不张扬，亦不浮躁。后来见了面，见他比自己大不了几岁，性格比想象还随和。此刻，他又在一杯啤酒、一段佳话地侃着那些或有或无的风流韵事。

“我俩跟您不能比，徐老师！”他正侃得天花乱坠，马小东挖苦。“可不是？徐大专家！”张维璋也开启挤对模式。“我是三岁小孩看戏——凑热闹！你们也没掉粉！”徐胜华打圆场。“都掉没了！让我们这些落魄的人怎么活？”张维璋若有所思。“偶像型好些，母爱过剩的粉丝见不得儿子受苦。”马小东慨叹。

“会不会说话？当着W网第一帅谈偶像？”徐胜华瞟了眼张维璋。“说话真是门艺术，说一女大学生去夜店陪酒就不好，但说一夜店妞白天坚持去大学听课就满满正能量！”徐胜华又说。“吵架被我爸扇一耳光，我饿了并想缓和气氛，本想问他吃饭没？结果说成‘爸，你没吃饭是吧？’……”张维璋回忆道。

“话说今晚这聚会，貌似少个人！”大笑过后，马小东感慨。“大帝那货？上次就骗我来杭州，自己不来！”徐胜华问道。“你们说，这货为啥一直单身？”马小东看似神秘地问。“他吧想找个女孩，跟妈似的伺候自己，又不肯像儿子似的听话；跟闺女似的乖巧粘人，自己又不能像爹一般疼人！”徐胜华分析。

“经典！来，干一个！”三人举杯，一饮而尽。“前几天有女生问他连载为什么看不明白？他就给人讲故事——说有人问毕加索：你的画，怎么看不懂？毕加索：‘听过鸟叫吗？’‘听过’‘好听吗？’‘好听’‘听得懂吗？’‘……’”张维璋绘声绘色地讲，另两人又一阵笑。

午夜的玛格丽特音乐很缠绵，灯光射进酒杯，冰块折射出暧昧。“喜欢听你们聊天！”临桌女孩皱起微翘的鼻子，抿着唇说。是的，妹子，不仅你喜欢，其实我们都是讨人喜欢的男人。因为我们不空洞、不做作、有阅历，马小东低声说。夜，像被拉伸过的影子，突兀且漫长。

“你先睡，今晚不一定回家了！”马小东给老婆打电话。“那我先睡了！”糖糖在电话中哈欠连连。“这俩货不知要折腾到……”一口气说很多，那头却没了动静。估计捧着电话睡着了. 马小东走回座位。一直以来，她都等自己回家才睡，想到这儿，心底一股暖流。

不知多少瓶啤酒下肚，三人一路摇晃，醉醺醺朝酒店走。途中，徐胜华这货特意为路边花草施肥。三人又絮叨了很多话，进房间栽倒在床，沉沉睡去。床上二人鼾声大作，不知他俩梦到什么？逃离了网络，我们均一无所有，有的只是这些恃才傲物的兄弟。大家的寂寞，都像孳生在暗夜里那些妖冶的花。而此时，自己终将欲望寄托给左手，将梦想交给了枕头。

清晨，朝阳透过窗帘缝隙，巧妙地钻进来。马小东困倦地睁开眼，环顾房间，不见另二人身影。于是忙坐起身，回想昨晚究竟谁后来喝高了？床头茶杯下压着张字条，取来看时，上面写着：苍老师说：没有躺床上赚钱的本事，就别赖在床上！落款徐胜华。想着今天去新公司报道，赶紧收拾东西。走在熙攘的街道上，终于信了那句——兄弟是用来宰的！

“起了么？该上班了！”马小东给老婆打电话。“昨晚抱电话睡着了，好像睡落枕了！”糖糖咯咯地笑。当初迎新被身为学妹的她吸引，就因这甜甜的笑。后来学生会纳新，才搞清她原来也天生是个吃货。两人吃遍学校周边大小火锅店，只剩一家。之所以幸免，是因生意太火，课程紧到却没时间排队。为了圆满，她周末拉自己蹲门口等俩小时，展示出吃货的耐心。

等的眼睛都饿绿时，好不容易空出空位。她正美滋滋地走过去，一男的一屁股坐下，招呼同来的朋友。糖糖瞬间急了，跳起来就要动手，平日温淑形象荡然无存。可见对于一枚吃货，你可以抢她首饰和衣服，但绝不能抢吃的。为首的男人叫东宇平，高一届商学院出名的痞子，家境优越。又因“东宇集团”背景，人称脾气暴虐的他“东宇驴”。“我不打女生，这位子我占了！”他冷笑道。

“敢不敢跟我比比？”糖糖收敛心神，蔑视地朝他笑。马小东清晰记得，当时自己拽她走并非害怕，是不想惹事。“好啊！你想比什么？”东宇平来了兴致，一脸坏笑。糖糖抄起俩扎啤杯子，“咣”地拍在桌上，开始倒火锅底料。围观的小伙伴们，看得都辣眼睛。

东宇平将嘴张大，硬撑着装冷静。“害怕现在认输，还来得及！”糖糖一副君临天下的表情。“我字典里没认输这俩字！”东宇平哼了声，自嘲地笑。“肯定有，是你语文没学好！”糖糖不输气势地反驳。“少废话！”东宇平不辱绰号，发起驴脾气。“谁先吐谁输，如果喝完都没吐，来下杯！”糖糖耸肩。“行！”东宇平斩钉截铁，声音却微颤。

店里不再人声鼎沸，均屏住呼吸关注这场对决。在呐喊声中，二人端起扎啤杯，咕嘟咕嘟地喝麻辣底料。糖糖表情享受，东宇平五官扭曲，围观者胃酸上涌。为不辱吃货本色，这丫头也是蛮拼。喝到一半，东宇平腮帮子一鼓，红油带着胃液喷出来。众人躲避，旁边一姑娘看完没忍住，跟着哇一声也吐了。“水，水，水！”东宇平惨叫不止。

糖糖幽雅地放下杯，抹抹嘴，冷笑一声，随即也吐了。奇怪的味道弥漫整家店，老板甩着扫把将两伙人赶出来。所谓不打不相识，从那以后，这货对糖糖有求必应。后来结婚，伴娘也是糖糖。不知他公务员混得如何？马小东挂完电话，想起了那头驴。

由于复试见过HRM，简单寒暄后，小姑娘帮办理入职。这是家刚成立的制造业公司，初试被一位Dota男接待过，但因工资低直接拒绝了，没多久，美女HRM出马抬高薪酬……也不知是被甜美声音折服，还是被诱人薪资吸引，终是允了。“哥哥上W网？和上面的格格乌好像！”姑娘扭过头问。

“这都能被认出？以后多多指教！”马小东饶有兴致。“真是？听说您和月夜捕手熟？能介绍认识？”她兴奋道。马小东瞬间被浇冰水，想人帅挡不住，婚后还这么多桃花。“昨晚还一起喝酒！”马小东想强调下捕手已婚。看着花痴将信将疑的表情，坐她对面熬过了整个上午。

吃过午饭，觉得酒还没醒，整个胃在翻江倒海。刚要眯个回笼觉，HRM江伴夏来敲门。不知她敲门何意？门本就开着。“请进，有何吩咐？”虽很不情愿，但还是坐起身。“打扰午休实在抱歉，但想和你商量下！”江伴夏走进来。

瘦高长腿、皮肤白皙，瓜子脸、长发淡妆、及膝短裙。打扮清新自然，外加淡雅香水味，有苏杭的韵味和气质。“请讲！”眼睛在工作，马小东嘴也没闲着。“老板跳出来单飞时，返聘了退休的技术总工孙某，签了《聘用协议书》，每月报酬三千，协议有效期两年，但前不久，孙某上班途中出了车祸，期间产生医疗费上万元，还有伤残鉴定费，他要求公司按工伤处理！”江伴夏言简意赅。

“你想怎么处理？”马小东试探着问。“不怕你笑话，我公关出身，人资是兼职！”她略难为情。“不还有俩下属，他们怎么看？”马小东帮她下台阶。“一个老板外甥，一个老板侄女！”江伴夏脸微红，更显尴尬。一时间，马小东也不知该说什么，于是开始冷场。“他俩分别负责招聘和培训，但培训还没做过！”她解释。马小东回想起初试时的 Dota 男，及上午的花痴女。

[a]“孙师傅现在人呢？病情如何？”马小东想了想，问道。“半个月没上班了，这期间提过工伤认定申请！”江伴夏说。“这不属或不视为工伤，但公司要承担部分责任！”马小东答。“其实招你，就想把人资这块交给你！”江伴夏直言不讳。“这是后话，先把这事处理好吧！”她听完点点头。

傍晚，黄昏收起缠满忧伤的长线，以黑瞳孔注视着江南水乡。走在回家路上，虽第一天上班，但还是有些小累。下午见了老板——不高、微胖、圆滑且话少的中年男人，随后和其他部门打招呼，最重要的是去了趟孙师傅家。老人家腿上打着石膏，但身体矍铄，热情好客。

说明来意及公司态度，孙师傅坚持要提起诉讼。无奈之下，只好劝他好好静养，等身体恢复一些再说。向老板汇报后，他问是否请律师是在试探？自己拍着胸脯保证，无论仲裁诉讼，绝不会败。老板很满意，话锋一转，聊起个人创业史。

“我回来了！”进家门时，见糖糖正在做瑜伽。“又要减肥么？”见她深呼吸没

(a) 孙师傅已退休，享受养老保险，不具备劳动者主体资格，被返聘后签的是聘用协议，不是劳动合同，双方为劳务关系，而非劳动关系。而工伤认定多以双方存在劳动关系为前提，故其上班途中受伤不适用《工伤保险条例》，不能依据该条例的认定条件认定工伤。

理自己，又自讨没趣地问。“什么叫又？什么叫又？烦人！”她做完站起身推自己。“对于干吃不胖的吃货，不用减！”马小东在看喜羊羊。“锻炼是种态度，你不懂！”糖糖瞟他一眼，不屑地说。

“90斤165厘米，能传授下塑身秘诀么？”马小东开始耍贫。“多吃多睡！”糖糖准备晚餐。“胖可能真的是种病，不然减肥药怎么是药？”马小东感慨。“丑也是病，不然整形医院怎么是医院？”糖糖说。“要不，你哪天去医院看看？”隔十几秒，糖糖语重心长。“我怎么了？”马小东的心一紧，右手端茶。糖糖咯咯地笑——虽已事隔多年，一如大学迎新初见。

“我就纳闷，为什么每天都你先到家？”马小东起身帮忙。“你狐朋狗友多，我的追求就是吃好吃饱！”糖糖答。“还是你有追求，思想觉悟高！”马小东夸奖。“怎么？昨晚那两位大爷折腾够了？”糖糖问昨晚的事。“这俩货明显是来宰我的！”马小东想起床头字条儿。“新公司怎么样？还适应吧？”糖糖关心道。“还行，只是没想到，刚入职就接个大活！”马小东简述。

“又一个在家待不住的，只是不太走运！”糖糖同情道。“可不？孙师傅那精神头儿，比我还足呢！”马小东感慨。“东，我们公司有位大姐，去年九月入职，签两年劳动合同，约定试用期半年，工资三千，转正三千五，最近马上转正，她却想离职，但从电视上听说，公司试用期比规定多了四个月，面对这种情形，她能要求公司赔偿么？”糖糖愤愤不平。“得赔一万多，你们公司真有钱！”马小东答得简单扼要。

“哈哈！我们HR都可牛了，这回栽了！”她笑得差点噎饭。“公司损失钱，你还挺开心？”马小东好奇地问。“不损失也不发，还不如做顺水人情！”糖糖诡秘地笑。“拿我当枪？好吧，让她联系我，我帮操作！”马小东说。“好的！”糖糖撅起油花花的嘴巴，对着自己脸就是一口。

入职几天了，知道了Dota男叫王强，姑娘叫赵梓暄。只用美杜莎背靠世界之树狂虐王强三局，他就彻底服了。随后，整天马哥哥叫个不停，还常偷老板好茶来换对战心得。至于赵梓暄，让捕手帮她在书上签个名，她就开心好几天。这让自己深觉，比起男人，女生更容易快乐。

[a] 上班时间，应聘者还是常被扔进面试间，水都捞不到。赵梓暄还是经常逛W网，翻看捕手那期专访和总结。很多问题自己也遇到过，只是很久不被面试，渐渐忘了。HR真该多出去走走，看看别人都怎么做？正在桌前走神，马小东手机响起。

[b] “您好！”号码是之前公司座机，马小东客气地说。“马哥？我是接您工作的小邹，有事请教！”是怯生生的男声。“请讲——我还以为忘了东西在公司呢！”马小东慨叹。“我毕业半年经验少，您走后招了名大学生，他将于7月毕业，但1月就进公司负责吸纳市场客户，聘用协议约定试用期一个月，底薪一千，转正底薪一千八，公司当月以工资条形式发放739元，后因公司拖欠工资，他离职后提请仲裁要求支付。”小邹说。

“你怎么想？”马小东听完他的描述问。“他没毕业，不是法定劳动者，没与公司签订劳动合同，不是建立劳动关系的适格主体，不会支持吧？”小邹没底气。“现在到哪步了？”马小东又问。“下周仲裁，高总让确认，我心没底，向您咨询！”他坦白。

“虽称实习，但明确了具体岗位和职责，还发过一个月工资，那就是就业，属

(a) 为避免工作陷入模式化，HR工作之余多走出去，看看别的公司怎么工作，或有益于自身成长和提升。

(b) 虽法律对在校生能否作为《劳动法》主体与企业签订劳动合同等问题未做出明确规定，但如今，若用人单位仍抱着聘用在校生成本低、不适用《劳动法》、可随时解聘的想法，明显已经过时了，因为你很有可能承担不利的法律后果。

劳动法管辖范围！个人看法你参考！”马小东答。回想这家公司——工作氛围不错，只是提升空间不大。若不能使你成长，又给不了满意薪酬，那只能离职。“下班挑一局？我想到了剑圣怎么破美杜莎！”王强过来问。“今晚不行，有约！”想起糖糖早上的叮嘱，马小东答。这俩人，一个热衷网游，一位倾心捕手，工作却成了消遣。

傍晚，夕阳留下靓影，天际一片血红。地铁站像不打烊的配货站，乘客表情千篇一律，漠然且僵硬。好不容易挤上一号线，婴啼声混杂各地方言，让人迷眩。倚在车厢角，撑起只胳膊，马小东紧闭双眼，尽量放松。窗外广告牌闪着白光，让人心绪焦躁，列车似要开往世界尽头。

从定安路站下车，出地铁口，朝西湖边那家火锅店走。吃遍杭州无数小吃，这里成了二人常光顾的店。吃着川味火锅，望着西湖美景，每每这一刻，心都是恬静的。生活中，工作繁忙无趣，被忽视的真正有意义的事太多。而为了更好生活所做的工作，却成了我们全部的生活。

“接完电话，桌就留了！”刚进门，老板热情接待。“好的，谢谢！”马小东边说边来到固定桌位。糖糖还没到，斟上半盏香茗，透过木窗赏西湖夜景——人们常说，晴西湖不如雨西湖，雨西湖不如夜西湖。伴着《渔舟唱晚》古筝，远处青山飘在雾里，山下点缀几点霓虹，湖面映着群山，偶有水滴打在湖面，平添些许舞者的动感。勃勃生机让人心生惬意，也让游人赞叹不已。

正入神，店门被推开，糖糖走进来，后面跟着位大姐。“呀呵！你竟比我早到，有没有背着我吃好吃的？”糖糖撅嘴。吃货本性暴露无遗，马小东边笑边摇头。“这位是……”马小东站起身，望向身后大姐。“哦，这就是上次说的萧姐，超试用期的！”糖糖介绍。‘萧姐好，请坐！”马小东礼貌地点头示意，顺势望去——不高微胖，短发圆脸，皮肤略黑、衣着朴素、四十多岁……

“我说电话联系你，萧姐非见面说！”糖糖开始点菜。“太客气了，不是什么大事！”马小东朝萧姐笑了笑，接话道。“我没什么文化，礼节还懂些，今天就当我请……”萧姐说。“这个真不用，我俩在还用您？”糖糖忙打断她的话。萧姐听了，嘴唇微动，没说什么。

“萧姐可厉害了，供出俩大学生！”糖糖打开话匣子。“哦？”马小东好奇了下，先瞅萧姐，又望向糖糖。“也没有，另一个还不算！”萧大姐有些扭捏，腼腆道。“老大浙大，老二今年考，清华自招没走！”糖糖佩服至极。马小东听了睁大眼，直勾勾盯着萧姐。

“丈夫没的早，孩子算懂事，也没怎么教育！”萧姐低声道。“她为孩子很累，独自负责四层楼，扫拖擦！”糖糖感叹。“这是我本职工作，应该的！”萧姐答。“起早贪黑的忙，还给多加试用期，不地道！”糖糖鸣不平。“现在公司什么态度？”马小东拿出职业姿态，转头问。“我是听电视普法节目才纳闷，他们说没错！”萧姐答得不硬气。“两年合同定半年试用期还没错？”马小东顿觉这HR厨子出身。

“萧姐最近想离职？”马小东平复下心情问。“都三月了，孩子该高考了，我想照顾好他！”她答。可怜天下父母心，马小东拿出手机打开计算器。“您回公司再和他们商量下……”算完后开口。“不用！下午我听到了，他们咬定自己没错！”糖糖忿忿地说。

[a]“他们真牛！我算了下，至少赔一万四！”马小东斩钉截铁。“这么多？我也没想讹公司，只想拿应得的！”萧姐话语纯朴。“这就是应得的，公司不按套路出牌就

(a) 劳动法规定，劳动合同期限一年以上不满三年，试用期不得超过两个月，萧姐公司与其订立两年劳动合同却约定六个月，明显违法。因其违法约定全部履行，公司应从第三月起，每月按转正工资标准支付赔偿，共计3500元 ×4个月 =14000元，该赔偿不含之前支付的六个月共计18000元工资。

该严惩！”马小东答。“那下步萧姐怎么做？”糖糖放下筷子，抬头问。“今天先回家，我明天给个号码，直接找他就行！”马小东说。

萧姐抢着结账，还是被挡回，糖糖挽着马小东，说是来约会的。“这事你有把握？”送走萧姐，糖糖在出租车上问。“从什么时候起，连我都不信了？”马小东侧过身子。“不是不信是心没底，拉扯孩子太不容易了！”糖糖有些动情。“知道小红帽从大灰狼肚子救出奶奶说明什么吗？”马小东问。“吃东西要嚼碎！”糖糖想半天，回答依旧让人吐血。“是依靠智慧不畏强敌！”马小东揭晓，糖糖嘴撅得老高。

清晨，上班途中，马小东翻出故友、法律顾问穆森的号码。“老马，很久没联系了！近来可好？”穆森先嘘寒问暖。“换了份工作，你呢？律所生意可还兴隆？”马小东接话茬。“凑合活呗！今儿怎么有空？有活儿？”穆森条件反射地问。“嗯！我老婆公司有位大姐……”马小东开始描述。

“这不和尚脑袋上虱子——明摆的事？还用找我？”穆森不屑。“公司不认，我合计你帮提下仲裁，更专业放心！”马小东答。“好说，这事一裁一个准儿，没跑！”穆森应承下来。“那我让她联系你！她家困难，费用你找我！”马小东补充。“净扯！一大早埋汰我？没费用！”他没好气地挂断。拨通萧姐手机，交代清楚后，马小东快速朝公司走。刚到公司楼下，就碰到等候多时的孙师傅儿女。

“我爸给你们干活儿，受伤都不管，是么？”儿子上来就问。“你们也来好几回了，公司意见你们也不听哈！”马小东和颜悦色。“推卸责任，有什么好说的？明天法院见！”二人气鼓鼓地走了。马小东上楼时，想起前两天法院的传唤，于是直奔老板办公室。敲半天门，老板没在，去找江伴夏，她也没在。

人生就像大姨妈，该来的总会来，马小东拨通江伴夏电话。电话接通，她说和老板在一起，正和政府谈项目。请示法院出庭的事，她拿不定主意，把电话递给老板。

“经过我都了解，你怎么看？”老板在那头问。“工伤肯定不算，行政复议维持原决定就已说明！”马小东答。“人是我请来的，怎么也得赔些，控制在三千以内！”老板交代。“好的，我尽力！”马小东说完，老板挂断电话。

(a) 整天都在梳理出庭材料，马小东略感头疼。晚上快下班，小邹电话中语气兴奋，说仲裁驳回了对方申请，认为是在校生社会实践，不是劳动法中规定的劳动者，也并非与用人单位订立劳动合同并建立劳动关系的适格主体。“他不服，又上诉到法院，要求没变！”小邹补充。听出示威之意，马小东也懒得多讲，说了些恭喜牛刀小试的话。“看来高总很看好你，加油！”马小东说完，听出小邹很开心。

(b) 法院庭审，孙师傅并未现身，而是他儿子和律师出庭。法院说他与公司不属《工伤保险条例》调整的劳动关系范畴，不符合申请工伤认定条件，但有权要求公司承担相应赔偿责任。经调解，马小东与对方均赞同2500元赔偿标准。庭审结束，孙师傅的儿子愤愤不平，没好气地拂袖而去。马小东及时给江伴夏发短信汇报结果。她回短信称老板很满意，说要择机嘉奖。

几天后，孙师傅的儿子来领补偿金，还不忘狠狠瞪马小东一眼。而日子依然晃晃悠悠，像理不出头绪的网。望着他消失在门口，回想孙师傅这次的交通事故，想到《后会无期》里的台词：听过许多道理，依然过不好这一生。人一旦走背字，每天三碗心灵鸡汤，都敌不过飞来横祸。

“马哥，W 网为什么都叫你格格妖？”赵梓暄翻看 W 网，突然问。被她冷不丁一问，马小东没回过神，想了想没说话。“是因为你写的《小妖们，快到我碗里来》

(a) 在校生能否与用人单位签订劳动合同？仲裁认定其不属劳动法规定的劳动者，故驳回仲裁申请（且向下看）。

(b) 根据《最高人民法院关于审理人身损害赔偿案件适用法律若干问题的解释》规定，雇员从事雇佣活动受伤，雇主应承担赔偿责任。雇佣关系以外第三方造成其受伤，赔偿权利人可请求第三方或雇主赔偿。

么？”她猜道。“可能还与我头像有关，大家常分不清我的性别！”马小东补充。“你和捕手一样，在 W 网可谓众所周知！”她不忘带上偶像。“被周知原因很多，比如专业、文笔、腹黑、色狼！”马小东提醒。“捕手肯定因为帅喽！”赵梓暄自言自语，完全无视马小东的话。

“马哥，听说你也玩 WOW？”中午快下班，王强跑来问。“不发展 Dota 事业了？”马小东转过头，见他红眼球、黑眼圈。“没前途，你还玩 WOW 吗？”他毫不犹豫甩旧爱，让自己佩服。“都是大学的事，很久不玩了，不知号还在不在？！”马小东答。赵梓暄听几句表示不懂，感觉无趣，拿起手机和包提前下班。

“哪个区？”王强来了兴致，可见臭味相投哦不是志趣相投的重要。“没记错的话，应该是熔火之心服务器，部落！”马努力回忆。“好，中午老规矩，我转去联盟，P 几局！”他下命令似的说。马小东内心纠结无比，想人在屋檐下，还得当陪练。但郁闷归郁闷，还是收拾东西，跟他下了楼。

网吧里，呼喊、叫骂、CS 音效，伴着风扇扇叶的旋转，嘈杂无比。坐在电脑前端着盒饭——这就是王强的老规矩，请吃盒饭。“妈的，会不会扔雷？不会扔就给我用裤裆夹着！”身后骂道。“爆头，就这么干，不疯魔不成活！”又不知谁抛出段小楼台词。登录后，见盗贼孤独地站在黑暗之门对面山丘上，马小东感慨不已。

“来黑暗之门，我在这等你！”正在追忆大学生活，王强说。稍微熟悉下技能，找下方向感，马小东开始潜行。在坟茔间穿梭，坟上插满联盟部落的旗，黑暗之门散着幽幽绿光。门外斜坡站着个人类女牧师，名字差点笑喷——大胸甩奶四海。马小东用盗贼挥舞蛋刀，几下就让她去跑尸了。

“我到了，你在哪儿？”坐在尸体旁，马小东问得漫不经心。“靠了，我刚到就被一盗贼守尸，快来救我！”王强气急败坏。“你什么职业？叫什么名？”马小东有些不安，试探地问。“暗牧，72级，名字屌爆天！”王强诡秘地笑。“幸亏名字不同，一个屌爆天，一个大胸妹！”马小东松口气。

马小东一下午无精打采，因为后来发现屌爆天是形容词。王强也郁闷，他发现胸大奶多，也抗不住嗜血蛋刀的疯狂。后来要求马小东禁用潜行，还是被虐得体无完肤。几次问如何获得蛋刀？马小东都蜘蛛网爬满脸，一言不发。让大夫拿镰刀，自己想了许久，确实没法解释。

晚下班前老板回来，没提起嘉奖的事，自己本也没当真。一同回的，还有疲惫不堪的江伴夏，虽搞不清她的疲惫源头。她也没提交接的事，只说在和政府谈西湖更换新防护栏的项目。就像给长城镶瓷砖，马小东搞不懂，刚刷完漆的护栏为何又换？这和路铺了挖挖了铺、花种了拔拔了种，可能道理相同。市里孙姓领导被百姓唤作“孙大扒”，听来倒也形象。但有活干就好，员工有饭吃，公司有效益，还能拉动下 GDP。

下班时，巧妙躲过王强杀人的眼神，马小东出了公司。三月中旬的杭州，风有些清冷，却又不见寒意。路上接穆森电话，说仲裁完胜，除一万四还额外获赔一千。问他额外一千是什么钱？他说仲裁嘴一歪，歪出来的。穆森强调要请吃饭，马小东喜出望外，承诺必须请。

“呀呵，又要捍卫马甲线了？”回家进门，马小东说。“继续瘦腿，给表妹减肥打个样！”糖糖在做仰卧起坐。“这小蛮腰小瘦腿，不用这么拼吧？”马小东切换动画频道。“为我夏天那些漂亮丝袜！”糖糖既严肃又认真。作为地道吃货，干吃不胖无需炫耀，一目了然就是资本。

“你表妹有一百二？”眼见灰太狼被打飞，马小东狠心地猜。“足足一百四！”糖糖做个夸张动作，扑到自己怀里。“你穿丝袜显身材好，她穿显丝袜质量好！”马小东抱着糖糖感慨。“萧姐的事有结果了，说要请吃饭！”糖糖搂着脖子咯咯笑。“穆森告诉我了，吃饭就不用了吧？”马小东平静地答。

“东宇公子近来可好？”俩人正说，东宇平打来电话。“你家糖糖电话关机，没电了吗？”他劈头盖脸找糖糖。“她在我怀里！马上当爹了，有啥感慨？”马小东问。“结婚这么久还这么腻？没玩儿够就当爹，有点紧张！”他答。“我俩感情好呗！甭紧张，公务员收入有保障！”马小东调侃。

“小金库没了，国地税合并，管得严，累成狗！”东宇平抱怨。“是狗也是炫耀狗！公务员闲惯了，工作就喊累！”马小东接话。“前两天植树节，科长雇人挖好坑，我们起个大早，跟傻子似的，在那看其他部门挖坑，挖好就散了，妈的！”东宇平继续抱怨。“人民好公仆，腐败呀腐败，没红地毯铺个路啥的？”马小东感慨。“滚！组织方说反正我们也种不活，意思下就行了！”他解释。“真是起个大早，赶个晚集！”马小东有些羡慕他的养尊处优。

“对了，差点忘了正事！你还在搞人搞事么？”他话锋一转。“什么叫搞人搞事？多崇高一职业，到你嘴里……”马小东辩解。“得得得，差不多就行！我有个事儿问问你！”东宇平话很糙。“事业单位案子我断不了！你们对就对，不对也对！”马小东答。“滚，说正事！有一外雇工签一年合同，试用俩月，月薪2000，他不想交社保要现金，公司考虑他困难，就每月连工资一并给他，在合同中明确，还让他签保证书不再要求复缴。”东宇平描述。

[a]“虽不合法，但一个愿打一个愿挨，也没什么！”马小东慨叹。“前几天合同到

(a)《劳动法》第72条规定，用人单位和劳动者必须依法缴纳社保。可见，社保具有强制性，只要与劳动者依法确立劳动关系，企业就须缴纳，它不因双方当事人的任何约定而被排除或免除。据东宇平描述，虽双方对不办社保和以其他形式支付有协议约定，但该约定违反劳动法，属无效约定。

期，他要求单位补缴社保，单位觉得，试用不享社保是事先约定，转正后每月付现金，他的要求不合理。员工不同意并提请仲裁，要求补缴两年社保……”东宇平说。“公务员不学法么？HR 的业务是门卫教的吧？”马小东挖苦。“滚！少扯犊子，我们会输么？”他严肃起来。“输赢谈不上！会让他把钱返给公司，公司替他补缴！”马小东答。

“他当公务员屈才，子承父业多好？”挂了电话，马小东说。“想活得简单点吧！有钱人的世界咱不懂！”糖糖过来刮鼻子。“没想到他要当爹了，想想他当初跋扈的样子！”马小东感慨。“人终究要长大变成熟，尤其是男人！”糖糖挤挤眼睛。“你说这货都要当爹了，咱是不是——”马小东坏笑后扑向糖糖。“讨厌，你个坏人，披着羊皮的灰太狼！”她撒娇着钻进卧室。“哈哈，不要叫了！叫破喉咙也不会有人来救你！”马小东关灯。

几天后的中午，吃过午餐，马小东窝在桌上看清明放假通知。想想来公司快一个月了，试用期马上到了，该找江伴夏聊聊了。只是她独有的高跟鞋声，最近很少回荡在走廊。马小东盯着窗外，看吃完饭的员工从食堂络绎不绝地涌出，随后转过身，盯着办公室的门，期待江伴夏及时出现。

困意不受控地袭来时，久违的高跟鞋声钻进耳畔，渐行渐近。江伴夏在门外一闪而过，马小东赶忙起身紧跟上去。隔着距离望她背影，仍如初见，楚楚动人。“哎呀！是你啊，吓我一跳！”江伴夏边开门边夸张道。“大白天的我有那么吓人？还是你心里有鬼？”马小东开玩笑。“什么鬼？最近忙死！找我有事？”她开门请自己进屋。“大忙人！也没什么，随便聊聊！”马小东闻到淡淡香水味。

“最近还在攻政府项目，这酒喝的！”她冲蜂蜜水时慨叹。“话说你擅长喝什么酒？能喝多少？”马小东饶有兴致地问。“基本‘四中’全会，白酒一斤起，啤酒洋酒没算过！”她得意道。“果然战士！”马小东竖大拇指，想这攻关真不是谁都能干。

“员工发工资，老板要效益，这项目是关键！”她自语道。

“这种‘长城镶瓷砖、黄河修护栏’项目有意义？”马小东问。“当然！长城黄河跳下叫自杀，但西湖淹死人叫事故！”江伴夏答。“西湖护栏不刚换新的么？怎么又换？”马小东问完就后悔了。“政府决策咱不懂，但有项目咱就得拿下！”她避重就轻。这是拿纳税人的钱打水漂，马小东边感慨边摇头。

“不说这些了，说说你吧！工作还适应？”江伴夏突然话锋一转。“还行，之前一直做人资，算轻车熟路吧！”马小东答。“适应就好！老板还常夸你处理问题得当呢！”江伴夏接话。“我现在有个问题，我刚入职时——”马小东甩出主题。“啊？人资交给你的事吧？”江伴夏快言快语，及时打断并接话。马小东听完，愣坐着没吭声，静静望着她。“我汇报并推荐你了，老板说再考虑下！”她补充。

“我是想说，试用期马上到了，公司什么意见？”马小东补充。“啊？我理解错了！不好意思！”她狡黠一笑，表情略尴尬。“主要处理了几起劳动纠纷，梳理了人资制度！”马小东概括。“你的表现有目共睹！但老板好像想再考察下！”江伴夏说。“再考察下？”马小东心里不爽，但理智战胜情感，压着火问。

[a]“他想把试用延长一个月再考核！”江伴夏请出“尚方宝剑”。“你怎么想？”马小东面不改色，思索完抬头问。“我也只是个打工的，还得以老板为准！”她皱眉说。“我哥们和公司签1年劳动合同，试用1个月，工资2500，转正后3000，之后公司

(a) 根据《劳动合同法》第19条，企业应根据实际情况确定试用期，并谨慎决定是否延长，若在法定上限内延长，应在之前约定期满前，以书面形式征求劳动者意见并签字！从马小东提供的案例看，其哥们还在公司工作，故试用期延长无效，应视为继续履行劳动合同，公司需支付转正待遇。同时，根据《劳动合同法》第83条，公司未在合法试用期内解除劳动关系，试用过后，无权再以“不符合录用为由”行使试用期权利，故解除劳动合同属违法行为，应支付经济赔偿。

决定延长1个月再考核，然后以不符合录用条件将其辞退，他提请仲裁，结果公司补发延长期工资差额500元，支付违法解除合同赔偿2750元！”马小东说。

[(a)]“还有这一说？那个补发差额怎么算的？”她一头雾水地问。听了她的话，马小东瞬间想起对牛弹琴、有胸无脑俩词。“有空多看看劳动法吧！我三天后离职！”马小东起身笑着说。“啊？”江伴夏显然没料到，愣坐在那儿。出办公室，马小东松口气，比起低薪，与法盲共事更难接受。

下午公司异常安静，马小东感觉这是假象，像暴风雨前的宁静。想要离职了，去王强那留“遗言”，传授些 WOW 的 PVP 技巧。犹豫半天，把张维璋的签名书送给了垂涎已久的赵梓暄。她激动不已，险些以身相许。“马哥发烧了？”她抱着那本书问，马小东笑而不语。

傍晚，暮色像张灰色大网，罩住整个杭州城。快下班时，马小东提前半小时出门，攥着新完善的简历。经简短电话沟通，埃摩森猎头公司很感兴趣，相约见个面。文一西路在西湖西北方，并不难找，下出租就望见海创大厦。迎着下班人流，面对形形色色的面孔，马小东进了南楼门。电梯里，还特意掏出简历确认，觉得没问题，随后深吸一口气。三楼走廊很静，没一个人，试探着朝前走，顺便东张西望。

几分钟便横穿整条走廊，只在一扇不透明的门后听到声音。敲两次门未开，里面声音高昂，像传销团队上课。第三次敲门，声音终于停下，门被猛地打开，里面确实在开会。“你是马小东？”这位显然是领导，开门见山地问。“是我！那个——”刚想说点什么，他却转过身摆手。“今天先到这，你们先撤！”说完没几秒，众人一哄而散。马小东被请进屋，又尾随他进了里面套间。

(a)《劳动合同法》规定，劳动者试用期内提前3日通知用人单位，可解除劳动合同。值得注意的是，非试用期内解除需书面通知，试用期内解除无形式要求，口头书面均可。

[a]“我叫赵宇光，你叫我赵哥就行！”他边沏茶边闲聊。“赵哥好！这是我简历，您过目！”马小东谦卑地递过简历。“先放桌上吧，说说你的从业经历！”赵宇光换了考察面。马小东微笑着逐一讲起，轻描淡写地描述目前这家奇葩公司。“这么说你刚入职还在试用期又打算离职？”赵宇光心平气和。“嗯，之前离职因薪金低，这次是学不到东西！”马小东答。“好，情况了解差不多了，你回去等电话！”他若有所思。

出了门，马小东有些小沮丧，面试竟如此被动，一直在回答。所关心的诸如薪水、办公条件、福利……竟都没聊。继而边走边揣测，这“回去等电话”是几个意思？没被录取电话通知？被录取电话通知？有意向通知复试？一辆黑色本田雅阁擦身而过，男车主停下车探出头满口脏话。马小东从他面前闪过，完全无视他的存在，但见前轮下有尖石。“神经病！”车主骂完刚发动车子，爆胎声传来……

月上中天，白光洒在树梢，落下斑驳的影，轻风撩拨纱帘。这样的夜能让人忘却烦恼，静品香茗，享受独属的静谧。夜已近半，却难入眠，确切说是失眠。人生并非坦途，虽心有准备，却不想如此坎坷。望着侧卧的糖糖，她左手置于颈前，右手搭在枕边，睡姿很美。

都说上帝关闭一扇门，会为你打开一扇窗，但到自己这却颠倒了。先赏个乖巧温柔、貌美如花的媳妇，却把稳定工作的门锁死。回想登记那会儿，说让她幸福生活的承诺，心里五味杂陈。没想到，刚爬出低薪大坑，又跳进江伴夏这更坑的坑。于是想起辛弃疾的词：把吴钩看了，栏杆拍遍，无人会，登临意。换工作，必须马上换，换个稳定的，让糖糖更开心，更幸福。轻轻爬上床，慢慢躺下，直勾勾盯着屋顶，还是没睡意……

(a) HR无论面试还是被面试，都要有起码的自信，控制好情绪和场面，用最恰当的言语，展现自身优势。

提离职后第一天，江伴夏劝自己再考虑下，马小东笑而不语。第二天，王强和赵梓暄闻风而动，给老板打电话求挽留。第三天，老板电话里说试用结束立即转正，但自己表示心已死。第四天上午，老板和江伴夏仍不在，马小东抱着个人物品出公司。先和门卫大伯道别，继而转身朝二楼窗前的王强、赵梓暄挥手。

“亲，周末想不想去游西湖？”路上，马小东拨通糖糖电话。“好呀好呀！听说那边新开了家火锅店！”糖糖兴奋无比。“咱晚上就住湖边酒店！”马小东抱着箱子，漫无边际地走。“亲，咱家就在杭州，你喝多了吧？”她听出不对劲。“住家哪像旅人？”自己想体味“梦里不知身是客，一晌贪欢”感。“好，那去吃那家火锅！”身为正宗吃货，糖糖妥协完讨价还价。“就这么愉快地决定了！”马小东抱着箱子，去参加约好的面试。

很多时候，人们都喜欢感慨，说幸福之于自己太难。而撑起遮阳伞，牵着糖糖手轻行于雅静的西湖，又觉得幸福很近。可能幸福与金钱物质无关，感由心生，觉得幸福就幸福了。听糖糖喋喋不休，马小东偶尔插话，倒也开心。逛了不到俩小时，她就说走不动了，撒娇卖萌让自己背她。

漫步白堤回首断桥，想几年前和她雨雪中来游，慨叹时间如梭。而又只有雨雪中撑着把油纸伞，才更能还原江南美景，烟雨朦胧。过了白堤，来到平湖秋月，极目孤山，让人不免想起苏小小。或许古人终其一生也料不到，自己会凝成后人眼中的一道风景。马小东正感慨，背上的糖糖，顽皮地将吃剩的冰淇淋塞过来。

没到正午，她就充分发挥吃货精神，拼命喊饿。文二路吃了过桥米线，外加一杯原味椰汁，才勉强堵住她的嘴。曲院风荷、花港观雨、三潭印月、雷峰夕照、南屏晚钟，下午很赶。一座亭、一抹湖、一步一景，静谧优雅，灵性动人，却无刻意。每次游玩，心境不同，风景也不同，却印出淡淡的惬意。日子忘记了日子，宛如千年万年的相识相知。浓淡都不必追忆，一如隔世的心怀，在积淀的尘缘里，不断彩排。

下午，糖糖乖乖跟着，没再唧喳，也没说脚疼脖子疼求背抱。傍晚出景区大门那一刻，她投来诡秘一瞥。“去吃火锅？那家店不远，离这只有3129步！”糖糖严肃道。自己瞬间秒懂她下午为何装乖，领教了吃货强大的内心世界。此刻若拒绝，她会不会就地十八滚，顺便跳西湖自个杀？于是情感秒杀理智，机械地点点头。“哈哈，本宫摆架火锅店！”糖糖满脸幸福且得意的笑。

夜色渐浓，树叶沙沙作响，在路灯照耀下，渐染成金。糖糖一路眉飞色舞，话又渐多，马小东暗自苦笑。本以为赚更多钱，买更好的车、住更大的房子，才会让她幸福。没料想仅是顿火锅，就是她期求的全部，让她如此满足。男人总用自以为好的方式去爱，却不懂简单即最好的道理。马小东回想起《读者》上说符合“好男人”的仨标准——有钱给老婆买衣服，有时间陪老婆买衣服，夸老婆衣服好看……

火锅吃得很嗨，但自大学毕业，自己战斗力加速递减。倒是糖糖，始终“风卷残云”Buff加持，几个东宇驴都难敌。两人小酌后都有些醉意，埋单出门后，竟要打车回家。“东，你不说今晚住湖边么？”糖糖从出租车里向外拽马小东。“对对，房间都开好了！”马小东猛地想起，拍拍脑门。

“东，怎么觉着咱俩是来偷情的？”办完入住，糖糖小脸绯红。“亲，你想多了，咱俩是合法的！”马小东牵她的手上电梯。电梯里没别人，糖糖搂住马小东脖子，撒起娇来。“亲，有家不回，老婆不会来查水表？”糖糖说完哈哈大笑。“你一说，还真像带小三来开房！”出电梯，马小东也跟着笑。“一个月前，你还和俩男人开过房呢，谁是小三？”糖糖又笑。“当然他俩是！”马小东边开房门边答。

“一次带俩小三开房，胆儿肥呀？”糖糖将马小东推倒在床。“那俩货喝酒还行，其他方面哪能和娘子比！”有人开始献殷勤。“切！鬼话谁信？没准哪天抱俩娃回来！”糖糖嘟嘴瞅墙。马小东坐起身揽她入怀，听她咯咯地笑个不停。“老婆，你就没想过哪天我失业养不起你？”马小东顺嘴问。“我的意中人，一直都是盖世英雄！”

糖糖说。“好吧！信你了，不过我不是猴子！”马小东感到心底一股暖流。

糖糖在冲澡，马小东酒醒了些，起身到窗前，远眺西湖夜景。湖中央，彩灯映出船影，雷峰塔被装扮得五彩斑斓。刘禹锡诗云：湖光秋月两相和，潭面无风镜未磨。写洞庭似西湖，渔歌唱晚，只多些都市喧嚣，或是俗气。楼下车水马龙，不远处是龙翔桥地铁站，湖滨商圈人影穿梭。自然生生不息，焕发不老传奇，而人活一世没什么称得上不朽，死后被毁雕像的李卫如此，杭州美女王映霞亦宿命如斯……

“东，洗发露递我！”浴室门拉开道缝，糖糖探出头俏皮地说。“嗻！小主稍候，奴才这就去！”马小东边念叨边找。出门自备洗发露——这是除吃货名号外，她的另一个偏执。“废话真多，赐一丈红！”接过洗发露，糖糖关门。“奴才以后不能伺候主子了，您保重！”马小东装可怜兮兮。

“好吧，暂饶你不死，小本本记下了！”糖糖隔着浴室门说。“谢小主不杀之恩，奴才日后定鞠躬尽瘁——”马小东开始表忠心。“门外候着，一会儿服侍本宫就寝！”糖糖听起来很满意。“嗻！”马小东说完站在门口，浴室传出咯咯地笑。水声像极了大明湖畔的雨，还有一位撑着油纸伞的女子……

一阵手机响，打断脑海美景，马小东去床上摸电话。瞟了眼，是之前主动离职公司的座机号。“喂？”一定是小邹又来炫耀判决结果，马小东做足思想准备。“喂？”那头没声音，马小东又问。“喂？马小东吧？我是高天际！”男音不急不缓、不卑不亢。

[(a)]“是高总啊！这么晚还在公司？”马小东惊讶之余迅速反应。“前段时间小邹找过你？”高天际一句一顿。“是，说员工仲裁败诉又诉至法院！”马小东如实相告。“我今天通知他尽快办离职！”高天际的话意味深长。“啊？”马小东没太听懂，惊愕了一声。

“之前部分你都了解，法院判决公司给付拖欠工资……可气的是，小邹并未如实向我反馈你的建议，只是避重就轻，说你的建议和他想的差不多，也是昨天下午我追问下，他才吐露实情，但已给公司造成损失，还是太嫩呐！”高天际说。“哦，还真遗憾！”马小东听得云里雾里。

二人突然沉默，浴室传来水声，电话里有吸烟声。“没想过回来上班？”高天际迟疑半天，终还是问出口。“啊？”马小东惊讶，当初就是他招自己进的公司。当时他是 HRM，自己是专员；后来他升副总，自己成了主管。再后来感觉遇到瓶颈便主动离职，终还是跳进了更大的坑。

“不了吧！但还是感谢您想到我！”马小东直接拒绝。高天际感受着被拒的心情，像压在心里的石头，终砸到脚面上。“你考虑下，薪水能加、职位能升！”高天际不死心。“高总，我离职不是因为这些，是提升受阻！”马小东实话实说。“你是从什么时候有这想法的？”高天际的语气充满关切。“从您升为副总，不再参与人力资源部管理时！”马小东答道。沉默，两人又陷入短暂沉默。

“好吧！也是我一时疏忽！”高天际言语略带惋惜。“也不是！毕竟大家身处职场，都要朝前看！”马小东顾左右言他。“你走几天后我才知道，可惜没能带你走

(a) 临毕业大学生与单位建立劳动关系付出劳动，应取得相应劳动报酬。具体讲，进入公司工作时年满16周岁，符合《劳动法》规定就业年龄，其在校大学生身份也非劳动法规定排除适用的对象，法律并没有禁止其就业的规定。公司明知其尚未毕业，原告也未隐瞒和欺诈，双方存在事实劳动关系，法院有理由确认其为适格的劳动合同主体。

更远！”高天际说。“当时本想告诉您，怕您多想就没说！”马小东道出真心。“目前我分管人资部，回来机会还是很多的！”他再次挽留。

[a]“还是不了！感谢高总美意！”马小东再次狠狠拒绝。“也罢，强扭的瓜不甜！那欢迎常来坐！”高天际客套道。“一定一定，也祝您身体健康、万事如意！”马小东忙回应。挂完电话，顿觉后背滴汗，但又觉得是想好才拒绝的。会后悔么？正所谓好马不吃回头草，马小东想。

“东，我洗完啦！”糖糖裹着条浴巾，似出水芙蓉。趁马小东走神，她来到近前，长发湿湿的钻进他怀里。“你不去洗澡么？小脏！”她嘟起小嘴问。“马上马上！”刚要抱起糖糖，手机再次响起。“那俩大爷又想你啦？”糖糖咯咯地笑。“喂？高总，还有什么指示？”马小东将食指置于她唇边。糖糖及时收声，关上卫生间门，拿风筒吹头发。

[b]“高总？我是赵宇光！”赵宇光略感莫名其妙。“啊，赵总啊！刚接个电话，弄混了！”马小东赶忙解释。“看来优秀人才，各公司都很缺！”他的感叹别有深意。“哪里哪里，误会误会！赵总您找我——”马小东试探道。“我这几天考虑了下，你下周一来报道吧！”赵宇光答道。“嗯……好的，我准时去！”马小东迟疑后却并未张口。“相关待遇到时和你说，签不签你自己定！”赵宇光很坦率。

挂了电话，马小东顿觉精神抖擞，贴着糖糖脸蛋亲了下。“胆儿肥了哈？不刷牙就敢动手动口的！”糖糖斜睨一眼。“亲，咱俩是合法的！”马小东一脸诡异的坏笑。

(a) 高调拒绝邀请，首先，高总升职，无人传、帮、带，无法再提升自己；其次，即使答应，“空降”很难服众，易引发内部“非暴力不合作”，工作难开展；再次，高总相对较熟识，可直接道出真实想法。

(b) 赵宇光的电话让马小东措手不及，未及时追问待遇问题，一是好消息来得太快，还没想好如何措辞；二是对方说面谈，不必急在一时。

“切——那两位大爷呢？”糖糖不屑地扭脸，随后问。马小东开始后悔，想着这俩货害自己，估计话柄算是落下了。“俩老不正经的，现在不定带哪个妹子逛街呢！”马小东嘲讽。“诶？真心请教，仨男人睡一张床什么感受？”糖糖好奇地问。

“风醉了，云醉了，仨老爷们也都醉了！”马小东答得风轻云淡。“鬼话谁信？下次叫两位爷来家里！”糖糖爽快地说。“对了，提醒他俩带土特产！”马小东刚要致谢，她及时补充。“徐胜华给很多妹子邮过江苏特产，你猜？”马小东卖关子。“百花酒蜜三刀八珍糕叫化鸡苏式红烧肉……”糖糖两眼放光。“错！是江苏高考复习题集，且不重样！”马小东笑答。“果然流氓不靠谱，来也不给开门！”糖糖眼神瞬间黯淡。

“想这货也不易，那么多女徒弟！”马小东自顾自地说。“不说那坏人了，还记得表妹什么样么？”糖糖做仰卧起坐。“岁月在她身上没偷走什么，倒像硬塞了什么！”马小东回忆。“别乱说！她已减到一百三十五！”糖糖很有成就感。“她瘦时住进我心里，后来胖了就出不去了！”马小东得意地笑。“切，瘦五斤呢！看我哪天胖五十斤你敢嫌弃我？”糖糖威胁。“你若决心何弃疗，我绝对依然睡得着！”马小东翻起白眼。

周一八点半，海创大厦门前，马小东满脸喜色。自己比较重视这次交锋，特意从衣橱翻出这套西服。一楼大厅内，从镜中打量自己，马小东满意地点点头。来到三楼，驾轻就熟地朝赵总办公室走。不宽的走廊人影晃动、凌而不乱，一切井然有序。一掠而过的茶水间，仨妹子在冲咖啡，探讨着单子。到了赵总办公室门口，再次整理衣领和衣角。

“那就拜托了！”刚要敲门，走出两男一女，赵宇光笑脸相陪。“没问题，包我身上！”赵总拍拍胸脯，志在必得的样子。“小马进屋坐，我送下客人马上回！”他简短交代。马小东微笑点头，目送三人消失在走廊尽头，进屋坐在沙发上。环视整个房间，墙上桌上是各类奖状、牌匾和奖杯。

[a]“都是过去时了，我更在意现在和将来！”赵宇光回应。“但这些业绩，也是客户认可的外在表现！”马小东由衷赞叹。“哈哈，考虑好了？”夸奖让赵总很受用，他开门见山。“嗯，虽以前没做过，但兴趣很大！不过——”马小东拉长音。“底薪两千五，提成为有效单20%，交五险！”他开诚布公。

“试用期呢？劳动合同几年？”马小东试探着问。“合同最少一年，最多三年，到期可续！”赵总如实相告。“最后一个问题，试用期工资多少？”马小东担心他被问烦。“看你苗子不错，试用期按正式员工发！”赵宇光坦言。“好吧！都说到这份儿上，我干了！”马小东有上贼船的感觉。“隔壁找小孙办入职吧！明儿正式来上班！”赵总指隔壁。“谢赵总赏识，我定不负众望好好表现！”马小东起身握手表态。

出赵总办公室后长舒一口气，感觉事态正朝好的方向发展。隔壁门敞开着，马小东朝里望，俩女生正低头忙。“请问有什么能帮您？”敲了几下门，一位站起礼貌地问。“我叫马小东，哪位是孙——”话卡在半空，赵总没说名字。“我是孙继嘉，那是范孟桐，赵总吩咐过！”女生捂嘴笑。

[b]“二位好，以后多关照！”马小东客套着，瞅了眼范孟桐。“相互关照！赵总看好你哦！”范孟桐点头示意，补充道。“此话怎讲？”来到桌前，接过表格，马小东边填边问。“新人入职试用期工资都两千，你是特殊待遇！”孙继嘉解释。“啊？你

(a) 及时的肯定和褒奖，使严肃氛围得以缓解，再谈福利待遇等敏感话题，也能使对话尽量“轻松、融洽、不紧绷”，容易水到渠成。

(b)《劳动合同法》及《劳动合同法实施条例》只对试用期最低工资做出规定，即：不得低于本单位相同岗位最低档工资80%或不得低于劳动合同约定工资80%，并不得低于用人单位所在地最低工资标准。而对最高额并未做出限制。

俩是 HR？”自己听完受宠若惊，睁大眼睛问。“行政后勤在一起，我招聘范姐绩效，孙萍做薪酬，团队很年轻，工作氛围相对轻松！”孙继嘉说得简明扼要。

夕阳的光映上客厅墙，投下泾渭分明的影，随后渐渐推移。糖糖下午打电话，说公司晚上聚餐，让自己做点吃的。侧卧在沙发上，头枕着胳膊，凝视着茶几上那套西装。这是上午办完入职发的，颜色深蓝，布料还算上乘。接过西装瞬间心里清楚，这意味着又把自己卖给了赵宇光。和同事混个脸熟，寒暄过后，悄然离开公司。明天正式上班，自己却还没适应 HR 到猎头的身份转换。

HR 招人解决岗位空缺听老板话；猎头挖人优化工作利益为上。电视中，灰太狼被打飞，马小东胡乱总结着。要告别 HR 老本行了，一时间顿感有些可惜。登陆手机 QQ，打开杭州 HR 交流群，见一妹子正刷屏——半年前招一销售主管，月薪8000，业绩差，背调发现简历造假，以欺诈为由解除劳动合同，不支付当月工资，员工认为工作与以往经历无关，提请了仲裁，请问会怎样？

[a]“还真是恶人先告状！”自己在群中回复。“能说最坏结果么？估计饭碗要丢了！”她可怜兮兮地私聊。“员工有何诉求？”马小东问。“支付工资8000元和违法解除合同赔8000！”姑娘回复。“合同无效，顶多付当月工资！”马小东答完屏蔽了所有 HR 群。

“在呢？最近没见你发文呢？”刚要下线，大帝那货发消息。“话题经常重复，无趣！”自己只字未提转行的事。“打了那么多卡，没混个专家当当，放得下么？”大帝问。“过去终要尘封，我现在只写散文！”马小东五味杂陈。“给你盛碗鸡汤，

(a)《劳动合同法》第26条规定，采取欺诈、胁迫等手段订立的劳动合同无效，用人单位可立即解除。但因劳动合同的特殊性，对于劳动者已为企业付出的劳动，有权向企业主张相应劳动报酬，企业应按合同确定工资标准支付当月工资。

我看了很触动，共勉！”大帝打字说。

[a]刚想说没兴趣，文字已发过来，显然是复制粘贴的——留学生去餐馆打工，任务是将盘子刷七遍，开始几天忙到深夜，没多久，老板发现他能很早完成，还有空看报，后来偷看，发现盘子只刷五遍。被离职前老板道出原因，他说五遍一样。老板说是一样，但你违反了规定！大帝发完就没了动静。这货到底想说啥？马小东心烦意乱地下线，躺在沙发上望屋顶。不知过多久，自己沉沉睡去，电视播着喜羊羊动画片……

坐在培训室，身为新人，马小东参加公司例行周会。第一天正式上班，对于猎头行业，心中充满好奇。大家逐一汇报单子进度、遇到的难题、个人想法及建议。人资行业或算老手，但对猎头行业，自己无疑是新兵。赵宇光逐一讲评，提出要求后散会，独留下马小东。

“新环境还适应？”他态度和蔼可亲，单刀直入。“还好，只是转行做猎头，很多方面要提升！”马小东说。“不算转行，猎头是 HR、应聘者的中介！”赵总笑言。“好，争取尽快进入状态！您看我能做什么？”自己主动请缨。“留下你就为说这事！”他燃上支烟，吐个烟圈。

马小东向前挪了挪，上半身前倾，一副洗耳恭听的姿势。“昨天来报道，看到客人了吧？”赵总引入正题。马小东点点头，盯着他没说话。“一男一女，是娃哈哈集团 HRD 和 HRM！”他介绍道。听到这，马小东更加好奇，眼睛一眨不眨，静待下文。

从赵宇光言谈中，马小东大概理出脉络——三个月前获得消息，集团打算换掉现任研发副总。赵宇光经斟酌，在客户委托前，便着手排兵布阵，动用大量人脉收集、

(a) 生活、工作、游戏均要遵守游戏规则。

分析人才分布，挖猎适合人选。最终确定夔利舟为候选人，加拿大海归，行业地位高，最终是留在北京，还是南下上海、广州等地，因为有太多机会供选择，夔利舟也在摇摆，尚未抉择。

“您是希望——”听他介绍完只顾吸烟，马小东问。“这单很重要，佣金也高！”赵总将烟头用力摁进烟灰缸。“嗯，做不好容易伤客户！”马小东接话。“我想交给你做呢！”赵宇光话锋急转，猛然发力。“啊？”马小东没有心理准备，顿感手足无措。

他在考验自己？还是有意培养？思维急转，一时竟没想透。“没信心？让前期跟踪的小孙、小范配合你！”赵总说。“啊？”听让俩女生配合做，自己又石化一次。“别小看她俩，都是能独当一面的老手！”赵总提醒。“不是小看她俩，只是我这刚入职——”马小东略显迟疑。

“这行不分入职先后，只看实际完成量！”赵总适时解疑。“这么大单交给我，您就不担心？”马小东硬着头皮问。“担心！但以你的经验和阅历，有希望！”赵总笑答。“她俩是领队，生娃想离职，被我留下做行政！”他补充。“我一定尽力做好，不辜负您的厚望！”马小东考虑后表态。“你再和她俩了解下，我打过招呼了！”赵宇光提醒。“好！再次感谢您的信任和提携！”马小东说。

“刚来就被委以重任，前途无量哈！”孙继嘉调侃。“别挤对我了，你俩真是真人不露相！”马小东笑着回应。“我俩是明日黄花，不像你这冉冉升起的朝阳！”范孟桐补刀。“等把这单干成，我马上落山！”马小东装出一脸无辜。“看你这么诚心，给你介绍下前期情况！”孙继嘉笑言。

孙继嘉说鉴于北京三年打拼，夔利舟事业可谓如鱼得水，他决定回国内定居，近期老婆刚回国，在做全职太太，生活上很无聊，为使其快速熟悉和适应，经自己推荐，社会生活阅历丰富的范孟桐介入，保持与其良好沟通交流。早期沟通，爨利舟反复强调工作开心，没考虑过跳槽，但听她太太总咳嗽，抱怨北京雾霾重，便决定以此为突破口，二人常夸杭州空气好，经她影响，爨利舟才决定离开北京。

[a] 马小东听完，更理解了“不怕贼偷，就怕贼惦记”的至理名言。同时，也被二位缜密的心思和赵宇光的控局能力折服。范孟桐补充说，经她沟通得知，太太倾向上海和广州两地，因为空气质量和生活空间不错，爨利舟已与相关猎头公司接触，加上娃哈哈集团，三家公司均开出了诱人条件。“那现在已近尾声，静待对方答复？”马小东若有所思地问。“没特殊情况应该是！赵总说最近别主动联系对方！”孙继嘉答。

马小东心里五味杂陈，感觉自己像片羊肉，被赵总涮了。“咱公司劳动关系谁做？”马小东尽量不去想，开始转移话题。“有位常年合作的法律顾问，小事都自己搞定！”孙继嘉答。“真节约成本！最后一问，我在哪儿办公？”马小东望向二人。“大屋暂无空位，又要盯这单，只能先委屈你！”范孟桐答。“怎能叫委屈？和美女办公是我的荣幸！”马小东开始油嘴滑舌。“坐吧！这是办公用品，一会来人装电脑！”孙继嘉指向桌面。

三天后的周五，电梯缓缓上升，马小东百感交集。同事手中单子都有眉目，惟独自己每天像个傻子一样守着电话。“一个人一座城”系列已近尾声，众筹出书的事，或该提上日程。起个什么书名才算牛呢？不惊天地、泣鬼神怎能罢休？叫《守墨者晓》好了——守着满腹笔墨的人，才能懂的更多！

“什么事笑这样？让我俩沾沾喜呗！”进办公室，孙继嘉好奇地问。“二位姑奶

(a) 赵宇光将范孟桐安插在爨利舟太太身边实乃明智之举，除帮其熟悉国内生活，也为爨利舟跳槽问题能快速沟通和处理埋下伏笔，这也成为抢人大战中胜出的关键。

奶早，怎么？我喜形于色了么？”马小东若有所思。“就差笑出声，再看不出来真成傻子了！”范孟桐及时补刀。“刚电梯里捡一块钱，小的肤浅了！下次不敢了！”马小东敷衍。“喜获巨资，中午我俩盒饭你请了吧！”孙继嘉狮子大开口。“这样不好吧？我要两荤两素，就这么定了！”范孟桐再补刀。“你们这是赤裸裸的……”马小东话未说完，孙继嘉手机响。

看完来电，她及时做收声手势，打开扬声器。“爨总，早上好！”她开启甜蜜语气，凭空多仨加号。“小孙，您好！”爨利舟普通话标准，声音洪亮、语气平缓。“嫂子也好？爨总这么早有事？”寒暄过后，孙继嘉切入正题。“是这样，经家人协商我决定优选上海，正在和猎头沟通，下周一将出正式Offer，抱歉这次没能合作！”他礼貌地解释。“没关系！给嫂子带好，祝一切顺利！”她眉头紧锁，但话不留痕。

“忙仨月，这是要为他人做嫁衣哈！”挂了电话，孙继嘉发泄不满。“猎头行业就这样，你又不是没经历过！”范孟桐安慰。“先向赵总汇报吧！”马小东想了想，及时提醒。“他听了心情不会好，要么你去，盒饭免了！”孙继嘉讨价还价。抬头看她，正低头摆弄手机；再望向范孟桐，她瞅向窗外。无奈地摇摇头，马小东朝门口走。“中午请你吃盒饭——两荤两素！”范孟桐在身后鼓励。

赵总办公室就在隔壁，马小东蹭了好几分钟。汇报有风险，但她俩都是女生，关键时刻还得自己冲上去。本来整个过程也没参与，怪也怪不到自己头上。边权衡利弊组织语言预想结果，边敲赵宇光办公室的门。“这不小马么？有事？”再次敲门，见赵宇光出电梯。“赵总早，正想汇报下工作！”马小东后退一步，礼貌地说。“进屋说！”赵总开门，马小东回头，见俩女生探出头瞅过来。

“爨利舟刚打电话，说确定跳上海！”马小东开门见山。赵宇光放下包刚要坐下，听完身体瞬间僵住。搭在桌沿上的手慢慢攥成拳头，继而杵向桌面。“你怎么看？”过了一会儿，他渐渐恢复如常，转过头问。“没到最后不该轻言放弃，他周一才会接到 Offer！”马小东答。“然后呢？”赵宇光面无表情地追问。“也就是说，还有两天想办法！”马小东答。

[(a)]“就是这样！”会议室里，孙继嘉将接电话场景又回放一遍。赵宇光坐在对面，右手食指中指间夹着支烟。“小马，你怎么想？”他沉默许久，转过头问。“他们夫妇是先回国的，不妨从他们儿子下手！”马小东建议。“说说！”他眉毛集结在一起，吐出的烟雾氤氲叆叇。“他今年十岁，生于加拿大，基本不会中文，九月回国上学，据说他俩现在很担心教育问题。”马小东觉得抓住了要害。

[(b)]“不错，小孙查下全市双语教学的学校。”赵宇光要求。“小范之前主做教育，问下小学教育资源。”他继续部署。趁他排兵布阵，马小东给糖糖发微信，让她帮问同事的建议。辣妈同事说，上什么学校最好实地考察下——糖糖回复。“小马，还有什么建议？”赵总恰好发问，想死马当活马医。“我觉得有必要实地考察下学校软硬件！”马小东适时答。“好！明天你仨辛苦下，坐我车去！”他满意地点头吩咐。

傍晚，霓虹编织着夜的美，都市轻摇于杯影，色彩涓涓流淌。经过几小时汇总，三人已对全市学校情况有了了解。孙继嘉、范孟桐伏于案头，明显累得不轻，没一丝力气。“走，请两位姑奶奶吃晚餐！”马小东揉着疲倦的眼说。“晚饭不吃，笑话来个！”孙继嘉嘴巴撅得老高。

“国民老公捡到盏灯，灯神问：说个愿望好么？”马小东开讲。二人显然对国

(a) 想逆转局面就得抓住要害，争取就还有“1”，放弃就彻底为“0”。选择从孩子下手，拽住了牛鼻子，为失衡的天秤添上了一根稻草。

(b) 工作要么不做，要么做细做好。了解学校情况后完全可以交差，但若想丰富资料内容，实地考察必不可少，这也为后来讨得夔太太欢心、拿下单子打下了基础。

民老公的愿望感兴趣，同时望过来。“国民老公说：没事，说吧！”整条走廊回荡着笑声。“晚餐记账，下次再说！”孙继嘉说完站起身拿包。“明早八点半门前集合，带相机！”范孟桐提醒完二人出门。

繁华随夜幕沉淀，路灯投下光晕，偶有呼啸而过的汽笛声。饥肠辘辘地回家，本能地掏钥匙、开门。屋内没有开灯，整个房间黑漆漆的。“亲爱的，在家么？”边换拖鞋边开灯，马小东嘴也没着闲。见没人应声，稍有些慌了，从客厅找到阳台，从阳台直奔厨房。“吓死我了，怎么不应声？”糖糖睁着眼、蒙着被躺在床上。“你得一辈子对我好，你说过的，只对我好！”糖糖盯着屋顶。

“亲爱的，怎么了？谁吓到你了？”马小东将脸贴近，轻声关切。“我怀孕了！”糖糖面无表情，依然盯着屋顶。“啊？”马小东吓了一跳，上半身顿感僵硬。“都怪你，坏人！去西湖那晚非让我喝酒！”她坐起身捶马小东。“我要当爸爸了，哈哈，我要当爸爸了！”马小东自我陶醉。“可我担心喝酒对宝宝有影响！”糖糖轻搂起马小东脖子。“一瓶啤酒而已，生下来，生下来，哈哈！”马小东继续陶醉。

[a]周六早上，提前到公司楼下，边和司机闲聊边等另二人。孙继嘉、范孟桐准时到达，随后开始了一天的考察。按照比对分析，共有五所学校入围，分布在市内各区。每到一处，范孟桐去语言沟通，孙继嘉记录，马小东拍摄实景。一天下来情况基本摸透，三人也是脚脖子发软、两眼冒金星。回公司途中，马小东建议汇报下，两人又齐唰唰望过来。“你仨看着办，以你意见为主！”免提中，赵宇光说。

“赵总是不是打算放弃这单了？”孙继嘉在后座问范孟桐。“不管他怎么想，咱既然做了，就全力以赴吧！”范孟桐答。“虽实地考察了，但没跟学校当面沟通，还

(a) 好事坏事均非绝对，孙继嘉、范孟桐担心老板发飙，马小东反倒因祸得福，不但喜获青睐加成，还赢得了“尚方宝剑”。

缺少对学校赞助费、入学条件、教学形式的准确把握，这些周一问更好！”马小东分析。“可不是！但周一可能就下 Offer 了啊！”孙继嘉心急地说。“要不咱们先打个电话，稳住他老婆？”马小东转过身建议。“好主意！让她说服爨总晚点和上海签！”范孟桐掏出手机。

“张师傅辛苦了！”公司门前三人下车，赵总的车渐行渐远。范孟桐沟通效果显著，爨总太太看到资料，连兴奋带感动。她对其中两所学校特别心仪，一下子对孩子的教育心里有谱了。她答应说服老公晚点签上海 Offer，静等这边周一调查结果。“这好消息得向赵总汇报下！”马小东说完，她俩又望过来。处于福祸难料阶段，二人邀功心都不强，也担心拍马蹄子上。马小东摇摇头，组织下语言，拨通赵宇光电话。

“看来峰回路转，有戏哈？”听完汇报，赵宇光深感意外。“不知结果会如何？但还望您继续支持我们！”马小东说。“支持支持！我能做什么？”赵宇光是聪明人，及时问。“帮联系娃哈哈，看能否动用资源保证顺利入学！”马小东说。“这没问题，明天上午给你们确切消息！”赵总也来了干劲儿。

[(a)] 周一下午，办公室传出阵阵惊呼，爨利舟终决定落户杭州。昨天赵总说，赞助费企业承担，俩学校随便挑，均可入学。今天上午，范孟桐将详实资料发过去没多久，喜讯就传来。此时，赵宇光正在陪客户赶往北京面签的高速上。范孟桐透露，客户了解过程后特批猎头费，爨总入职两天后到账，同时爨总符合某人才计划，省政府无偿支持企业科研经费几千万，此外，爨利舟夫妇对此结果也十分满意，最终实现了“三赢”。

(a) 要懂得适时借力，集团的力量远超你想象。

[a]“刚入职就大手笔呀！”孙继嘉递过杯咖啡，满脸笑意地赞叹。“你们基础打得好，纯属侥幸！”马小东接过咖啡，谦虚道。“都倚仗赵总神通，他关系网特广！”孙继嘉神秘地眨眼。关系果然是生产力——马小东不由得感慨。因超预期完成任务，赵总准许三人提前下班。宁静的午后，马小东走出沃尔玛超市，走街串巷，转了几道弯。早点回家做桌好菜，犒劳下怀孕的吃货老婆……

(a) 工作重要，家人同样重要，若我们能及时处理好工作、生活两者的关系，驰骋职场将会更加得心应手。

（八）

◎

这赌局，没人性

提着红酒和生日蛋糕，郑文徜徉在回宿舍的路上。深圳的傍晚，总是掺杂着喧嚣、忙碌，让人措手不及。一年四季都不似汉中那般分明，常湮没在雨打芭蕉的声响中。它以椰树、蕉林、沙滩示人，混着钢筋混凝土堆砌出的现代感。独居时向往热闹，群居时憧憬恬静，人性就是如此。

从会展中心地铁站 A 口出，走五十米是保利影院；B 口出不上楼，是连城新天地购物商场，再走几米到金逸影城；C 口出也不上楼，是皇廷购物广场，下一层到博纳影城；D 口不常去，上去能看到会展中心，旁边有麦当劳和海底捞……这对在老家市中心走几十遍还总迷路的人，无疑是神奇的。

“文子，我们在会展中心刚下地铁，去哪吃饭？”朋友电话问。“我在香蜜湖这边！”郑文躬下身，看着生日蛋糕答。“那你记得这边哪家好吃吗？”朋友问。“我记得！”郑文成竹在胸，不知自己何时变成现在这样。一枚地道吃货，或许无须太多理由，如此想便也释然。

作为月薪不高、房价仰望的“深漂”，自己明智地租房。曾经的深圳墟，现如今的世界之窗，满地商机却并不宜居。没准哪天就回老家收租，过“老婆孩子热炕头”的日子去了。而现实很骨感，想想暂时当不成地主，郑文又想眼前。路旁植被经炙烤后打着蔫儿，绿化车正在洒水。这些与自己无关，但富田田晚上要从汉中飞过来。恋爱八年，打过闹过分过合过，也该安心过日子了，郑文想。

“出门了？时间还早吧？”刚进小区，郑文接到她电话。“亲，可能出了点小情况！”富田田有点小悲伤。“跑道又被挖塌了？”想起感情危机时的争吵，郑文玩笑道。“有完没？陈芝麻烂谷子还提？我加班，先退票了！”她挂断。看来这次没CZ3676什么事，郑文脚步放缓，手机仍贴在耳边。日趋适应了她的坏脾气，毕竟八年时间，抗战都胜利了。只是处女座行事诡秘、工作挑剔的强迫症，自己仍难接受。

本该浪漫的夜，瞬间成了孤独寂寞冷，郑文一步步朝楼上蹭。“擦，怎么才回？快开门！”胖子从台阶上一跃而起。“你怎么回来了？”郑文不温不火地问。“我也交房租了，回来检查你有没有金屋藏娇！”胖子坏笑。“滚！”对他此刻现身，而非与富田田醉后被敲门，郑文略感庆幸。

胖子姓酆名崴，俩字生僻难懂，郑文第一次读成“业威”。随即膜拜赋予他贵族姓的爹，发誓有生之年定要一睹芳容。吃了飞来横祸的一脚后顿时缘觉，彻底断了拜访念头。认识胖子纯属巧合，自己当主播那会儿，这厮还在上海。据说上海很大，坐出租以南京路为直径转一圈，计费能过百。那地方灯红酒绿，就连黄浦江的主色系，都比珠江不知黄多少。就在这样一个地方，胖子以一篇美文，横在了自己命途中。

那时做电台主播，上海听众着实不少，也常流出些胖子的消息。什么喜欢豪赌，打麻将输起来不眨眼，还常请大家周末聚聚。于是固执地认为他比自己大很多，Q上都一直称大哥。后得初见，名字念错后，被他多次质疑自己的职业操守。但质疑归质疑，“胖子”喊顺嘴了，也就司空见惯了。

“你不是当上了牛掰公司的华南区市场主管？”郑文帮搬行李。“啊！”胖子边应声边低头进屋。“半年了，月薪一万，哪股妖风把爷吹回来了？”郑文神情妩媚。“啊！”胖子打开电脑。“擦，那回来干毛？你晚上打呼噜我睡不着！”郑文抱怨。

“你们平台有个叫马小东的，Dota 打得好？”胖子突然问。“还看连载？大帝那货笔下的人物，不一定是真的！”郑文道。“那大帝和马小东，谁手法更好？”胖子双击 Dota 启动图标。“都不是好鸟儿！别去惹这俩货！”郑文猛地坐起，严肃道。“妈的，我电脑怎么这么卡？”胖子甩两下鼠标，见还在读取。

“苍老师出道以来，这电脑就和你相依为命吧？”郑文关切道。“立下汗马功劳！ Fuck, 说啥呢？滚！”胖子缓过神，气急败坏道。“即便是撸啊撸，日久天长也伤肾，C 盘慢正常！”郑文帮分析。“有道理，做个 Ghost 先！”胖子表赞同，熟练地一键还原。“还原可以，E 盘23G 文件夹别误删！”郑文再次提醒。“不用你提醒！擦，果然趁我不在……”胖子委婉表达不满。“又没抢你女朋友，叫个毛？”郑文奚落道，胖子脸渐绿。

“跟你说件事！”一分钟后，胖子转过头，诡秘地说。“Say!”郑文盯着手机，边回微信边说。“今儿见一美女空姐，刚好跟我这班飞机！”胖子满脸幸福。“没往人身后扔钱？然后不要脸地问是不是她掉的？”郑文接话。“我不是那样的人！当时真急了，但没舍得钱！”胖子眉飞色舞。

“你那样起来不是人！”郑文换个卧姿，继续看不要脸的晒幸福。“本来都绝望了，但放行李刚好挤到路过的她！”胖子演示。郑文脑海翻腾着美女被胖子压在身下的惨不忍睹的画面。“还活着？”郑文回过神，呆若木鸡，眼神空洞。“你真邪恶——鞋跟断了，坚持帮她修，顺便要电话！”胖子说。“醉翁之意不在酒，司马昭之心！”郑文唏嘘不已、冷嘲热讽。“管它老猫病猫，抓住耗子就是好猫！”他不以为耻、反以为荣。

“我去修鞋，顺便和她共进个晚餐！”胖子拿鞋准备出门。“空姐还是井空姐？在哪家航空公司？”郑文问得郑重其事。“滚！南航——南航出美女！”胖子出门前，眼神极富深意。“帮问下，她们飞机场跑道塌过？”郑文对富田田的话心有余悸。“她们不是飞机场，都是山峰高耸！”胖子习惯性地以脚关门。

“神经病！”郑文骂了句，转身朝墙，闭眼休息。“蛋糕和红酒借我用用！”没几分钟，胖子又折回来。“不……”等反应过来再张口，胖子已顺了东西，消失在门口。“妈的，纯流氓！月薪上万，还总剥削我！”郑文没好气地吼。“来吃火锅么？美女请！”微信上，W网用户刘姗姗发消息。

“不去，累，睡觉！”郑文懒散地回复。“别丢吃货的脸！闺蜜请客，清纯可爱貌美！”刘姗姗继续勾引。“我从了！”半小时后见一键还原卡在5%，郑文改变主意。“快点来，常吃火锅烤肉寿司那家！”刘姗姗语气迫不及待。“俩小时准到……”还没说完，她已挂断。

冲澡换衣服，喷了淡香水，郑文下楼，蛇口线转龙华线。市民中心换乘时，富田田来电话，先硬后软套路屡试不爽。几个撒娇外加一枚香吻，轻松地化解了自己的满腹牢骚。当挂断电话，生日祝福短信发过去，电话又如期而至。这次八成是真的，她在电话中娇滴地哭，却又分明在笑。这结果也挺好，不见面免得吵架，还省几千块钱的机票钱。距离产生美可能就是这意思，郑文顺势钻进即将开动的地铁。

“啥事？”出地铁口，不想接胖子电话，又担心他被空姐绑架。“你说今晚我俩咋浪漫好呢？”胖子一副贱次次欠揍的语气。“你俩怎么‘浪’，关我鸟事？”郑文说完想挂电话。“滚！什么叫浪？浪漫懂么？懂么？”胖子在那头纠正。“买点水果，看电影、吃夜宵，然后就看你了！”郑文提示。“搜嘎搜迪斯内！你地，良民大大地……”他开始拿腔拿调。“神经病！”郑文听到一半挂断，大步流星地朝那家店走。

“这么晚？又撩扯哪家小姑娘去了？”刚进门，刘姗姗迎上来。“神经病！”郑文瞟她一眼，吐出仨字。“我闺蜜，管倩倩！”刚落座，她介绍旁边美女。二人对视，点头微笑，算是打过招呼了——都没说话。“今儿啥标准？我来尽显吃货本性！”郑文冲刘姗姗问。“今儿她请客，最好把她吃穷到以身相许！”她指向管倩倩。“吃穷了不还有你？”管倩倩捋捋长发，礼貌地递过菜单。

点完菜，三人静静坐着，郑文顿觉气氛有点不对劲儿。“我去趟洗手间！”郑文说完朝洗手间走，刚好胖子又来电话。“长话短说！”郑文有些不耐烦，他邂逅空姐却总骚扰自己。“美女非要吃苹果，说代表智慧、欲望和爱情！”胖子困惑。“知道牛顿、亚当和夏娃么？”郑文强压怒火、循循善诱。“牛顿是想撬地球那二货不？亚当写了国富论！”他自信满满。“空姐说得没错，你多买几斤苹果补补脑。”郑文几近无语。

“什么意思？用我能听懂的话说！”胖子捉急地命令。“你傻逼啊？”郑文终于按捺不住，将愤怒浓缩成四个字。“你他妈有种再说一次？”胖子心平气和地威胁。“重点不是苹果，是后面的话！”郑文想想后果，解疑释惑道。“不可能啊？我问她咱俩有可能？她说没可能！”胖子自言自语。

“姑娘说不要就是要，苍老师喊雅蠛蝶代表啥？”郑文冷笑。“擦，学艺多年差点荒废了，看来真得学以致用！”胖子顿悟。“给机会修鞋又给电话，就差个借口让你进屋了。”郑文帮分析。“刚才到门口了，鞋还她寒暄两句就下来了！”胖子如实相告。“靠，你不主动约人家看电影，还等人倒贴呢？”郑文损道。“瞅你那资深情圣的逼洋，再打电话我是你儿子……”他不爽。“滚——神经病！”没等胖子说完，郑文挂断。

“正打算喊人去厕所捞你！”郑文坐下，刘姗姗见缝插针。“这烤肉不错——七分熟，嫩！”郑文夹肉入口，完全无视。“客请了，肉吃了，唠正事吧？”刘姗姗放下筷子。“敢情吃饭不是正事？我说怎么无事献殷勤？”郑文皱眉。“也没她说得那么严重，只是请教下！”管倩倩适时解围。

“我就挣那点工资，你们不要为难我！”郑文以进为退。“审核推荐那么多，顶半个HR！”管倩倩恭维。“我只看文采文法、是否有反动言论！”郑文想显得低调。“倩倩2011年就职集团总部，2014年初被抽调外地，与子公司重新签合同，月薪两万，半月前总部说她工作不利，责令子公司解除劳动关系，但确定经济补偿时，起始日期有分歧，分公司说是2014年初，她认为是2011年！”刘姗姗言简意赅。

“喂？别就顾吃，给指条明路！”见郑文不说话，她提醒。郑文一直在琢磨，月薪两万较之自己六千是什么概念？随后得出自己是屌丝的结论，为没去五星酒店宰她俩感到惋惜。“你是专业HR，这问题还问我？”郑文回过神问刘姗姗。“我拿不准，想你身为编辑肯定专业！”她上升到职业高度。“明确地告诉你，不专业、不知道！”管倩倩听完很失望。“有表现机会都不珍惜，你不行我去问师父！”刘姗姗话里有话。

[a]男人最恨的，就是在擅长领域失去所有能力，或被女人说不行。郑文脑中浮现无数悲情人物：司马迁、魏忠贤、郑和……“格格那货就知道玩儿网游，还不如我呢！”郑文欲加之罪。“你说的是连载剧情，他现实中可厉害了！”刘姗姗夸耀。“厉害个屁，忽男忽女傻傻分不清！”郑文为赚尊严开始挖坟。“你整天自称老娘、小菇凉分得清？你行你说！”刘姗姗撅嘴。“从2011年算！”为逃离残缺人生阴影，自己决定赌了。

(a)《劳动合同法实施条例》规定，劳动者非因本人原因从原用人单位被安排到新单位工作，原单位工作年限合并计算到新单位，若原单位已支付经济补偿，新单位依法解除、终止劳动合同计算经济补偿，则不再计算原单位工作年限。因此，管倩倩经济补偿金年限应从2011年起算。

道过别，靠着站台看人来人往，郑文等地铁时心里不爽——百分之五十正确率已足够高，但若还是跳进大坑……“喂？不说不给我打电话吗？”正胡思乱想，胖子又来电话。“爸爸，看完电影吃夜宵，她非要喝酒，几个意思？”胖子问。“喝就喝，你还怕她？没准儿水到渠成呢！”郑文分析。“我能不能浴火重生，就看这次了！”胖子深表赞同。这些年他一直欲火焚身，但愿这次老天爷让他浴火重生，郑文想。

进家门直奔电脑，见一键还原依旧卡在5%，让郑文诧异不已。洗漱上床关灯，在显示器蓝光映衬下渐渐睡去。不知过多久，翻身想上厕所，却见黑暗中一张大脸对着自己。“谁？”本能地喊出声，郑文猛地坐起。“叫个毛？我！你做了多少亏心事？”胖子面无表情。“擦，你这脸跟张飞似的！不对啊，这点……”郑文边撒尿边问。‘一言难尽哪！”胖子胳膊杵在门框上，感慨不已。

“说说！”郑文想说跟爹讲讲，估算下胖子体重，去了长辈称呼。“酒喝一半，她接个电话说男朋友来接她！”胖子满脸沧桑。“擦，道行不浅！飞机上没问有没有男朋友？”郑文感慨。“大庭广众，我怎么好意思？”胖子扭捏得像个孩子。“你这么要面子，活该被涮！”郑文恨铁不成钢。

‘我这么怜香惜玉，在床上都舍不得对她用力！”胖子苦笑。“能把肾虚说得如此文艺，估计只有你了！”郑文冲厕所。胖子突然将一枚捂热的杜蕾斯拍在桌上，哀愁漫上他肥硕的脸。“明天把红酒和蛋糕还我！”郑文扯过被子看表，凌晨三点半。胖子两眼无光地望向窗外，余光不经意扫到电脑。

“这怎么回事？”胖子用嘴努努卡在5% 的进度条。“这配置学姿势，你简直是在燃烧生命去装逼！”郑文赞叹。胖子没接话，一言不发地盯过来，这让郑文顿觉后背冒凉风。“算了，红酒蛋糕不用还了，不用谢！”郑文故作轻松。“这还差不多！你妹妹有男朋友吗？”胖子随口问。“敢勾搭我妹妹，打折你的腿！”郑文转过头，一字一顿。“我以为凭咱这关系，我追你妹你会打折她的腿！”胖子惊讶。

“知道我这次为啥突然回来么？”十分钟后，胖子边铺床边问。郑文困得不行，迷糊着打算装睡。“知道你没睡，装什么死？”胖子一个飞踹，正中郑文屁股。“我怎么知道？有话说有屁放！”郑文猛地坐起吼道。“吼个毛？大半夜的，还让邻居睡觉么？”胖子轻声细语。“大爷，有事说，一会儿还要上班，谢谢！”郑文翘着嘴巴。“这还差不多！”胖子一脸得意且欠抽的表情。

“你也知道我钱难赚，每月出差三十天！”胖子诉苦。“说重点！”郑文打个哈欠，不耐烦地说。“这月出差前填《借款单》，向财务领了一万差旅费，今儿回来，HRD说我辖区业绩垫底，当即解除劳动合同，让尽快结清出差款！妈的，世间三大最无情——婊子闺蜜加民企！全球经济衰退，业绩下滑怪我？没看我睡得比狗晚，起得比鸡早？”他继续抱怨。“我看睡得比鸡早，起得比猪——”没说完，四六大脚踹过来。

[a]“出差款结清了？”郑文睡意全无，试探着问。“毛线！我下午提起仲裁，要求赔两万，加班费九千！”胖子说。“干得漂亮！祝你旗开得胜，没别的事洗洗睡吧！”郑文敷衍。“我心没底，你打电话帮我咨询下专家呗！”胖子笑容可掬。“现在？大爷的，鸡都还没叫，上班再说！”郑文激动道。“那——好吧！不过你可不能忘了！”胖子叮嘱。“放心！”郑文钻进被窝，隐约听到鸡叫。

三小时后，不情愿地爬起。看了眼对面床上赤裸熟睡的胖子，蹑手蹑脚地穿衣、洗漱。“我的事别忘问！”刚要出门，胖子坐起提醒后，倒头继续睡。“妈的，你竟

(a) 企业因劳动者不能胜任工作，经培训或调岗仍不能胜任工作等非劳动者过错的原因单方预告解除劳动合同的，应依法支付经济赔偿。同时，《劳动合同法》规定，若用人单位被认定为违法解除劳动合同，应按双倍标准支付赔偿金。胖子工作超半年，公司违法解除劳动合同，赔偿金支付年限应按1年算，支付金额为双倍月薪（两万元）。

装睡！真无耻……”还没说完，四六码的鞋飞过来。举包一挡，一幅“巨掌腾云图”，清晰拓在上面。

小区门口买了杯豆浆，郑文深感睡眠不足，无精打采朝公司走。“喂——”半路腾出手接电话，豆浆从鼻子呛出。“大儿子，起床啦？”伴着浓重陕南音，鼻孔一阵酸腥。“爸，撒事？在上班路上！”郑文连咳几声才顺过气。“额老人都急着咧，田田了杂列，你莫瓷马二楞！”那头催道。“知道咧知道咧！田田说跑道塌了，暂时过不来！”郑文敷衍。“有这事？等额去问她！你莫幕囊，再拖都成送列？”他又催。

“知道了！爸你真会玩，生日过三天！”郑文转移话题。“你娘犟得跟牛犊样，说蛋糕吃不没浪费了！”他口是心非。“好咧，你俩在家慢慢浪漫，没事额先挂了！”郑文见好就收。“婚事，克里马擦的，额们等抱娃咧！”他再次催婚。“知道咧！”郑文赶忙应付了事，挂断电话。

[a] 一上午都在审核、推荐，顺便写专访稿。“又咨询几人和你说的一样，倩倩说感谢你！”刘姗姗发来消息。“举手之劳！”郑文心里庆幸赌赢了，否则糗大了。“每天工作4小时，每周6天，但最近加班，周工作超24小时，我还是非全日制用工吗？”专家群有人问。“偶尔加是，经常加班累超24小时则为全日制！”郑文抢答。“感谢编辑解疑释惑！”看着感谢的话，自己志得意满。

老子言：福兮祸所伏，意思是接受了致谢，就得扛得住折磨。自己也在尽力忍受各种群的奇葩精神病们，比如——“文子哥，给你发张真人照片？”一妹子主动私聊发嗲。“好哇！”自己流着口水接收，打开一看：Fuck，是张三丰。“大闸蟹掉

(a) 《劳动合同法》第68条对“非全日制用工”做出明确规定，虽法律规定对界定“偶尔加班”与“经常加班”缺乏明确衡量标准，但仲裁庭或法庭多会行使自由裁量权，将经常加班的非全日制用工认定为全日制用工。

马桶，一碰就缩还冲不走，两天没拉屎了！”有人抱怨。“倒滚烫开水，放料酒、淀粉、葱姜蒜，五分钟后即食！”郑文答。“蛇精病，这能吃么？记得放盐和大料！”大帝及时补充。

“蛇精病，违法解除合同支付赔偿和加班费？”郑文问。“不知道你在说什么！”大帝开启装傻模式。“滚犊子！以后审核推荐别找我！破你每篇必荐先例！”郑文威胁。“梦想像节操牢不可破，意淫却像贞操常不攻自破！”大帝说。“蛇精病，不知道你在说什么！”郑文气急败坏。“意淫的东西真能实现么？甭指望了！”大帝又说。“滚，滚，滚！”一句简单回复，键盘响得像玩劲舞团。

“违法解除合同支付赔偿和加班费？”郑文改问捕手。这货莫非不上班在家带孩子？半天没动静，郑文猜。“违法解除付赔偿金加班费么？把格格赏你！”郑文问海边。“你自己留着吧！”海边客气地回复。郁闷之余登新QQ——性别女，头像美女，空间自拍美女。

“海边帅锅，违法解除合同支付赔偿和加班费？”郑文嗲嗲地问。三二一，打开Q空间——带你去海边5秒前访问了您的相册。“刚有二货问我没理！你是妹子，例外！”郑文咬牙切齿。“谢谢！您真是W网的活雷锋，棒棒哒！”郑文继续发嗲。“举手之劳！”隔着屏幕，能想到他流口水的猥琐表情。“那给我指点迷津哦，仰仗您呢！”郑文打完字不寒而栗。“仲裁会支持违法解除赔偿诉求，加班费难说！”海边答道。

“文子，来趟我这儿！”正挥汗如雨，于得水打电话。上次开完会，各类措施多管齐下，成效显著。但较之要求仍杯水车薪，于得水寝食难安。郑文是自己一手带出来，虽已有倾向，听听他想法也未尝不可。“于总，您找我？”郑文推门而入。

二十分钟后，于得水还在听他侃侃而谈。抛开各自看法，于得水自觉爱才，尤其欣赏他工作那股劲儿。W网招了很多人，却唯有他和郤犨泽是自己留下来的。所以，自己对他俩的期望值也较之别人更高。“你觉得咱去更好些？”于得水摸着下巴，若有所思。“毕竟这样的机会不多，也是个锻炼！”郑文开诚布公地答。“我也有这个倾向，你回去可以渗透下！”于得水说。

出了办公室门，郑文回忆起来W网应聘的往事。之前工作在北方，被传统媒体磨得没激情，更没耐心。而在W网转正那天，才感受到互联网的冲击力。HRM评价自己上手太慢，若不是于总执意留，估计转正都难。那是人生中第一次不被认可，自己也不知该怎么办？

[a] 凑巧那天于总找自己聊天，聊了很多，现在大部分都忘了。自己当时承认没事业心，只渴望一份按部就班的工作，只想完成本职工作，但一定会尽力做好。他当即愣住，随即转身走了，后来他说可能看错人了。那天伤了他的心，自己便试着转变，毕竟不想辜负别人的认可。再后来，自己开始失眠，一星期一星期地失眠。失眠的日子里，自己成了编辑，开设了专栏。

[b] 后来写卷首语、做专访，好评如潮、粉丝无数。那些粉丝不是十几人、几百人，而是动辄就几千上万人。也就在那时他提醒，公司搭了平台，这是你该做的。他还说，其他编辑也很出色，你没什么好骄傲、好自满的。后来，用户及同事的认可，让自己有了叫事业心的东西。不知何时，也学会了平静地看待别人的褒奖。这些，某种程度上是他赐予的，比字面的自信更可贵。

“撒事？”正在回忆往事，富田田打来电话。“你让你爸找我咧？还说飞机跑道塌了？”她兴师问罪。“他催婚呐！我也没办法？以为他不能找你！”郑文解释。“催

(a) 上司对下属重视程度，有时决定其工作努力程度；员工认真有魄力，易受上司青睐。

(b) 你的志得意满最好来自老板赏识，而非旁人或真或假的夸奖。老板赏识并重用你，也不一定是你工作做得好，很可能是他自觉识人能力强。

婚不对么？老大不小的！”富田田反问。“对是对，你又不肯嫁？”郑文也学着她的语气反问。

“连婚都没求，就让我嫁你？哪有这便宜事？”她较起真。“搞得好像求了，你明天就嫁我似的！”郑文嗤之以鼻。“求吧！求完我就像早更的周迅一样，穿婚纱飞过去！”她说。“求尕了，嫁给我吧！”郑文吊儿郎当地说。“鲜花呢？戒指呢？”富田田继续较真。“过年回汉中补给你！”郑文也语气严肃、态度认真起来。“见你如此诚心，帮打听个事，抵鲜花和戒指！”富田田笑道。

[a]“如此甚好！”郑文暗暗松口气。“我同事侄女去年1月和公司签劳动合同，12月中旬提离职，月底离开公司。今年1月听说同事都收到俩月工资年终奖，她希望公司按工作月份比例支付年终奖，仲裁能赢么？”她问。“能，我见到过！”郑文答得干脆。“你确定么？别误导人家！”富田田质疑。“我你都不信？确定一定以及肯定！”郑文打包票。

晚下班，打完卡匆匆朝家走，缺觉困成狗。“我靠，你睡了一天么？”一只鞋在门口，胖子横在床上。“中午了么？”胖子眼袋下垂，睡眼惺忪地朝这边望。“还没到明天中午，才今天晚上而已！”郑文边答边洗手。“事儿问了么？”胖子坐起，揉揉眼睛。

“赔偿金有戏，加班费难说！”见他拣起另只鞋，郑文忙答。“加班费本就是烟幕弹，不给也罢！”他长舒口气又躺下去。“什么破电脑！”见还卡在5%，郑文上去一脚，当即跳到8%。“帮我下楼买包康师傅！”胖子瞟了眼，压下怒火。“滚！小

(a) 根据《劳动合同法》第18条，若公司规章制度和劳动合同未对年终奖发放做具体规定，仲裁委多会遵循“同工同酬”原则。建议HR在员工手册中规定其发放对象为“发放时仍在册员工”。

婊砸！”郑文刚说完，后背又多个四六码鞋印。

几天后，仲裁委审理了胖子的劳动纠纷案。公司开庭前反申请，要求返还一万借款，被告知另行提请仲裁。经审理，仲裁委支持胖子的赔偿诉求，加班费被驳回。公司不服，向法院提起诉讼，仍要求胖子返还借款。法院经审理，告知公司应先申请仲裁再起诉，故不予受理。

[a] 仲裁生效后，公司要求胖子先结清出差款并办理交接。胖子多次问候办事员父母，没拿到赔偿，向法院申请强制执行。经法官调解，胖子勉强同意将最后出差票据经法院提交公司审核。最终确认差旅费5238元，剩余款项在赔偿金中抵扣。收到15238元赔偿金时，胖子喜笑颜开，双方达成执行和解。

几次三番折腾，心大肉多的胖子，也因重感冒倒下来。对他而言，因有美女护士，每晚去急诊扎点滴是最开心的时刻。“今晚聚聚？火锅店——走起！”周五晚，郤犨泽对郑文说。“晚上去医院看病人！”郑文想起胖子索贿的肢体语言。“不用去那么早吧？”郤犨泽不甘心地问。“都谁？几点？在哪？”想到胖子每晚八点才扎点滴，郑文问。“就编辑部几个——董青梅、廖耀辉、班森禹、你、我！”他答。

晚七时，会展中心附近，红绿的霓虹让人迷眩。川式火锅店，郑文、郤犨泽、董青梅、廖耀辉、班森禹围坐桌前。十盘肉、五盘菜、四扎啤酒下肚，五人均略有醉意。“要说于总最器重的就是你！”郤犨泽把郑文捧得老高。“哪里，你们都是我学习的榜样！”郑文放低姿态。“前不久他说那事儿，不知最后定没？”郤犨泽试探。“定了吧！咱们去！”郑文胸有成竹。

(a) 法院执行程序不仅是执行法律文书内容，也常解决仲裁或诉讼未决纠纷。双方均可通过法官参与和调解，尽量达成执行和解，以免再次仲裁增加追诉成本。另外，企业未按规定期限履行义务，员工有权要求加倍支付迟延期间债务利息或履行金。

“咱们去？我怎么听是他们去？”郤犨泽不太确定。“不可能，我的消息指定准！”想起于总的话，郑文自信满满。“那咱打个赌，敢不？”郤犨泽来了兴致，挑高音调。“赌啥？”郑文转过头问。“谁输谁把这个喝了！”郤犨泽将五包底料倒进一碗汤。

[a]“喝就喝，谁怕谁？”此刻撑起信心的，是于得水的那些话。“好！我现在问，你监督！”郑文猜他是故作镇定。于总，请问那事是咱去还是他们去？定了么？郤犨泽编辑完发送。“他们去，下午才定！”看着回复，郑文像被无数闪电劈中。“加油，看好你！”几人看看郑文，又看看那碗汤……

半小时后，郑文冲进急诊室，手握空水瓶。“葡萄糖？”直接忽略胖子，指着桌上瓶子问。护士刚点头，整瓶葡萄糖已被一饮而尽。“擦，这么着急洗胃——吃屎了？”胖子直勾勾盯着。郑文不想回忆底料是怎么灌下去的，只是不再想吃川味火锅。静下心回想，觉得是被四人算计了。“渴了而已！”怕被胖子嘲笑，郑文深呼吸后答。

“不来看我么？牛肉罐头呢？”胖子放下手机，脱下只鞋。“谁看病人拿肉罐头？你都这样还看 W 网？”郑文转移话题。“我是路边卖把式的野狐禅，偷学一二后自行发挥！”胖子得意。“考考你，员工如何取悦上司？”郑文觉得被摆了一道，便问。“女的每天睡过头，男的工作争第一！”胖子趁护士出门换药低语。“若是前五但非第一呢？”郑文握着水果刀，漫不经心地削苹果。“第二和最差没区别！”护士进屋，胖子装老江湖。

(a) 别将上司承诺当器重，他需要通盘考虑，实现利益最大化，临时改决定也属正常。

[a] 胖子清清嗓子，露出佛祖五官，准备给郑文上一课。“知道世界第一高峰？”胖子故意很大声，护士能听到。“珠穆朗玛峰！”郑文继续削苹果。“不错！第二高峰呢？所……”胖子慈祥地笑，准备谆谆教导。“乔戈里峰！”郑文继续削苹果。“第三高峰呢？所以吧……”胖子顿顿，笑得咬牙切齿。“干城章嘉峰，8586米高！”护士看胖子，胖子看削苹果的郑文。“我操，吃我一脚！”胖子猛地高难度起跳，踹翻郑文的椅子……

(a) 无论职场还是生活，需装糊涂便装糊涂，善待他人就是善待自己，否则你会很受伤。

（九）

◎

辣妈也疯狂

狭窄的急诊室，药瓶七零八落躺在地上，伴着刘丽霞急促的呼吸。“主治大夫呢？我婆婆心脏病发作！”忙乱中拽值班护士衣襟。“人呢？这时间只有值班医生！”护士站起身，解释很职业。“外面，救护车上，护士，帮想想办法！”刘丽霞语无伦次。“喂？怎样了？妈快不行了！”老公的电话让刘丽霞更加慌张。“马上好！”刘丽霞慌乱地挂电话，望向护士。“咱这仁济治心脏病一般，建议马上转友谊！”护士提醒。

护士麻利地提起氧气包，尾随刘丽霞朝外跑。“你留下，我先过去！”刘丽霞说完，钻进了救护车。“你背不了扛不动，我先去，你办手续！”老公故作镇定。救护车紫灯旋转不停，尖鸣着擦身而过，渐行渐远。透过后窗，见护士在车内忙碌，刘丽霞愣在原地。

大美新疆，产哈密瓜葡萄干和田玉，还有美美的维吾尔族姑娘。而作为丝绸路上的璀璨明珠，乌市的夜总是来得太晚。晚上八点，夕阳才收去最后一缕光，夜幕如期而至。婆婆向来康健，却突然心悸，随后呼吸困难。幸好中环花苑离仁济医院很近，且没有丝毫耽搁。但此刻，老公电话没人接，自己还是心急如焚。生命的舟楫渐不受控，很多人却又无力改变……

楼上楼下办转院，自己搞不懂，为何划价交费不在同楼层？最后到急诊室，赔完打翻的药剂，步履匆匆出门。“友谊医院！师傅——快些！”刘丽霞上车便催。司机寡言，用力踩油门，车子弹射起步，有很强的推背感。交通广播播着张卫健的《信徒》——很老的歌。如果我们不曾看过对方这么苦，如何知道快乐一转身就是痛苦……歌词很美，亦极应景。

“娜娜，我暂时回不去，帮我看下点点！”刘丽霞打给表妹。摇开车窗，晚风撩起长发，与窗外的风共舞。玲珑苑、团结路、延安公园——婆婆带点点的光景恍如昨日。此刻，她却昏迷不醒，徘徊在生死边缘，怎叫人不揪心？是的，自己是现实中的刘丽霞，W 网的“点点妈妈”。自己在 W 网是辣妈、职场高手，又是好老婆、孝儿媳的代名词。但网络毕竟虚幻，现实中女人终是弱者，自己也有苦和难。

车还未挺稳，刘便冲出，厚重的关门声难掩紊乱心绪。大厅人来人往，像夏夜的大排档，与祥和的夜极不相衬。四部电梯均在十几楼上行，自己等不及，开始爬楼。“怎么样？”不敢打电话，见老公打来，迫不及待地接。“隐性冠心病，需要搭桥！”老公简要描述。

“搭啊，别耽误时间！”刘丽霞继续爬楼，心急如焚。“要十四万手术费！”老公言语支吾，迟疑着开口。“多少钱也得搭啊！钱可以再赚！”刘丽霞义正辞严。“可——”老公还犹豫，这让自己生气，倒不像是他亲妈。“用买车那钱，车先不买了！”刘丽霞挂断。

[a] 又走几步后停下脚步，捂着岔气的肚子，开始喘粗气。结婚以来，婆婆待自己视如己出，点点出生后，更是省心。真难想象，若她突然不在了，自己将怎样沦为家庭主妇？于是努力不去想，慢慢站起身，一步步朝十六楼爬。生活就是如此，拥有时不觉珍贵，却在可能失去时愈发恐惧。

“怎样了？”好不容易爬到十六楼，刘丽霞问。“检查做得快，已经开始手术了！”老公略感欣慰。刘丽霞瘫坐在身旁椅子上，回忆与婆婆相处的幕幕往事。“钱没多少了！你回去下，顺便看看点点，我在这！”老公说。“我爬上来的，真走不动了，你回去吧！钱在……”刘丽霞嘱咐。老公消失在电梯口，自己身心疲惫却毫无睡意地盯着手术室。而漫漫长夜，对于乌市却刚开始，伴着揪心的企盼……

几天后，婆婆从ICU转到普通病房，悬着的心才算着地。提着鸡汤进病房，见老公倚在床边，面容憔悴不少。婆婆虽睡着，但气色不错，点点白天送幼儿园，也还省心。只是自己刚离职就遇这事，一时也静不下心找工作。见婆婆手术成功留院观察静养，应聘也该提上日程了。毕竟不能总闲着，经济问题是其一，再有就是——人越待越懒。与老公四目相对，刘欲言又止，这节骨眼提这事恰当么？

“你想找工作了吧？”一起出门打热水，老公问。刘丽霞没接话，轻轻转过头，递过个温暖的眼神。“你该找就找！毕竟钱不是万能的，但没钱万万不能！”老公道。“最近确实有面试，我尽量多照顾妈！”刘丽霞想想说。“不还有我？我也有事和你说！”老公接过水壶，若有所思。

刘丽霞心里暖暖没再说话，几年来的默契，此刻终尝幸福果。“单位西安交大博士委培名额，我打算让给别人！”老公说。“啥？”三年东北从业经历，自己都惊讶

(a) 眼中只有工作的人不值得敬佩。我们不是神，预料不到下一刻发生什么？而在生老病死面前众生平等！工作之余请珍惜眼前人。

时常冒出的东北话。“你看，咱妈手术，点点断奶，你又暂时失业……”老公分析。“在职没那么赶，时间挤挤总会有，咱俩克服下！”刘丽霞说。“可惜是全日制的，没关系，以后还有机会！”老公安慰。刘丽霞因迟疑没再说话——打肿脸充胖子谁都会，但要清楚状况。

傍晚，老公照顾婆婆，自己匆匆回家，从表妹手中接过点点。幸好她最近休年假，否则都没人帮照顾孩子。“哪位？”正给点点喂饭，手机响起。“喂？是刘女士么？我是融盛投资公司的！”传来甜美女声。“不好意思，我暂时没钱做投资！”刘丽霞身心疲惫却礼貌回答。

(a)“刘女士您误会了，我是通知您来面试！”对方忙解释。“哦？请问可以周末面试么？”刘丽霞问完，忙解释特殊情况。“这我定不了，我帮您问下再给您回电！”女孩听完说。刘丽霞抱着平常心，最近这类电话很多，虚晃一枪便没了下文。喂完饭，抱起点点到卫生间，打算给他洗澡。十几分钟后电话又响，点点在玩水，刘丽霞去卧室拿手机。“刘女士，成总同意了，周日下午行么？”女孩礼貌地说。

深夜，耳边有点点均匀的呼吸声，自己翻来覆去睡不着。公司几百人，能把深造“绣球”抛给老公，足见重视程度。也许错过这次，老公职场瓶颈在未来几年都无法突破。但这上有老、下有小的状况，又怎是自己一人能应付的？月上中天，刘丽霞看了下时间，已近凌晨四点。

(b)周日上午，婆婆气色不错，不但能进食，还吃了两根香蕉。朝老公使个眼色，刘丽霞出了病房，来到走廊尽头。“我又想了下，委培你还是去吧！”刘丽霞语气

(a) 如果你是老板，会为面试牺牲周末么？

(b) 照顾家人与提升自我不可得兼，必须果断做出取舍，两利相权取其重，有舍才有得，看问题不能只顾眼前。

坚定。“别了，点点小，咱妈又……你忙不来！”老公心疼道。“你虽是硕士，但当下知识更新快，博士更有利！”自己晓之以理。“我不能这么自私，扔下这一大家子……”老公有些激动。“住院上学都要钱，困难是暂时的！”刘丽霞动之以情。

中午，提前一小时出医院，按女孩短信所留地址寻去。天山区，中山路与新华北路交汇处下车，不远处是东方王朝酒店。朝右拐直走没多远是中国银行，旁边便是融盛投资公司。先在旁边德克士吃了点东西，整理下衣领，又深吸一口气。公司两层楼，不大却整洁，周末没什么人，前台坐着位女生。“您好，我来面试！”刘丽霞礼貌地打招呼，见她在看考研书。“刘女士？我叫凌秋芊，是我约的您，成总在楼上！”她说。

(a) 经简短寒暄，从凌秋芊口中对公司有了大概了解——俩老板是亲兄弟，哥哥成国栋主抓管理，弟弟成国梁主抓业务。二人共同投资开了这家公司，股份各半，但法人是成国梁。成国栋在公司时间多，成国梁因为跑业务很少来。这次面试也是成国栋——清华大学行政管理专业出身。

听了这些略感拘谨，却不停提醒自己别紧张。清华怎么了？不也是本四硕三吃三顿饭？刘丽霞想。“成总，人来了——这是成总！”敲门进屋，凌秋芊引见。抬头望去，成国栋年纪不大，双眼皮、浓眉大眼、身材高瘦。“你先回吧！今天本该休息，辛苦了！”成国栋先和凌秋芊说。“您平时够照顾我了，偶尔加个班没什么！”凌说完退出去。“小刘是吧？快坐，坐坐！”成收回目光，边沏茶边礼让。

(b) “成总，您好客气，我都不适应了！”刘丽霞尽量放松。“人尤其男人，过

(a) 去心仪公司面试，除事前充分准备，您是否能及时进入状态？能用几分钟“套”出公司大致情况，及时捕捉消化重要信息，是关键点之一。

(b) 面对高格局面试官，如何尽快摆脱拘束心理、缓解紧张气氛？平时涉猎多领域知识，多读多思考多领悟，或是重要途径之一。

四十后注重的及思维模式就不同了！”他说。“您指家庭美满、事业成功的男人吧？”刘丽霞反问。“《道德经》说道乃天之道，德乃人之本，才领会些！”成国栋笑言。“窃国者侯窃钩者诛，历史终由强者书写！”刘丽霞一语双关。

“这观点犀利，赞同！”成国栋点点头，意味深长地说。“成总今天面试，有什么感兴趣的问题？”刘丽霞终沉不住气。“面试？简历我看了，属实就没问题！”成国栋答非所问。“那我今天的面试……”刘丽霞眉头紧锁，试探着问。“明儿办手续吧，小凌归你调配，可以再招个手下！”他直截了当。

[a]“这就通过了？”刘丽霞有些惊讶。“那还要怎样？再搞些形式化答题？”成国栋问。“那成总您看，是否有要特别交代的事？”刘丽霞想了想问。“交代还真有，我弟弟的命令，无论对错必须执行！”他强调。“好，我记下了！”刘丽霞用力点头，没料到面试如此顺利。

傍晚五六点，对东部城市意味着夕阳西下，乌市却正值下午。步行街上行人脚步慵懒，光洒在脸上很舒服。刘丽霞有点小开心，对与随和老板共事充满期待。于是走进商场，给婆婆挑件新衣服，给点点买些新玩具。生活在困境中向前延伸，伴着突然降临的惊喜，让人应接不暇。

“我衣服够穿，这次手术又没少花钱吧？”婆婆捧着衣服埋怨。“妈，人重要钱重要？钱可以再赚！”刘丽霞安慰。“都怪我这老骨头不中用，拖你们后腿！”婆婆神情黯淡。“妈别这么说，家有一老如有一宝！”刘丽霞语气诚恳。老太太没再说话，摆弄会儿新衣服，又渐渐睡去。

“恭喜面试成功，金子又要发光了！”病房外，老公捂眼睛。“怎么？灼瞎你眼

(a) 面试成功，结束前问问特别交代，既能让对方觉得您注重细节，又能让您入职后及时远离“高压线”，或可增加印象分。

了？老板不错，儒雅有见地！”刘丽霞评价。“岂不更有用武之地？只是你又顾家又工作太辛苦！”他心疼道。“困难是暂时的，你后两年准备论文能好些！”自己信心满满。“打算怎么安排？说来听听，我也放心些！”老公关心道。“早上给妈带出午餐，娃中午吃幼儿园，晚上我接！”刘丽霞盘算。“嗯，计划不错，忙不过来叫娜娜搭把手！”老公提醒。

[a] 周一早上提前到公司，简单收拾下，和凌秋芊坐到前台。婆婆恢复不错，能下地活动、自己进食，这让夫妻俩放下心。每每有同事走过，就让小凌在耳边介绍对方姓名、职务。一早上下来，已对公司人员做到心中有数，并弄清仨问题——没特殊原因成国栋都会提前到；公司业务员占全员80%；俩人用一个秘书，瘦矮戴眼镜、二十出头，据说是表侄，叫成永友。早会成国梁没露面，成国栋当着全员介绍后，正式进入工作状态。

[b] “刘姐，给您透露个事儿！”正在熟悉工作，凌秋芊神秘地说。“说来听听！”刘丽霞深觉女人八卦的心，总能一拍即合。“您上任离职没几天，知道原因么？”凌秋芊在耳边轻声耳语。刘丽霞没接话，等她解开谜底。“是被成国梁辞退的！”刘丽霞听完，惊讶又愕然。

“两月前招销售经理，要求本科、六级，两年经验！”她概述。“然后呢？没招到？”刘丽霞盯着她好奇地追问。“招了，段鹏来应聘，那边那个！早上你见过！”凌秋芊指过去。“这不挺好？我前任因为啥离职？”刘丽霞困惑。“我也觉得挺好，

(a) 众所周知，HR岗与技术、操作等岗位的最重要区别在于它和人打交道，为此，入职后尽快混个脸熟，及时了解员工状况显得尤为重要，毕竟运筹帷幄，方能决胜千里。

(b) 想做优秀HR，最好别排斥小道消息，它的及时性、重要性，并不亚于官方正式消息，且极具隐蔽性。和“舅舅党”、“八卦党”打成一片，“两条腿”走路，才能走得更稳、更远。

经国栋总同意签了一年合同！”她继续。

“后来出了变故？”刘丽霞接过话茬，顺着话音猜。“可不？俩月试用临近，国梁总非按试用未通过辞退！”她慨叹。“前任照做了？”刘丽霞装傻地问。“没！他真个性，宁可离职也没辞退段鹏！”凌秋芊眼神略显敬佩。“他和段鹏认识？有亲戚？”刘丽霞继续乱猜。“不认识，也非亲戚，我以所见所闻担保！他认为难做！”她说。“原来这样！”刘丽霞没再追问，静下心再次从头到尾琢磨整件事。

“小凌，之前负责哪些工作？”中午在办公室吃午餐，刘丽霞问。“前台薪酬绩效在我这，前任负责培训招聘和劳动关系！”她答。“昨天面试，成总貌似想让我再招个人！”刘丽霞透露。“好哇！最好是帅哥，妹子也不错，能一起逛街！”她兴奋道。“怎么？还没男朋友？”刘丽霞顺嘴问了句。“这个……”小凌突然冷下来，不再兴致勃勃。“要么你还负责之前工作，新人招到再说！”刘丽霞忙打岔。

一下午都在翻员工档案，时不时向凌秋芊了解现状。还让她发布招聘信息，要求懂人资，两年工作经验，男女不限。刘丽霞奇怪成国栋中途出去，见她在前台看考研书，还指导几句。而其他员工对此也见怪不怪、习以为常。这让自己突发奇想，过几天也带本小说消遣下。

傍晚，成国栋赶回公司处理事情，成永友凑过来聊天。“她和咱不一样！”话题转到凌秋芊身上，他摇头后笑道。“有故事？”刘丽霞做个夸张动作，压低声问。“她本科毕业参加工作，男友考了研——在西安！”成永友描述。“女生就不该把青春都荒废在校园，点赞！”刘丽霞竖大拇指。

“我也觉得挺好，但男友说她不上进，总刺激她！”成永友说。“还有这样的男友？是亲的么？”刘丽霞义愤填膺地问。“我也奇怪，道不同不相为谋呗！但她发誓要读研！”他继续道。“难怪她想考研！”刘丽霞恍然大悟，佩服起她的毅力。“这是她的入职请求，不影响工作前提下允许她备考！”他解释。

“真能鱼和熊掌兼得？”刘丽霞像在发问，又像自言自语。“她还真没影响工作，俩老总都喜欢她！”成永友客观评价。“我也觉得她很出色，很有亲和力！”刘丽霞顺水推舟。“走啦，回聊！”见成国栋下楼，他摆摆手，出门发动车子。与成永友的聊天，让自己对凌秋芊更高看一眼。自己也没想到，上班第一天信息量如此大，得慢慢消化下。夕阳西下，在门外步行街上投下浓重的影，渐次拉伸……

半月后婆婆张罗出院，院方要再观察一周，且叮嘱不可劳累。当晚，趁点点睡着，刘丽霞送老公去火车站。三层的乌鲁木齐南站灯火通明，两种文字写的站牌苍劲有力。“辛苦你了！”老公千言万语，终凝成四个字。刘丽霞用力点头，觉得自己可以，K680如期而至。

周六上午，早早到医院，给婆婆削苹果，享受着惬意的双休。休年假的表妹很窝火，一大早又被拉来照看点点。好在和娃相处不错，整天待在一起，也没找自己这个妈。手机在包里振动，将苹果递给婆婆，刘丽霞走出病房。“喂？”是公司座机号，不知大周末谁在无偿加班？

“刘姐，我是小凌！”凌秋芊柔弱可人的声音传来。“小凌，今天周末，你又没休息？”刘丽霞关心地问。“我在哪都一样，周末成总常见客人，我来帮帮忙！”她答。“那也注意休息！”刘丽霞开始打心底稀罕这妮子的善解人意。“谢刘姐关心！刚有人打电话想面试，您看……”她礼貌地请示。

[a]“不急就周一吧，当然，也可以打我手机！”刘丽霞温和地说。“那我让对方联系您？听起来挺诚心，别耽误了！”她征求意见。“也好！这两天降温，记得多加件衣服！”刘丽霞叮嘱。“谢刘姐关心！”凌秋芊开心地挂断。斜倚在窗台边，凝望

(a) 无论是否能长期共事，对面试者及下属发自肺腑的关心，既能推动雇主品牌建设，又能展现个人亲和力、工作能力，何乐而不为？

走廊出入的病人及家属，自己一时出神。

等几分钟见没打进来，便朝病房走，刚要推门，铃声姗姗来迟。“您好，哪位？”刘丽霞心有准备。“请问是刘经理么？我叫王秋芙！”是怯生生的女声。“叫我刘姐就行，是要面试么？”刘丽霞猜她比自己小。“我周末方便些，刘姐在哪家医院！”她充分运用获取的信息。

两个多小时后，女孩推开病房门，刘丽霞上眼打量——瘦高匀称，脸型标致，高鼻梁、浓眉大眼、空气头帘、披肩卷发。乌市是很大，却没想到有这么标志的美女，刘丽霞感慨。尤其是典型的樱桃小口，千百人中难有一个。虽同为女人，还是被她的惊艳折服，低头看时，婆婆也在笑。

[(a)]“这位便是阿姨吧？恢复得还好么？”王秋芙提着水果花篮。“来就来，还买这些……”刘丽霞顿觉医院面试决定有些草率。不耽误工作还能照顾婆婆，本想一举两得，却还是没想周全。“没什么，刚好探望下阿姨！”王秋芙笑得恰到好处。又和婆婆寒暄一阵，两人一起出了病房门。

[(b)]“你看我没想那么多，这你先拿着！”刘丽霞递过二百块钱。自己当然明白，吃人嘴软拿人手短，想公平面试必须如此。“您这什么意思？我又不来走后门，面试凭的是能力！”她推回。王秋芙这么一说，刘丽霞反倒真觉得自己狭隘了。仔细斟酌后，便不再推来推去，决定先面试再随机应变。

(a) 虽都为了工作，但你出于尽责的出发点，未必是别人领会的落脚点，所以说，有时你依权宜之计制订出的方案，也就未必取得预期效果。

(b) 若要公平面试，必须杜绝“走后门”，双方无利益纠葛，才能挑到最佳人选，应聘者的个人能力才更具竞争力。

“介绍下你自己吧！”伴着医院独有的药水味，刘丽霞说。“新疆艺术学院非人资专业毕业！酒店做过半年前台！”王秋芙说。长这么漂亮，是做前台的胚子，刘丽霞听完略失望。“随后两年半在酒店做人资，负责培训和劳动关系！”她继续。“哪家酒店？”后句让刘丽霞怦然心动，于是追问。“银都！”她语气平淡，但乌市人都知道，银都规格有多高。“待遇那么好，为何来我这面试？”刘丽霞压抑着心底的喜悦。

[(a)] 众所周知，HR 就像品酒师、风水先生、古玩鉴定家。能从酒的口感、形势理气、锈旧品相中，轻易估算出商品价值。一名优秀的 HR，起码得具备从诸多面试者中优中选优的能力。且能在几回合内慧眼识珠，一如关羽万军斩颜良般轻松。虽然王秋芙还没答，但刘丽霞已经有了预感——就是她了。

“父母不想我继续在酒店干，说名声不好！”王秋芙答。“嗯，可怜天下父母心！”刘丽霞顺着她的话说。“说再在酒店干，对象都难找！”她脸上泛起红晕。“有这么严重？这倒没发现！”刘丽霞笑了笑，随后反问。“所以哈，如果真的可以，您就收了我吧！”她俏支道。

“我既非观音也非老板，是骡子是马拉出来遛遛！”刘丽霞笑言。“这么说您同意了！”她开心得跳起来，竟忘了穿着高跟鞋。“试用期俩月，月薪两千四，转正后三千！”刘丽霞想起成总的话。“貌似少点儿，不过我还是从了！”王秋芙开玩笑道。“这你拿回去，周一办手续，我带你见老板！”刘丽霞递过钱。“刘姐想多了，我来看看阿姨，至于么？”王秋芙语出真诚。看着眼前得来全不费工夫的尤物，刘丽霞猜想男同事初见她的表情。

(a) 如何在面试者中优中选优？HR 均需继续苦修。

送她进电梯后回到病房，又听婆婆夸了她好一阵。《独立宣言》说人生而平等，听着婆婆的话，刘丽霞心存质疑。正和婆婆聊天气，问她是否想下楼走走，表妹赵辉娜来电话。“姐，你能回家一趟么？出事了！”表妹语气焦急。“点点怎么了？”刘丽霞的心咯噔一下，本能地问。

“他正睡呢！”担心表姐从电话里钻过来，赵辉娜忙解释。“那就好，你有事？晚上说行不？”刘丽霞松口气。“不行，你赶紧回来，见面说，很急！”表妹说完挂断。工作闲、假期长、赚得多，想不出沉稳的她能有什么急事？难道处男朋友了？想来想去终不放心，刘丽霞出了医院。

刚进家门，赵辉娜将右手食指置于唇边，做个收声姿势。点点还在熟睡，两人来到另间卧室坐下。“算你还有点良心，婆婆恢复得还好吧？”表妹看似关心地问。“手术做完这么久，也没见你问过，说正事儿！”刘丽霞一针见血。“公司一男生，总给我买吃的，不是要追我吧？”表妹切入正题。“喜欢就处，否则就说男友不让收别人东西！”刘丽霞抛出对策。“为了永绝后患，我打算离个职先！”赵辉娜语出惊人。

“想什么呢？”见她说得轻松，刘丽霞扶扶眼镜，瞪大眼睛问。“这只是诱因，原本我也打算离职的！”她撇撇嘴。“你别瞎折腾，这么好的工作——难找！”刘丽霞继续劝。“姐，你看到的都是表象，况且我找到更好的了！”她解释。“更好的？”自己听得云里雾里，像个即将失恋的小男生。

“这公司特累，尤其是我这样跑业务的！”赵辉娜开始抱怨。“累点赚得也多啊，我想多赚还累不起来呢！”刘丽霞羡慕道。“现在一想到上班就想吐，所以才休年假！”她诉苦。“调整下也好，刚好最近事多，帮我带孩子！”刘丽霞顺着说。“本想休完辞职，但下午和老板小姨子吵得不可开交！”她说。

[a]“小姨子？你戴了人家项链还是动了人家口红？”刘丽霞警觉道。“HR 休产假，她来顶几个月，哇啦哇啦不停损我！”她不开心。“损你什么了？让你如此不爽？”刘丽霞好奇地问。“说我休年假不一气儿休完，隔三岔五像羊拉屎！我当时也急了，说爱哪天休哪天休不用她管！她一听，阴阳怪气说我讹她姐家钱，还要扣我半月奖金！我要辞职了，她真扣钱怎么办？”赵辉娜问。“这可不是她想扣就扣的，吓唬你呢！”刘丽霞说。

“前几天同事不怎么得罪她了，合同期满她征求意见，因有矛盾，同事说不续签，她当即拿《终止劳动合同通知书》注明日期，同事本不想走的，办完离职哭了很久！”赵辉娜绘声绘色描述。“你不也快合同期满了么？别主动辞职，等她找你！”刘丽霞说。“有区别么？结果还不一样？”她歪着脑袋，好奇地问。“她还这么干，离职去仲裁，要求经济赔偿！”刘丽霞帮支招。“还有赔偿？拿到就给点点买台路虎——电动车！”她笑言。

[b] 周一早上提前上班，却在公司门口见到更早的王秋芙。短款白衫，浅绿过膝长裙，白色高跟鞋，衬着她修长的身型。远远望去，宛如秋日蓓蕾初绽的芙蓉，娇俏可爱惹人怜。她往门口一站，什么都不必说，都会给公司增单，刘丽霞暗想。“我都挺早了，你更早哈！”走到近前，自己朝她打招呼。“第一天上班，我担心迟到！”

(a) 《职工带薪年休假条例》第二条规定，机关、团体、企事业单位、民办非企业单位、有雇工的个体工商户等单位职工，连续工作1年以上享受带薪年休假。同时，《企业职工带薪年休假实施办法》第三条规定，职工连续工作满12个月以上享受带薪年休假。比如：某员工4月30日入职 A 公司，11月30日与 A 公司解除劳动合同，12月1日入职 B 公司，次年4月29日便满足连续工作满12个月，即可在 B 公司享受年休假。但需提供离职证明、原劳动合同或社保缴费记录等证明其“连续工作”。

(b) 新公司入职第一天，您能否第一个到公司？这并非心机重，实则情商高。

她身上散出淡淡香水味。近了再看，淡妆的她，像夏日清晨荷叶上的露珠，晶莹剔透。

没多久凌秋芊也到了，介绍完没一会儿，俩人就熟得像亲姐妹。“秋芊、秋芙，从名字看，你俩就有缘！”刘丽霞笑言。“可不？还得感谢刘姐成全！”王秋芙行个清宫“道万福”礼。“免了，你靠实力入职，我可没放水！”刘丽霞摆摆手，脸微红。凌秋芊对“道万福”礼感兴趣，边嘴上请教边跟着学。

[a]“成、成总——成国梁！”凌秋芊正学得起劲，突然结巴道。成国梁下车——和成国栋一个模子刻的，略矮略胖。脸上棱角更分明，走路带风的气场不怒自威。凌秋芊朝前凑，王秋芙向后退，刘丽霞站中间，三人交错站好。“你是小刘？”成国梁进门，三人问过好，他停下脚步问。

聊了几句，成国梁扫了眼王秋芙，随后上楼，三人长舒口气。刘丽霞深觉他是谈判桌上寸土不让、生活中说一不二的人。勇气可嘉是做业务的好料，棱角分明做管理就差些。同事三五成群签到，视线均落在王秋芙身上——不论男女。更有甚者，只顾盯着王秋芙看，狠狠撞在大厅石柱上。

唯独没见成国栋，这在上班几天中，还难得一遇。“国栋总出差了，一周后才能回！”凌秋芊及时解惑。早会上介绍王秋芙，见男同事眼神都直勾勾的。“小刘，来下我办公室！”早会后，成国梁沉着脸吩咐。莫非他觉得王秋芙是祸水而不满？刘丽霞的心骤然一紧。“成总，您找我？”敲门进屋，见他正看业绩报表。“坐，你觉得段鹏这人怎么样？”他开门见山，刘丽霞却愣住了。

“刚来没几天，人还没认全，哪个是段鹏？”刘丽霞打马虎眼。以为是王秋芙

(a) 初见公司高层，能否及时找准自己位置？细节决定成败，别小看职场礼仪重要性。

的事，没承想他不按套路出牌，让自己措手不及。刘丽霞藏起凌秋芊曾介绍的信息，横下心装傻。“销售经理，个子不高，略胖那个！”成国梁提示。“有些印象，看过档案但没说过话！”刘丽霞顺梯子往上爬。

成国梁端起茶杯，用杯盖拨了拨浮在上面的茶叶，咂了口。“没记错的话，他试用期马上到了！”刘丽霞小心翼翼地说。“我想以试用未通过考核辞退他，你去操作下！”他要求。“能问下原因么？”觉得掉进坑里，刘丽霞后悔不已，硬着头皮问。“销售考核看业绩，他没订单没客户，咱不养闲人！”他说。“我发现招他时并未明确指标，入职后……”刘丽霞善意提醒。“就这样吧！你去想办法，我只要结果！”自己未说完就被打断。

整个一上午，刘丽霞心里都不痛快。中午快下班时，决定先向成国栋汇报，毕竟他主管行政。电话还是短信？正犹豫，在熟悉公司情况的王秋芙凑过来。“刘姐，您看我具体负责什么？”她轻声问。“看我忙的，都给忘了！你之前做哪些模块？”刘丽霞歉意地笑。

[a]“培训和劳动关系呀！面试时和您提起过！”她捋捋长发。“对，看我这记性，那你还先做这俩模块吧！”自己有些分心。“好，我也能帮您面面试，之前也做过！”她善解人意地说。没准儿成总在开会，还是发短信吧！刘丽霞决定后编辑内容——先说成国梁要求，再谈自己看法，最后征求意见……

刚按下发送键，自己便被“二秋”拉去吃午饭。过桥米线辣却很爽，三人边吃边吐舌头，继续聊“道万福”礼。手机振动，短信不期而至，自己既害怕看，又看得迫不及待。段鹏是我大学同学孩子，你酌情处理——读完云里雾里。刘丽霞盯着

(a) 向出差上司汇报工作，电话还是短信？除特重大事件，建议尽量后者。

手机愣在那，酌情处理是如何处理？

一下午如坐针毡，桌上摆着段鹏的劳动合同，上面有成国栋签字。总提醒自己遇事冷静，但这事确实棘手，再分析也一样——他是成国栋放水进来的，但成国梁不清楚，他要求辞退，自己执行就得罪了成国栋，不执行就得罪了成国梁，当初进公司，成国栋唯一的嘱咐是：成国梁的命令必须执行……想来想去还是头大，W 网发来 Q 消息，希望能做大帝专访点评嘉宾。客观、公正、真实、有笑点便可——私聊大帝有何要求？他答。

[a] 傍晚，身旁的窗吹进些许凉风，刘丽霞打个寒颤。“销售做六休一合法？每天8小时，每周休1天，休息日工作，是否该按200% 支付加班费？”刚要关机，新疆 HR 交流群有人问。“每周超出40小时部分可主张200% 加班工资！”刘丽霞热心解答。“刚接手人资工作，日后多指教！”群友打个微笑表情。“可多写专业分享，不久后开专栏，正考察！”W 网编辑说。“好，我尽力！”刘丽霞回复完，边想专访嘉宾点评边关电脑。

云幼儿园接点点，阿姨夸他听话，让自己倍感欣慰。只是点点有些流鼻涕，自己也没太上心。去医院探望婆婆，照顾她吃饭，然后往家赶。到家做饭吃饭，再将点点哄睡着，已是晚上十点半。打开电脑，在这万籁俱寂的夜，开始修改点评嘉宾评语。

“点评写完了，你看下么？”半小时后，发消息给大帝。“不用了，相信你！”没多久，他回消息。刘丽霞心中暖暖，与他结识于 W 网，聊得不多，却很投缘。“有

(a) 根据《劳动法》和《关于<劳动法>若干条文的说明》规定，用人单位必须保证劳动者每周至少有一次24小时不间断休息。所以“做六休一”工时制合法，但必须满足俩条件：一是每天工作不超8小时；二是每周工作不超40小时。

件事，帮我分析下？”刘丽霞想起白天的事。“他让你酌情，你就酌情吧！”大帝听完原委建议道。

刘丽霞打个哈欠，又读了几遍，还是没读懂。“怎样处理才算酌情？”刘丽霞补问。“这不像简单的辞掉谁，没准儿背后有大阴谋！”他含糊其辞。“阴谋？我咋没看出来，你说明白点？”刘丽霞困惑地问。“你只是枚棋子，咋做都错、又都对！”大帝分析。听大帝云里雾里地分析，自己不好意思再问，盯着对话框发呆。“你换工作了？”听大帝问，刘丽霞搞不清谁反射弧更长？

一大早，三幼门口挤满家长。“点点妈，稍等！”转身刚要走，阿姨尾随跟上来。“听说您做招聘和培训？补偿问题您擅长么？”阿姨好奇地问。“了解些，谈不上擅长！”刘丽霞谦虚道，好奇她听谁说的。“能咨询件事么？”她眼神充满期待，脱下外衣披给点点。

[(a)]“您说说看，点点在这承蒙您上心了！”刘丽霞笑言。“是这样，去年年初我表妹到超市收银，签两年劳动合同，前几天商场说她严重违反制度，持积分卡作弊累积高额积分，并出具解除合同通知书，我妹想要求公司支付六个月工资，含违法解除合同赔偿及经济补偿，能被支持么？”她问。“违法解除合同的赔偿差不多，至于经济补偿……”刘丽霞笑答。“懂了！谢谢点点妈，耽误您上班时间了！”她心领神会。

(a)《劳动合同法实施条例》就用人单位支付赔偿金后是否还需支付经济补偿金做出说明，即依照《劳动合同法》第87条规定支付赔偿金的，不再支付经济补偿金。赔偿金计算年限自用工之日起计算。幼儿园阿姨的妹妹工作的超市构成违法解除劳动合同，应支付4个月工资作为违法解除劳动合同赔偿金。按《劳动合同法》第46条规定，不必再支付经济补偿金。

刘丽霞不禁感慨，和聪明人对话，果然无需多言。公司门前雾蒙蒙的，进门前刚好遇到成国梁。“成总早，那事若办可能面临仲裁！您再考……”刘丽霞说。“没关系，有问题我处理！”没等自己说完，他摆手道。刘丽霞无奈地摇头，体会到前任离职的无语心情。

“大概就是这样！”上午，单独找段鹏做离职面谈。只说试用未通过考核，毕竟成国梁也坦言，拿不出确凿证据。这种离职面谈，让自己略感可笑，但没提是成国梁的意思。“好！”段鹏说完，收拾东西离开，大大出乎个人预料。本以为他会辩解、理论、甚至狡辩，但却什么都没发生。

几天后，点点感冒愈发严重，每晚都要去医院挂吊瓶。工作琐碎、生活忙乱，段鹏的事便被抛之脑后，甚至淡忘。此间，还忙里偷闲地报了一级人力资源管理师职业资格考试。夜色蔓延，望着药剂一滴滴流进点点血管，还是有些懊恼。自己并非称职妈妈，也没坚强到能独自面对一切。顾着工作，望着点点，看着复习题，担心独自在家的婆婆……背着孩子拨通老公电话，鼻子一酸，终究没忍住，还是哭了。

[a] 挂完吊瓶已十点多，刚一上出租，点点就睡着了。“还不回来？快回来，有惊喜！”回家途中，表妹来电话。听到她在，自己舒口气，稍微放下对婆婆的担心。刚进家门，她便学交警姿势，隆重推荐新买的电动车。“看来仲裁结果不错！”刘丽霞换完鞋，点点兴奋地扑上去。“老板小姨子鼻子都气歪了，两万经济补偿！”她兴

(a) 通常情况，若维持原劳动合同约定劳动条件，员工不同意续订，企业无须支付经济补偿。但赵辉娜所在公司为何败诉？因为缺乏证据意识，未将劳动合同终止的实际原因、过程及对企业有利方面以书面形式加以固定，导致在仲裁中承担举证不能的不利后果，这也为 HR 实际工作敲响了警钟。

奋道。“你是钻了她工作不严谨的空子，别臭美！”刘丽霞语带不屑。

生活在繁忙中向前延伸，工作于琐事中难理头绪。多数人心不甘，进而拒绝盲从，却注定孑然一身，无依无傍。成国栋回来当天下午，公司收到段鹏仲裁申请书的副本。这既稍显突然，又似情理之中。此前虽及时向他汇报过，通知书真到了，刘丽霞还是担心。

[(a)] 算算时间，应该是段鹏头脚出公司，后脚就提请了仲裁。成国栋看过后只是叹气，让刘丽霞先回去准备。这是场冲锋号一响便注定溃败的战斗，自己不晓得该准备什么？他貌似并不急，倒是自己一副皇上不急太监急的样子。“明天招聘会我去，那边国梁说他去！”仲裁前一天成国栋说。

第二天一大早，早早来到市人力资源和社会保障局。十四五层的建筑，矗立在高架桥旁，门口国旗迎风飘扬。旗杆旁路灯像簇拥的蘑菇，又像即将四散的蒲公英。桥上车流不息，加高的玻璃墙隔离带，挡去些许噪音。成国梁的黑宝马驶入眼帘，纯黑镀膜漆面略显刺眼。

[(b)] 简单的劳动纠纷，仲裁却显拖沓——成国梁认为段鹏与称职销售不搭边，不符合录用条件。段鹏表示公司未明确业绩标准，无权以试用不合格辞退。仲裁委认为，公司未将业绩合格作为录用条件，也不能提供岗位说明书、考核标准和过程记录等

(a) 《劳动争议调解仲裁法》第27条规定，劳动争议申请仲裁的时效期间为一年。仲裁时效期间从当事人知道或应知道其权利被侵害之日起计算。

(b) 员工试用期是否合格需注意两点，一是录用条件需明确“试用期考核合格”，二是完善岗位职责描述、试用期考核标准和考核办法等规章制度。有了这两点，公司便能在发生争议时找到制度依据，进而有效举证。HR 要牢固树立证据意识，通过员工签字确认等方式固化证据。

规章制度，以不符合录用条件为由解除合同缺乏制度依据，违反法律规定，应予撤销。仲裁结束后，成国梁抽出支烟点上，慢慢吸了口。

“成总，都怪我准备不充分！”刘丽霞边收拾材料边道歉。“不，可能是我把问题想得太简单！”他淡淡地说。“成总，国栋总那边——”刘丽霞试探着问。“回去我和他说！小刘，这个段鹏……”他的话悬在半空。“那个，他父亲和国栋总好像是大学同学！”刘丽霞轻声道。

[(a)] 整个下午，刘丽霞都心神不宁，像是有事要发生。上午说到段鹏和成国栋关系，成国梁被呛得连连咳嗽。山雨欲来风满楼？刘丽霞长舒口气，起身去二楼开水间接水。“小段是你的人就直说，何必呢？”刘丽霞听到吵嘴。“这有什么可说的么？”成国栋冷冷地问。“你要不想合伙了，我撤出来，你自己单干！”成国梁说。“我可没说！”刘丽霞的心狂跳不止，水都没接便下楼。

难道真像大帝说的那样——自己就是枚棋子？前任离职也不辞退段鹏？成国梁要辞退时成国栋刚好出差？他刚回公司通知书就到了？仲裁这么重要他推脱不去？刘丽霞越想越可怕，深感跳进了手足相残的深坑。下班时，迫不及待地提起包，逃离了办公室。

“谢谢您帮忙，我表妹获赔四个月工资！”接点点时阿姨说。“我都快忘了！即使不问我，该得一样得！”刘丽霞答。“你帮解答心更有底，这是我的一点心意！”阿姨掏红包。“这点小忙不至于，快拿回去！”刘丽霞和她推搡起来。阿姨最终妥协，保证更加精心地照看点点。

(a) 公司无论大小，内斗内耗难避免。员工无论新老，不要妄议他人他事，要及早领会“存在即合理”的真谛。

“你说阴谋和棋子，我有些懂了！”深夜，刘丽霞给大帝发消息。“不是好事，说明你更堕落了！”大帝回复。“我报了一级，有学习资料么？”和老友说话，无需客套。“一级重在高度，没二级细！”大帝发过笔记后叮嘱。“谢谢！”发自肺腑，刘丽霞觉得他会懂。

没几天，段鹏回公司上班，让自己惊奇的是没人惊奇。事情仿佛顺理成章，他像只休了个年假。又没几天，没让自己惊奇却让同事惊奇，成国梁宣布退出。股权及法人资格转给成国栋，说是去人民大学进修。“小子有前途，好好干！”拍着段鹏肩膀，他的话意味深长。

余光扫向成国栋，刘丽霞清楚，此后公司将由他一人掌控。通过一个小兵，成国梁得罪了哥哥，并损害了公司利益。成国栋却收获了公司，独坐最高宝座。这其中，究竟是大意失荆州？还是步步为营机关算尽？过程也许不重要了，重要的是二人议政时代彻底结束了。

回想大帝的阴谋论、棋子说，刘丽霞承认自己太嫩。再看成国栋，更多了几分敬畏，不知仲裁是否会受牵连？果然职场不仅玩智商及专业知识，情商低也会栽跟头。一本职场厚黑学，不知成就多少野心家，害多少人马失前蹄？但成王败寇，错就是错了，败就是败了，认赌就得服输。

又过没几天，二楼成国梁办公室空下来。不知出于何种考虑，成国栋让刘丽霞带着俩女生搬进去。这把俩女生美得够呛，毕竟有了相对隐私的空间。上午才搬，下午俩人就迫不及待地添置了植物和镜子。“别就顾着美，姑娘们，把工作做好！”刘丽霞提醒。

[a]“这是新营业执照，成总说由你们保管！”段鹏进门。经一段时间观察，刘丽霞觉得段鹏是天生乐天派。“刘姐，公司法人变更，合同不用重签？”他嬉皮笑脸。“赶都赶不走你，还担心这个？”自己半开玩笑，话里有话。“我倒无所谓，关键是同事想问！”段鹏难为情地说。

“让他们把心放肚子里，没什么影响！”刘丽霞答。“刘姐一定青春永驻、越活越年轻！”段鹏学京剧腔。眼见他迈着八字步滑稽地下楼，三人都咯咯地笑。刘丽霞打开电脑，熟练地登陆 W 网，见大帝专访稿已发布。看着《非诚勿搞》特色专访，自己在文下评论……

(a)《劳动合同法》第33条规定，用人单位变更名称、法定代表人、主要负责人或投资人等事项，不影响劳动合同履行。为此，刘丽霞所在公司法人由成国梁变更为成国栋，对员工劳动合同无影响。

（十）

◎

弥勒不一定都是佛

“大家冷静，看五楼怎么说？”格格乌抢到沙发。“我觉得五楼说得有道理！”带你去海边抢了板凳。“五楼道出了所有卡卡的心声！”少在W网露面的捕手评论。“五楼说得很好！”郑文审核完及时回复。“楼主是流氓，前四楼全是二货！”大帝的评论姗姗来迟。

深夜，徐胜华打开W网，看到这些评论，甚是无语。自开设专栏连载码字，自己难得闲适，半月前终得收尾。小憩之余，以实际行动支持W网发展，又起打卡之心。谁料自己刚牛刀小试，就被几个二货的评论给毁了。盯着《有了大树，柴禾也得捡呀》的评论，手在键盘上抖。

十月苏州的夜，零上十几度的气温，略带寒意。兰烬落，屏上暗红蕉。闲梦江南梅熟日，夜船吹笛雨潇潇，人语驿边桥——拿皇甫松的词形容江南的秋，既贴切又应景。苏州还是十年前那座城，自己却已不是十年前的愣头青。十年前，身处难忘职场岁月，此时，试着用文字将其记录。

"别人看了怎么想？会比吃坨屎还恶心？"格格在群里问。"吃两坨！"午夜时分，大帝很少在群里露面。"看如此丢人的文，有比吃两坨屎还恶心的么？"格格继续。"吃完塞牙了！"大帝将天赋洗成挤对模式。"敢再恶心点么？"格格打个呲牙表情。"打了个嗝！"大帝答完，夜猫子都及时发捂嘴表情。"滚，一对臭不要脸！好像你俩吃过一样！"徐胜华忍无可忍。

专家群瞬间安静，若非回翻记录，竟似南柯一梦。"吃没吃过另说，我俩掉水里，大帝一定先救他！"徐胜华感慨。"不会的！"大帝的回复让自己倍感惊讶，又充满期许。"你终于康熙发现！"徐胜华发现五笔输入的错误。"我会录下来，回家慢慢看！"大帝又及时回复。

自己不得不将打好的"你终于良心发现"又一字字删除。"如果非救一个，当然先救你！"徐胜华正想反击，大帝道。"你终于良心发现了！"自己及时 Ctrl+Z，并瞬间发出。"毕竟把你捞上来水就浅了，格格也得救了！"大帝同步发出。"不装逼还能做朋友！困了的节奏，睡觉去！"徐胜华关电脑。

清晨，朝阳散出微冷的光，注视着身下这座古城。寒山寺不改，张继早已不在；园林依旧，王献臣却已作古。寺外园旁大爷遛狗、大妈买早餐，人流如织。早起的人接踵摩肩，少有年轻人身影。徐胜华是个例外，减肥效果显著，外加给老婆买早餐。

老婆李雪，江南大学毕业学财贸，心思缜密、温柔贤惠。亲朋好友羡慕嫉妒恨的是，二人网恋终修成正果。虽概率小，但好运从天而降，挡都挡不住。生死相依的承诺太沉重，只想与她慢慢变老。互为初恋的成功网恋，已足够在同学会上吹嘘。

那时起，彻底信了"陪伴是最长情的告白"这类句子。相对向来缘浅、奈何情深的悲剧，自己很幸运。回想起大学毕业时的纷飞劳燕，便觉得幸福。结婚几年，她对自己事业的支持和包容，更让自己感激。几年来的事历历在目，徐胜华嘴角轻轻上扬。

进门时，老婆在刷牙，徐胜华开始朝碗里倒豆浆。“今天凉，下午还有雨，多穿件衣服！”徐胜华叮嘱。“知道，你今天怎么安排？”李雪心中暖暖。“去探望下徒弟！据说孩子已经出生！”徐胜华答。“徒弟那么多，哪个？”李雪话里有话。

“杜雨——就上次给咱当导游那个！”徐胜华解释。“有点印象，用不用晚上我和你一起去？”李雪问。“不用吧！她过观察期就回家了，我就去转一圈！”徐胜华答。“真不用？”李雪咽下最后一口粥。“嗯，我也是去还礼，况且你白天上班累！”徐胜华说。

目送她出门，自己开始洗漱，梳下三七分的发型。猛灌两碗豆浆，再塞进半个花卷，草草填饱肚子。收拾碗筷、打扫房间，出门前，扫了眼股市开盘点数。边换鞋边感慨仗义的国家队，是不是感觉下坡速度过快？导致散户没赶上跌停潮？于是调头载上大家一起跳水……

挤上2路公交，烽火路北站转地铁二号线。扶着把手，觉得计划生育政策成效并不大，到处都是人。快到终点站时才有座，地铁里已是空空如也。宝带桥南站下车，一号口走出时，正午的阳光并不刺眼。几个圆圆的水泥球，绿漆粉饰的自行车停放区很醒目。“坐车么？”摩的师傅主动上前抢生意。徐胜华只是摇头，没接茬也未说话。

穿过澹台子祠太太庙，就是钱家花园东门。虽提前联系过，但本着礼貌原则，还是告诉杜雨说自己到了。进小区辨认完方向，轻松摸到她家楼下。杜雨的老公穆春风已等在单元口，于是边寒暄边上楼。听说宝宝食欲不振，自己侃了些“偏方”，并强调别当真。

作为走得较近的徒弟之一，杜雨小自己四岁。去年六月入职一家信息公司，十月怀孕，今年七月休产假。房间有产妇坐月子特有的味道，宝宝的奶气扑面而至。自己有些不适应，边换拖鞋边捂嘴，打个大大的喷嚏。没进卧室，坐在客厅沙发上，打量着阳台上刚洗的尿布。

“婆婆说这比尿不湿好，就听她的了！”杜雨出卧室时解释。“老人家比较有经验！”见她有些虚弱，徐胜华接话。“师父还亲自来？接到祝福短信就很开心了！”她边沏茶边说。“待着也没事！大侄子抱出来让干爹瞧瞧！”徐胜华头歪向卧室。“正睡呢！师父差辈儿了！干爹你是当不上了！”杜雨笑言。“称呼而已，何必在意？不当也罢，当干爹容易被坑！”徐胜华说。“即使当也没关系，他是男的，坑不到你！”杜雨吐舌头。

“滋润的月子结束了，该想想上班了吧？”徐胜华喝口茶，打趣道。“可不？昨天去销假，遇上点状况！”杜雨略带忧伤。“哦？三期女工也敢为难？不想混的节奏！”徐胜华调侃。“我是外地户口，去年经面试任市场部经理，月薪五千，但没给我缴生育险，休产假就停发工资了！”杜雨娓娓道来。

[a]“看公司挺正规，还有这事？”徐胜华茶喝一半，差点呛出来。“昨天销假，要求补发近仨月工资，说我产假期间没提供劳动，只补发1700基本工资！我不干便推脱要请示！”杜雨气哄哄地说。“我去，敢侵犯三期女工合法权益，没天理！”徐胜华挠头感慨。“这是昨天的事，现在还没答复！”她看了眼手机。

“再等等，没准老板良心发现了呢！”徐胜华的话颇具深意。“可能性不大，他

(a)《女职工劳动保护特别规定》第5条规定：用人单位不得因女职工怀孕、生育、哺乳降低其工资、予以辞退、与其解除劳动或聘用合同。但实际中如何界定“基本工资”或“工资”？

最讲究一趟马一趟河！”杜雨给添茶。“喂？好吧！”电话响，她接时眉毛上挑，表情又顷刻黯淡。“不出所料，说只补发基本工资，不满意可离职！”杜雨转述。“你怎么打算？忍了？还是仲裁？”徐胜华先看她，后看穆春风。

“要我说算了，你现在身体虚，闹僵没好处！”穆春风劝慰。“那哪行？不少钱呢！是我正当收入，不欺负人么？”杜雨不甘。“时间不早了，我先撤！你俩统一完意见告诉我！”徐胜华起身。“吃完午饭再走呗，我炒几个菜，露两手！”杜雨说客套话。“下次吧！等你恢复好，我们两口子一起蹭！”徐胜华到门口换鞋。

出了小区，徐胜华略仰头，感受着苏州独有的秋色。路旁银杏挂满玛瑙般的白果，叶由青变黄，似展翅欲飞的蝶。暖阳撑起秋日，根本无须流连那百年银杏老树随处可见的西山。苏州赏银杏西山最好，包山寺、古樟园、太湖大桥属“三绝景”。除西山，苏大本部、文庙、道前街、桐泾路、东山五处亦不逊色。

离地铁口不远的612路公交站点，不知谁上车前掉下枚硬币。硬币被太阳反出耀眼的光，一直滚进下水道的缝隙。很多人的人生就像它，突然降临又择不了方向。顺着手扶梯进地铁口，伴着拥挤人群，感到一阵阴冷的风。作为二号线始发站点，站台上的人依旧拥挤。

见乘客对乞讨者的冷漠，自己不停摇头，感慨世态炎凉。随后，下意识地将零钱朝口袋底部摁，生怕被抢。刚从口袋抽出手，手机响起，于是又伸进去掏电话。“我俩统一了，想仲裁，师父帮帮忙呗！”杜雨充满期待。“材料梳理好，发我离线！”徐胜华开始怀念父系氏族。又叮嘱几处关键环节，乞讨者从眼前缓缓走过。随后下地铁朝相反方向走，断脚的突然站起身，钻进人群……

[a] 正望着远处人群，手机又响，徐胜华腾出手掏电话。见是0512开头的陌生号，

(a) “圈子”是种力量，被视为有效的非传统招聘渠道。

猜是售楼卖保险的，果断挂掉。随后又打来，见对方如此有恒心，便决定唠五毛钱的。“师兄好，我是毛晓薇，看过您在W网的文！”女声甜美。“您好！这也能被联系上的节奏？”徐胜华好奇地问。

“朋友在招HRM，觉得您特合适，要试试么？”毛晓薇开门见山。“好哇！可我在外面，传简历得下午！”徐胜华礼貌地说。“可是……我朋友那边挺急！”她略显迟疑。“要不把无忧账号给你，你帮我下简历？”徐胜华试探着问。“好！只要你信得着我！”毛晓薇记下账号密码。

天上掉下个林妹妹，兴奋之余，将9路误当2路挤上去。等再到烽火路北换乘，回到家附近已是下午三点多。等红灯过马路，见身前大爷头发花白、腿脚差、行路难。宝马急速而至，下意识想去拉一把，他却猛地冲向车头。伴着一连串急刹车声，他稳稳地趴在宝马保险杠下。后面出租车躲闪不及，结实的追尾，前保险杠瞬间脱落。见他用生命从事碰瓷事业，徐胜华赶忙穿过马路。

宝马门打开，女司机、穿貂皮，用6S慌乱地拨电话。以前每次写作文都写扶老人，徐胜华现在想想，当时胆子真大。“妈的，会不会开车？”出租司机边骂边问，暴跳如雷。“是你追我宝马的尾，我还没说！”女司机报完警说。“三十万的宝马像苹果四，同为苹果却最次！”司机不服气。

进小区后争吵声渐小，深觉对不起宝马女，自己也一阵后怕。进家门、换鞋、开电脑，等开机时间，沏了壶龙井。独享静谧的下午，阳光肆意洒进窗棂，驱散些许凉意。“刚目睹一场惊心动魄的车祸！”徐胜华在大帝专家群吐槽。“看到女司机晴天开雨刷器，那么她可能要转弯了！”大帝接话。“你怎么知道是女司机惹的祸？”徐胜华好奇地问。“谁白天撞车？打左转向灯记得把右边也让给她！”大帝补充。

“我见过要撞车不踩刹车捂双眼的女新手！”格格及时冒泡。“老婆拿到驾照说回娘家，我说不能带孩子！”海边说。“为什么不能带孩子？”几位女卡卡追问。“结果儿子大喊：我不怕死，让我妈带我去吧！”海边解释。“女司机不畏艰险的精神真值得学习！”大帝总结。

“直接说不怕死精神不行！”徐胜华帮着翻译。“话要含蓄！没到减肥遛弯时间，你特意去观赏车祸？”大帝问。“减肥？咱有自信，不会谁一提胖子就对号入座！”徐胜华说。“是坐不下吧？所谓浊者自浊，近磨者粗！”大帝不温不火。“随你怎么说！上午出门没抄号，先补上！”徐胜华打算起身。

“字难看越抄越难看！大家说是吧？是！”大帝自言自语。“难看也比你强！不信比比！”徐胜华又坐下。“字难看是手跟不上思考速度，笨人字好看如格格！”大帝说。“你俩相爱相杀别扯上我，别以为我不在！”格格打出绿字。“反倒想象力强、难以言状的天才，字丑到没法看。”大帝又道。“你这么自恋，群里女卡卡知道么？”徐胜华及时反问。“你不要脸地耍流氓，女徒弟们知道么？”大帝以牙还牙。

“至尊宝当年错过紫霞，只好跟了唐僧……”徐胜华卖关子。“有话说，有屁放！”知道没好话，大帝将其扼杀在摇篮。“你舍得苍老师？有机会定会化身男主角！”徐胜华开始腹黑。“苍老师是谁？”大帝装傻。“动作随意发挥，台词独爱‘雅蠛蝶’！”徐胜华不理会。“就爱看你俩掐架，搬个小板凳静静看！”群里不知谁说。“男人相互挖苦，女人相互夸奖，但都没那意思！”大帝解释。

“我在做考勤，请问如何有效杜绝迟到早退！”群里有人问。“这简单，打卡机旁贴提示语，效果不比扣全勤差！”徐胜华答。“什么提示语？求赐教！”对方不知是玩笑，期待道。“迟到毁一生早退穷三代，按时上下班必成富一代。”徐胜华呲牙。“被老板看到，我怎么说？”对方当真地问。“别听他瞎掰，玩笑话甭当真！”大帝温馨提示。“此法只适合群主那二货的节奏！”徐胜华也补充。

“师父，企业能自主实行综合计算工时制么？”女徒戴明灿问。“为何突然问这个？”徐胜华没回答，先追问。“我们主做出口，一个多月前接到急活每天加班、周末不休，说完成后比照综合计算工时标准放假，但我心没底！”她解释。“还有这样老板？真愁人，然后呢？”徐胜华感慨完继续问。

[(a)]“员工扛不住要休息，老板说谁擅自休息算旷工，扣当月奖金，大伙一听要去仲裁，老板让我摆平，怎么摆啊？郁闷！”她抱怨。“无劳动行政部门批准，无权自主实行！”徐胜华答。“那岂不摊上大事了？竟欺负我这小卒！”伴着吃惊，戴明灿问。“若仲裁，估计得补偿加班工资！”徐胜华答得不紧不慢。

“谢师父！最近特累，想请假又担心不准！”戴明灿接着慨叹。“最好的理由，非痔疮手术莫属！”徐胜华传授经验。“你就损吧，给女徒弟出这么下流的招数！”大帝奚落。“此话怎讲？能说具体些么？我好学习下！”戴明灿焦急地问。“果然弥勒不一定都是佛，还可能是职场流氓！”大帝煽风点火。

“不分男女老少，无需演戏，说有就有没法揭穿，发作必须手术，谁都不敢拦，不然凳子都没法坐怎么上班？回来也没人好意思问你。最重要的是随时复发，堪称完美请假理由！”徐胜华无视大帝的话。“又学一招！师父果然老奸巨猾，错了，是深谋远虑！”她补充。“哪有？咱一直自比蜡烛，点燃自己、照亮别人！”徐胜华继续嘚瑟。“工作累又望不到头，还备考人资二级！”戴明灿哀叹。等几分钟，大帝没发言，徐胜华也没回复，群瞬间又安静下来。

“不好意思刚接个电话，感觉精神病又年轻化了！”徐胜华道歉。“以为您下线

(a) 根据《中华人民共和国劳动法》第39条和《关于企业实行不定时工作制和综合计算工时工作制的审批办法》第5条、第6条规定，企业不能自主实行综合计算工时制，必须经劳动行政部门批准，未经批准已实行的，应向员工支付已加班部分加班工资。

了呢！什么电话啊？”戴明灿及时接话。“做女大学生流产分期付 P2P 平台，推荐我入股！”徐胜华答。戴明灿打了一连串省略号，表示不知该说些什么。“毕沅、傅以渐、林召堂、王云锦、刘春霖……”徐胜华默默打字。

“这些人是谁？不认识！”戴明灿实话实说。“李渔、曹雪芹、吴敬梓、蒲松龄、袁世凯……”徐胜华继续。“这五个全认识！”戴明灿发个 QQ 跳绳表情。“前者全是清朝状元，后者则为落榜秀才！”徐胜华揭谜。戴明灿再次表示无语。

“人生真正的考场，从来就不在学校！”徐胜华故作深沉。“师父是说，是金子总会发光么？”戴海安再次燃起工作斗志。“一哥们失恋就喝酒，现在酒量三斤多，年薪十几万！”徐胜华说。“哇噻，真厉害！因祸得福么？”戴明灿羡慕地问。“这就像鸡蛋，被压破是食物，打破压力就是生命！”徐胜华呲牙。“实在看不下去了，替徐流氓讲个故事！”大帝突然冒泡。“你是群主这是你主场，说不行也白说的节奏！”徐胜华示弱。

“知道卡尔达诺么？和达·芬奇一样，百科全书式传奇人物！首本概率论作者，首次公布三四次方程解法，首位临床描述斑疹伤寒。《事物之精妙》及《世间万物》作者。还是当时著名星象家，曾推算出自己死期，结果当天身体倍棒、吃嘛嘛香，如何是好？为保全名声而自杀！所以说装的逼，死也要继续装。”大帝挖苦。“滚！别总在关键时刻出来装逼，还能做朋友！”徐胜华及时反击。“神经病，该吃药了！一次两粒，温水冲服！”大帝叮嘱。

傍晚时分，徐胜华站起身，想晚上做什么饭菜？开冰箱门时手机响，见是陌生号，最终还是接通。“徐先生，我是科朗设备有限公司总办秘书林紫祺！”是个女声。“咱认识？”脑中想着卡尔达诺，自己有些断片。“是这样，下午看了您简历，觉得很匹配……”林紫祺提示。

“哦哦，瞧我这记性！刚被流氓打劫，溜号了！”徐胜华解释。“啊？没受伤吧？”林紫祺显然被吓到，有些语无伦次。“没关系，不说这些了，简历匹配？”徐胜华饶有兴致。“明天上午经理刚好有空，能来聊聊么？”她礼貌地问。“应该能挤出时间！”没问题差点脱口而出，徐胜华强忍激动。

林紫祺报了手机号，并说会将 JD 电子邮件过来。“您可以先看看我们公司主页，有问题随时联系！”她说完挂断。“师兄，那家公司联系您了？”刚要去厨房，毛晓薇又来电话。“约好明天面谈，您费心，大恩不言谢！”徐胜华客套。“祝您好运，我觉得您可以！”毛晓薇打气道。

“最近都没见你看书，没把握别去丢人！”晚饭时李雪说。“边看边写连载，理论实践相结合，能叫没看？”徐胜华解释。吃过饭后打开邮件，看了公司主页和 JD。发呆许久，拿出纸笔换位思考，想对方会问什么？面试像场对决，做好充分准备，是对对手最大的尊重。深夜仰望星空，该来的终会来，就像万事有因果，徐胜华想。而无论成败，做好自己便是极好，毕竟人生免不了颠簸起伏。

清晨，太阳还未升起，整个苏州城普降大雾。晨练如昨，微湿的水气中，偶见几片翩翩下坠的叶。不远处，大爷端着盖黑布的鸟笼，大妈为爱宠添了新衣。私家车亮起双闪、雾灯，速度如牛。时而传来的喇叭声，让自己想起昨天的碰瓷，心中骤然一紧。

[a] 买完早餐进小区，林紫祺打来电话，让自己顿感意外。这是玩儿哪出？难道计划有变？带着疑问，徐胜华接通电话。“清早打扰实在抱歉，经理今天去温州！”林秘开门见山。“然后呢？”徐胜华的心咯噔一下，想昨晚白准备半宿。“面试可能有些赶，您能否提前半小时……”林紫祺征求意见。

早八点，雾渐散，目送老婆出门，徐胜华对着镜子整理衣衫。随后，穿上锃亮

(a) 信守承诺是基本素质，“言必信、行必果”是起码要求。

皮鞋，跨上小包出家门。321路转6路公交，鹿山路湘江路西站下车。又步行三百多米，一路走来，一直留意附近环境——虽在太湖大道高架路旁，但生活设施不便，招普工有难度。

门卫电话核实后递过张出入卡，叮嘱只可进入办公区。穿过护栏门，正对着的办公楼不高，但采光绝好。两侧是生产车间，面积有上万平，偶有金属碰撞声传出。进大厅上二楼，远远听到林紫祺在打电话，进门再上眼——二十出头，身材高挑、唇红齿白，看起来赏心悦目。进了会客厅，她沏了茶递上，徐胜华开始填写面试登记表。填完表，趁她出门接电话，自己翻看桌上的行业杂志。

“经理正在开会，咱先聊聊？”接完电话，林紫祺笑容可掬。“好，我先做个自我介绍！”徐胜华讲起工作经历、主要是业绩。“我们是美资企业，您曾在民企任职，对它印象如何？”她问。“您是指对美资企业印象？还是民企？”徐胜华语气平和。“不好意思，让您误会了！之前的民企！”林秘脸微红。“对此前职场我写了本小说，近期打算众筹！”徐胜华答道。“这么有才？有机会一定拜读下！”林紫祺顿表钦佩。

“简单说九个字，不规范、缺通才、练情商！”徐胜华回答。“您怎么和‘皇亲国戚’相处？”她似懂非懂地点头，继续问。“坚持三条，尊重、帮助、不干涉！”徐胜华端起茶咂了口。“假如这些人犯了错，您怎么处理？”林紫祺追问。“还是三点，守公司利益、看老板态度、替他背黑锅！”徐胜华答。

[a]“不好意思久等了！”两人正聊，伴着道歉声，门被猛地推开。徐胜华上眼打量，四十左右、略瘦，透着精明睿智，看着舒服。“这是我们古总！这是昨天提到的徐先生！”林紫祺介绍。“您好，我是古满云！”他上前握手，言行举止尽透儒雅。“徐

(a) 上司未到前与面试者有效沟通，考查出最贴合的职业技能，并使其不觉被冷落，是总经理秘书（兼招聘负责人）该具备的重要能力。

先生在验厂方面很有经验！”林紫祺出门前提醒。

[a]“公司无论规模，你怎么看它的人资部？”古满云翻看简历。“将人作为资源进行管理，使其发挥最大潜能的部门！”徐胜华答。“你很喜欢写作？为什么？”他仍盯着简历，没抬头。“想回顾、想提升、想突破！”徐胜华感觉他不按套路出牌。可惜事与愿违，接下来才是真正的冰火两重天。

“平时喜欢看什么书？”古满云笑了笑，放下简历问。“历史类或文学类，比较杂！”徐胜华说完，觉得装过头了。“先思考、后回答，立即回答是对人不尊重！”古满云略不满。很难侍候的节奏，你直言不讳，咱就虚怀若谷，徐胜华嘀咕。“西游记看过吧？你认为唐僧为何能成功？”他又拿起简历。

徐胜华窃喜，就看过《西游记》一本名著，此时竟用上了。“有信仰、有追求、有品性、有后台，还专业！”徐胜华答。“目前公司绩效这块很弱，你怎么看？”古满云突然转移话题。“有总目标，细化考核，关键在执行！”徐胜华答。“还算靠谱！你对待遇有什么要求？”古满云看了眼时间。

[b]徐胜华知道肉戏来了，桌子下的手，下意识地攥紧又松开。说到底还是俗人，但想想，谁在拯救世界前，都得先解决温饱。自己一咬牙，报出个数字，望向窗外同时，余光看对方反应。“我理解您的心情，但有些偏高，容我再考虑下！”古满云说。“感谢安排此次面试！”知道他要出差，徐胜华起身握手。

林紫祺送到楼下，一脸爱莫能助表情，徐胜华回她个理解的微笑。出厂门的一

(a) 非结构化面试中，面试官要能控场、能互动，看似天马行空却直指要害，即使面对“面霸”也能应对自如，使其事前功课无用武之地，进而考查出真实水平。

(b) 面试前多换位思考，了解公司概况、分析岗位职责；面试时尊重对方流程，引导利己话题，敢发表见解、提出诉求。

瞬，不甘地回头望向二楼办公室。古满云也在窗前望过来，二人均五味杂陈，内容却不同。也许他正在唱——我正在城楼观山景，耳听得城外乱纷纷……而自己如此悲壮地倒下，他会为浪费那颗子弹可惜么？

不是下班高峰期，车上零散地坐着乘客，近半在打瞌睡。惟有后排一对情侣，雀跃地腻着，时而移过手机给对方看。徐胜华转过头瞅几眼，觉得无聊，便望向放晴的窗外。6路的公交车司机没规律地加减挡，穿过绿化带遮起的绿荫。阳光稍显刺眼，经枝桠过滤，投下斑驳的影。转321路，途经苏州科技学院时，望着拱形门感慨——一墙两世界，学生总觉着自己行，毕业才知道，或只是年轻。

“师父，材料看了？有建议么？”正在出神，杜雨打来电话。受碰瓷车祸影响，昨天只顾聊天，接了文件就放桌面上了。都怪大帝那不要脸的干扰，外加准备面试，徐胜华嘴角抽搐。“看了，还没想好，下午三点给你准信儿！”于是搪塞道。车内渐挤，停停走走，一站又一站，终是前途莫测。

进家门换鞋，以最快速度开电脑，浏览杜雨的材料。从材料看基本公司“全责”，为确定判断，拨通她电话。“看完了？真准时！”电话中有婴啼，杜雨打趣道。“看来不是时候，要不一会儿说？”徐胜华很知趣地问。“没事，递给婆婆了，你说！”杜雨那边安静下来。

“你有公司工资条么？能证明月薪五千的！”徐胜华开门见山。“好几张呢！每月公司都让签字，我特意留过！”杜雨答。“那就好办！我弄个仲裁申请，你坐等收钱！”徐胜华自信满满。“那就谢师父了！孩子小，确实有些忙乱！”杜雨难为情。“闲着也是闲着，技能也得常拿出来晒晒！”徐胜华自嘲道。

“对了，格格在群里招 HRM，你不试试？”刚要挂断，杜雨说。“有这好事他早自己扑上去了，还能轮到咱？”徐胜华不确定。“无论真假你可以问问，毕竟是个机会！”杜雨说完挂断。坐在电脑前，边写仲裁申请，边思量杜雨提到的事。翻出格格电话，几次拨出，又及时挂断。支付拖欠工资15000元及25% 经济补偿，强调“三期”。写完申请，徐胜华翻群内聊天记录，随后沏壶茶，坐着发呆。

少儿频道，伴着台词“我一定会回来的”，灰太狼被打飞。尽量摆脱面试心理阴影，自己打算拿出灰太狼百折不挠的精神。必须吃到羊！但也不清楚，这么多年它是吃什么活下来的？徐胜华摇摇脑袋，略清醒些后，再次拨通马小东电话。“马顾问，你在招 HRM？”哥们儿对话，直奔主题。

“别叫我顾问，早不干猎头了！有兴趣来？”格格纠正完问。“借用大帝的话，只要钱到位，玻璃都干碎！”徐胜华略带豪情。“当猎头时挖的鬓利舟上任了，娃哈哈研发副总！”他说。“他要离职？这我干不了，太高大上的节奏！”自己及时插言。“不是！因为一些原因，他想联合 HRD 换掉现任 HRM！”他答。

“你发工资了？”徐胜华托着下巴想了会儿，顾左右而言他。“还要几天……你什么意思？”马小东警觉起来。“上次大帝那货放咱鸽子，这次打算叫上……”徐胜华说。“滚一边去！再见！”还没等自己说完，他果断挂电话。徐胜华并不生气，开始翻捕手和大帝号码……

傍晚，苏州城笼罩在雾中，具体说，是模糊不清的雾霾中。“申请发离线了，有空接下！”徐胜华站阳台上给徒弟打电话。“帮大忙了！哪天带师母来吃饭，我下厨！”杜雨略显激动。“提请人填你，出你家沿迎春路直走就能到市仲裁委！”徐胜华说。“好，等忙完这事，一定带师母过来坐！”杜雨再次强调。

几天后的上午，徐胜华睡眼惺忪地钻进 Z281，茕茕孑立。不出所料，大帝那货说要培训，捕手说要上班、接闺女放学。谁知是不是借故推脱，转身去见妹子？徐胜华嘟囔着找座位。八点半，火车准时出发，窗外人流后移，顿感睡意袭来。已上车，十二点半到——给格格发完短信，便趴着睡去。

不知过了多久，感觉脖颈一凉，伸手去摸，同时惊醒。见一女生手攥矿泉水，或因拥挤，顺势洒进脖子里。她连声道歉，徐胜华见上下车乘客挤作一团。“这是什么站？”伴着连云港口音，客气地问身边乘客。当听是杭州站时，边擦脖子里的水边急步下车。女孩惊讶地望过来，端着所剩无几的矿泉水瓶。“这二货竟不叫醒我！”窜出车厢时，徐胜华迁怒于马小东。

出站朝东，路过 KFC、真功夫和永和大王，徐胜华朝钟楼下望。马小东在那低头摆弄手机，时不时笑得露出俩门牙。“来接我还是来切水果？我差点坐过站！”徐胜华上前埋怨。“吃饭还是先去面试？”马小东听得莫名其妙，索性装傻。“不能躺床上赚钱的人，切水果都是悲剧！”徐胜华嘟囔着。“不说话没人把你当哑巴！那俩货呢？”马小东摸向钱包。“他俩？忙着找老婆或陪老婆！”徐胜华表情难过。

马听完长舒一口气，双手并用地拦出租。出租车几乎都有乘客，多是从 Z281上下来的。“清泰街160号！”好不容易拦到空车，马小东兴冲冲上车。“娃哈哈总部？”师傅没转头，语气很职业。“对！等下，还有人！”车驶出后见他没上车，马小东喊。

“靠了，这是什么节奏？想不想混了？”徐胜华上车后抱怨。将车窗留道缝，伴着呼呼的风声，丝丝湿气钻进车内。打听 HRD 和爨利舟工作风格时，杭州西湖饭店一掠而过。“喂？爨总！十分钟差不多！啊？哦！”马小东中途接电话。徐胜华将头转向窗外，新东方大厦的建筑群格外气派。“师傅麻烦靠边，刚爨总说面试取消了！”他转身对自己说。“我去，这几个意思？”徐胜华困惑地问。

[a]“他是想和 HRD 合作拿掉 HRM，但有变化！”马小东答。徐胜华缓缓摇上车

(a) 新环境，即使已位高权重，也要处理好与“皇亲国戚”的关系。爨利舟得知内部消息后，毅然决然地“舍卒保车”，绝对是明智之举。

窗，感觉上帝关上门同时，还会夹自己脑袋。“他刚得知，HRM 老公是集团老板大舅哥！”他语气夸张。“我去，皇亲国戚的节奏！没弄清就想换人？”徐胜华慨叹。“不但他没弄清，共事七年的 HRD 也才知道！”马小东说。

“也不是本命年，咋面个试总出师不利呢？”徐胜华不禁感慨。“饕总根基浅，说只能暂时搁置，让我转达歉意！”他说。“净整没用的！有诚意的话把火车票报了！”徐胜华玩笑道。“反正面试泡汤了！说吧，怎么打算？”马小东问。“靠了，怎么像让我留遗言的节奏！”徐胜华摸了摸下巴。“你几点车？还是今天不回去？”马小东主动出击。“K8372，晚上7：43开！”徐胜华掏车票确认。

“那只能带你看看雷峰塔！师傅，西湖正门！”马小东决断。“要杀要剐悉听尊便，脑袋掉了碗大个疤！”徐胜华接话。马小东侧过脸看司机表情，猜他一定以为俩人是精神病。中河中路一直朝南，很快到西湖正门。火锅店补充完能量，俩人优哉游哉地进西湖园区。

由法海棒打报恩白娘子，侃到许仙种桃花，从岳王庙岳飞秦桧，争论领会老板意图和做事哪个重要？俩小时快速飞逝，让两人惺惺相惜，叹传言果不欺人。正纠结是否坐船欣赏下三潭印月，杜雨打来电话。“师父在哪？仲裁委支持了全部请求！”她开心地描述。“帮你写申请时就料到了！”徐胜华瞄着湖中岛屿说。“但公司不服已诉至一审法院！师父帮我！”杜雨恳求道。

挂了电话总觉心不静，想美景不看也罢，便张罗早点去车站。“公司有事，就不送你去车站了！”出景区，马小东递过茶叶。言谈尽欢，离别为相逢……徐胜华满肚子话感觉没说完。钻进出租车，能清晰望见后视镜中，他在朝这边摆手。随后，车在宽绰的柏油路上高速行驶。过安检时杜雨说材料已发邮箱，火车启动才发现茶叶不翼而飞。午夜，苏州火车站，给马小东发微信：Sorry！茶叶丢了，人没丢！

蹑手蹑脚进家门，见李雪靠在沙发上睡着了。“火车晚点了？”客厅里，吊灯的光虽弱，还是吵醒了她。“晚了十多分钟，还能接受！不说让你先睡？”徐胜华关切道。“你说回，不见你进门，睡不踏实！”李雪揉揉眼睛。“老婆大人辛苦，明天上班，早些就寝！”徐胜华双手抱拳。“老夫老妻还贫嘴！怎么？还要挑灯夜读？”李雪朝卧室走。“鉴于近期黑眼圈加深……收个邮件先！”徐胜华转折道。

浏览完材料瞬间心有底了，于是不紧不慢地关网页。“昨晚做个神奇的梦，我游西湖了！”徐胜华在专家群感慨。“我梦到等红灯，有车不耐烦原地起飞！”大帝挤对。“必须写篇文，叫杭州游记好还是印象杭州好？”徐胜华说。“不知火舞穿啥衣服不重要，关注点始终是胸！”大帝说。“滚一边儿去，不说话没人把你当哑巴！”徐胜华顿感扫兴。后半夜，群安静下来，徐胜华坐电脑前静静写游记……

因睡得晚，早上八点多才醒，猛地坐起，李雪已不在。挑开窗帘到客厅，杯子下压着张字条儿——见你睡得香便没叫醒你，早餐在锅里！徐胜华顿感幸福。“这么早？”正在喝粥，杜雨打来电话。“不早了，都快九点了！师父材料看了？”她直奔主题。

“放心吧！一审估计还得维持仲裁裁决！”徐胜华猜测。“有这话我就更有底了，要不你陪我去呗？”杜雨话锋一转。“不用！拿申请、带上工资条原件复印件就行！”徐胜华叮嘱。“好吧！对了，杭州应聘结果如何？”杜雨迟疑后问。“哎呀！写篇文忘发了，一会儿自己看吧！”徐胜华拍脑门。

登陆W网，进入总结页面，选择我的草稿，点击发布……随后登录QQ，娴熟地打开大帝专家群。“被杭州二货坑惨的节奏！详情看刚更新的总结！”徐胜华卖关子。“你不常被二货坑，或扮演二货走在被坑的路上？”大帝问。“好文采！文能控萝莉，武能定人妻的节奏！”格格夸奖。

“把鸡杀光，天就不会亮了？”徐胜华正想反击，格格指桑骂槐。“将姚明腿砍掉一截，四姑娘就能变高？”捕手接话。“全世界男人阳痿，女人就能看上太监？”海边凑热闹。“群内还有女生！踩格格一脚就不是流氓了？”大帝补充。“这脸皮，真比城墙拐弯处还厚！”格格及时收尾。几回合后，徐胜华顿觉发言的都是庄家，没自己这小散的事。“哈哈，学上面这些不要脸的，自己点赞去！”于是便自嘲道。

“徐专家今儿没早恋么？错了，是晨练！”大帝看似关切。“睡得晚没去，咱这体重不用减肥！”徐胜华小心翼翼。“该吃就吃吧！减了还要胖，瘦了也不一定好看！”大帝安慰。“滚一边去，你才要减，你全家都要减！喝茶去！”徐胜华反击。“人一旦学会破罐子破摔，世界瞬间豁然开朗！”大帝回应。

半小时后，徐胜华品完茶，见群里正聊双十一话题。“我认识的女性朋友，打折就是不要钱！”徐胜华发感慨。“难道徐老师就没年轻过？没冲动过？”群里不知谁问。“他曾表白，若给他的和给别人的一样就不要！”格格爆料。“结果食堂大妈脸色漠然地说——不吃滚！”捕手补充。

[(a)]“师父救命！”徐胜华正无言以对，女徒孙嘉琦慌张打字。“怎么了？慢慢说！”徐胜华问得不紧不慢。“2006年4月入职，月薪3000，一直未缴社保，最近跳槽，便以未缴社保为由解除合同，要求支付经济补偿，公司不同意，他仲裁要求支付十个月工资三万，我怎么办？”她描述。“三万难，两万四差不多，08年前不支付经济赔偿！”徐胜华答。“谢师父，我再去查查法律条款！”孙嘉琦发个害羞表情。

“外勤转内勤，我为什么不开心？”过几分钟，她又问。“不开心就想想，你不

(a)《劳动合同法》第97条和第46条规定，对劳动者以未依法缴纳社保为由解除合同的，经济补偿支付年限从2008年1月1日起算，之前工作年限不含在内。但若以未足额支付劳动报酬为由解除合同，经济补偿支付年限包括2008年以前部分。故为八年24000元，而非十年30000元。

是婉拒出版哈利波特的十二家出版社，你得过的奥斯卡金像奖和莱昂纳多一样多！”格格安慰。“销售是累，但赚得多！哪像HR，累还受夹板气！”她抱怨。“走下去不必逗留，因为这一路花自然会开！”格格再安慰。

“我特后悔转岗，之前说HR悠闲，都是骗人的！”孙嘉琦懊恼。“有一天你发觉日子艰难，但收获也大。”格格鼓舞。“若非怀孕待产才不做HR，什么都没学到！”她坦言。“不要灰心，你不是没有成长，而是在扎根！”格格劝慰。“压力不是有人比你努力，而是比你牛的人仍在努力！”海边说。

“你师父连载都写完了，没坚持精神很难做到！”海边补充。“这俩货文艺范儿十足，我给你分享句喜欢的话——活着不能靠抱怨博同情，而是要靠汗水赢掌声！”徐胜华说。“谢谢师父，我去消化下！”孙嘉琦发个鬼脸表情。“看来师父还有点作用的节奏！”徐胜华得意。“能随时发淫威！哦，错了，是显摆自己专业！”大帝接话。“滚一边去，你才专业！你全家都专业！”徐胜华的笑僵在嘴角。

“朋友说他在电梯放了个屁，然后大喊什么东西糊了？于是一电梯人把味道吸干净了！”为缓解尴尬局面，格格说。“男同事总缠着我，怎么拒绝他？”大家笑完，一女生问。“没男友也说‘我男友介意……’，若他微信问你感冒了？就答吃过药喝过热水会早睡，现在去洗澡，晚安！”徐答。

“弥勒简直是情圣，听君一席话胜读十年书！”大帝夸奖。“为花季少女不被你这样的骚扰出份力罢了！”徐胜华正言道。“又双叒叕开始嘚瑟了！看《锦衣卫》去！”大帝道。“青龙不问因由，只问人时间地点，送快递的？”徐胜华调侃。“生活也像快递，唯一不同是目的地自己定！”格格感慨。

“you raise me up——弥勒心浮气躁，推荐首歌给你！”大帝说。“凭咱高考多三百分上清华的英语水平，给翻译下！”徐胜华说。“这么懒能不胖？自己度娘去！”

大帝不再吭声。“赞美诗？竟被我翻译成‘是你给我整硬了’！”徐胜华慨叹。“徐流氓说话前请三思，群里还有女生！”格格提醒。“就这智商，吃屎都难抢到热的！”大帝挤对。“陈升歌里说，写歌的人假正经，听歌的人最无情！”徐胜华说。

正有的没的相互调侃，徐胜华见右下角有新QQ系统消息。某杂志编辑，拜读完文章，想向您约稿——申请消息框提示。“您好！我是《中国培训》白编辑！”对方自报家门。“很荣幸能被约稿，请问要哪方面文章？”徐胜华谨慎道。“偶然机会看到您的文章，请问您看四大名著？”她客气地问。

“基本都浏览过，西游记更熟些！”徐胜华扩大词义。“西游记写的太多，能否谈谈三国用人之道？”白编辑建议。“我试试看，但不一定达到刊发水平！”徐胜华自谦。“相信您的专业能力及写作功底！”她把自己架到火上、加炭。“今天周一，争取周五前完稿！”徐胜华琢磨了下时间。

又简单聊几句，她说下线开会，徐胜华深觉她是个温暖的人。随后，打开连载一手稿，开始琢磨众筹事宜——格格众筹过，请他帮联系印刷，序和卷首语还真得想想。于是在房间踱来踱去，拉出名单：于得水、郑文、大帝……不经意间发现写一半的《HR经理聊西游》，决定将其写完。

晚饭后，徐胜华在书房翻《三国演义》，一片狼藉。“要出去单过了么？”李雪想起什么，推开门问。“看到我大学买的《三国演义》了么？”徐胜华抹了抹鼻尖。“上被表哥家孩子拿走了，下在电视柜里！”李雪贴着门框。天天在家，东西放哪还没她清楚，不免感慨女人心、海底针。

“周与白有印象么？同学会你见过！”李雪神秘道。“特白特能喝酒瘦高挑那位？”徐胜华边擦书上浮尘边回忆。“好好电视台主持不当，非跑去私企干销售！”李雪费解。“想换种活法吧！怎么突然提起她？”徐胜华转头问。“她去年11月下海签一年合同，月薪一万做总助兼销售经理，今年5月怀孕，公司说根据销售拓展结果及综合表现评估，认为她不能胜任当前岗位，将于近期调为内勤！”李雪描述。

“想中五百万，结果‘再来一瓶’安慰奖的节奏！”徐胜华感慨。“可不？她说真调岗，月薪三千……”李雪正说，徐胜华手机响。“怎么？一审出结果了？”见是杜雨号，便直接问。“排到下周二！师父在哪儿？忙么？”杜雨解释完问。“还行！翻出本书正要读，你有事？”徐胜华将书放沙发上。

(a)“今天做产后检查遇到孕友，她去年11月入职，3月怀孕，6月公司通过股东会提前解散，依法支付员工经济补偿。但她觉得公司应付三期生活费、产假工资及生育费。之前处得不错，还提起过您，她说帮问问，也不知您……如果忙我可以推掉！”杜雨描述完，征求意见并找退路。“企业解散只涉及经济补偿，对三期女工无照顾义务！”徐胜华答。“幸好我三期时公司没解散，谢师父！”杜雨边嘟囔边道谢。

(b)“徐老师真是日理万机呀！”徐胜华挂完电话发愣，李雪挖苦。“哪里哪里，刚说到哪儿？调岗降薪，然后呢？”徐胜华反应过来。“她提出异议，公司说不同意就在家待岗！”李雪继续。“这不明显欺负人吗？”徐胜华打抱不平。“她想去仲裁心又没底，让我问问你！”李雪说。“让她放心去仲裁，结果多是公司诡计难得逞！”徐胜华说。“这自信劲儿，当心结果出人意料！”李雪奚落。

深夜，趴着翻《三国演义》，少上半部，总觉少点什么。写曹操的太多，可怜刘备的也多，便打消了写他俩的念头。看到孙权称帝、诸葛亮挥泪斩马谡，才理出

(a) 无论从劳动法律法规还是其他相关规范看，企业解散都只涉及法定经济补偿金支付，对“三期”女工相关利益，因用人单位这一主体在法律上死亡，劳动合同被迫终止，尽管员工生活、收入受影响，但用人单位无过失，该影响常视为员工应负担的风险。

(b) 对“三期”女工降薪绝对违法。若一定要调岗，需符合《劳动合同法》第38条，或拿出充分证据证明其不胜任工作。周与白公司拟以销售拓展结果及综合表现评估为由调岗，必须拿出经民主程序制定并公示过的考评制度和记录等来证明。

些头绪。想他俩一个为报三顾恩，一个在曹刘称帝后又迂回很久。于是拟出俩标题，一个关于孙权，一个关于诸葛亮。

又过一会儿，修改写完的草稿，眼皮开始打架。李雪拉开卧室门、推开书房门，进而发出很大声响。“小雰两口子又在闹离婚，咱过去看看！”她边说边穿外套。“怎么天天闹？不想过的节奏！”徐胜华感慨着保存文档。出门前，李雪给表哥王晓光和三姨的干儿子王一然打了电话。徐胜华下楼时见这架势，就感觉事情没想的那么简单。出小区，等很久才拦到辆出租，徐胜华看时间——凌晨两点半。

寂静的夜，路上几乎没车没人，出租车在路中央飞驰。透过关不严的车窗，偶有冷气侵入，李雪朝这边靠了靠。徐胜华望向窗外，看着这白天喧闹夜似梦魇的城。路边烧烤摊冒出特有的烟，KTV、休闲会所灯火通明。夜是孤独的，空气清冷，霓虹灯洒下的光，模糊且炫目。

车子依旧疾驰，车顶有路灯映下的影，使自己略感头晕。于是闭上眼，脑海浮现出小雰和妹夫几年的刀光剑影。作为李雪亲妹妹，李小雰小她三岁，结婚八年，老公黄晓东四川人，俩人从开餐馆到把酒店做得风生水起。钱没少赚气也没少生，隔三差五闹离婚却一直没离成。而李雪出门打的电话，王晓光是市公安局姑苏分局副局长。王一然是其磕头把兄弟，苏州地界黑道响当当人物。

出租车驶入姑苏区繁华地段，过往车辆逐渐增多。“停车，靠边停就行！”李雪让司机师傅减速。下了车，寒意猛地袭来，徐胜华打个冷颤，摘下围巾裹给李雪。两人站在速8酒店门前，远远望着协和大厦方向，都没说话。又过七八分钟，两束刺眼大灯由远及近，晃的两人都睁不开眼。车子更近，徐胜华看清了黑得发亮的车漆及 E400L 的车标。车停稳，微胖魁梧的大光头王一然先下车，王晓光随后。

“姐，啥急事儿？大半夜的！”王一然揉着光头。“还不是我妹？俩人总吵总打又离不了！”李雪答。“打是亲骂是爱，爱到深处用脚踹！”他说着朝徐胜华点点头。

“我三姨身体还好？”四人朝协和大厦走，李雪问。“好！天天茶水一喝，麻将一搓，比我滋润！”王晓光笑答。

离“粒粒香”还很远，徐胜华便望见门口横七竖八停着很多车。仨一群俩一伙的地痞流氓，吹着口哨追逐打闹，肆无忌惮。这些人见王一然来，先是交头接耳，随后本能地后退。王一然没正眼瞅他们，率先登上大理石台阶。李雪和王晓光紧随其后，徐胜华数了数，门口横着十九台车。

四人站在大厅中央，见服务员都窝在墙角，没人出来说话。“哥，你俩等下，我先上楼看下情况！”李雪转身对王晓光说。徐胜华尾随她上楼梯，刻意快走两步，挡在她身前。上了二楼，看着满地碗盘，二人均吃一惊。“离，谁不离谁孙子养的！”走廊尽头，黄晓东怒吼。

“你谁？没事别上楼，是你呆的么？”旁边蹿出个人。“我是老板娘她姐，不让过？”见他攥刀，李雪毫无惧色。“我只认老板，不认什么老板娘！”他嬉皮笑脸。“痛快儿让我过去，耽误事儿你扛不起！”李雪冷冷地瞅他。不知是被吓到，还是被眼神震住，他犹豫后侧开身子。

“怎么？这回彻底不想过了？”走廊尽头，李雪推开门问。房间四人，圆桌两侧坐着黄晓东和李小雰，她身后站着俩混混。“姐你可来了！她背着我在外面偷男人！”黄晓东指向李小雰。“饭可以乱吃，话可不能乱讲！”李雪转头瞅了妹妹一眼。“没证据我敢乱说？看她干的好事！”黄小东递过手机放视频。徐胜华很快认出男的是后厨厨师赵强——年轻帅气小伙儿。“离就离吧，看你俩整天吵我都累！”李雪拉起妹妹手想走。

“等等，咱不能说走就走，说离就离吧？”黄晓东挡住房门。“那你还想怎样？想耍横？”李雪语气满是嘲讽。“哪敢？但婚内劈腿，我要她净身出户！”黄晓东提条件。“别以为你外面养小三我不知道？”李小雰按捺不住厉喝道。“说我可以，你拿出证据——我认！”黄晓东挥挥手机。

“开几年酒店，觉得混得开，翅膀硬了是吧？”李雪嘲笑。“随你说！这酒店我要定了，偷腥就得付出代价！”黄晓东得意。“别以为店都是你的，没人罩你什么都不是！”李雪一语中的。“我承认以前不是，现在协议不签谁也甭想走！”黄晓东大怒。“走你能怎样？”见他指向桌上协议，李雪要强行离开。黄晓东使个眼色，屋内混混抽出把刀，朝李雪开门的手划去。“小心！”徐胜华伸出胳膊搪，血瞬间渗出，染红袖口。

“好，姓黄的，你有种！”见徐胜华挂彩，李雪怒吼。“我说过，不给个说法谁都甭想走！”黄晓东将茶杯摔在地上。伴随响动，走廊房门先后打开，几十个混混围过来。手中或拿匕首或攥木棒，像九十年代的港台片儿。徐胜华脸色煞白，转头瞥了他一眼，又瞅瞅密不透风的“墙”。

“都他妈让开，一群小逼崽子！”伴随骂声，王一然上脚踹人。小混混被踹后怒气冲冲，转头见是他，纷纷后退。“操！在这耀武扬威，你挺牛逼啊！”王一然上前就是一耳光。“你……”黄晓东没回过神，本能地捂脸，表情难看至极。“你什么你？就打你，不服儿么？”说着又一耳光。

见这场面，徐胜华忘了伤口疼，反替他的脸疼起来。同时，回想起《雍正王朝》十三爷进丰台大营的霸气。此刻的王一然，没有嬉皮笑脸，锃亮的光头，眼中透出唳气。“反了你们了，还不快滚？”王一然转头，朝混混怒吼。混混先瞅发愣的黄晓东，然后面面相觑，知趣地下楼。

“谁这么狂？让我们看……”俩警服男人上楼。“王局，您怎么来了？”望见看热闹的王晓光，俩人尴尬道。“这不沧浪和金阊俩所长么？和黄老板熟？”王晓光笑问。“认识……也不熟！这不刚有人报案！”俩人忙撇清关系。“姐，你们仨先走，交给我！”王一然和李雪耳语。下楼前，徐胜华特意回头望——王晓光在和俩所长聊天，黄晓东瞅向这边，不甘写在脸上，王一然横在他身前。

下到一楼，服务员投来诧异眼光，又没谁敢上前问。徐胜华左手微抬，见血凝在腕上，便和服务员要了高度酒擦拭。李雪牢牢抓着妹妹胳膊，眼睛却直勾勾盯着徐胜华的手。“没事儿，小伤！”徐胜华轻声安慰。简单处理后出酒店，门口人去车散，空气微冷。

等出租时三人均没说话，徐胜华朝她俩偷望：或无助或冷峻。拦到出租车，司机打着哈欠说加价，李雪拽着妹妹钻进后排。徐胜华知趣地坐上副驾驶，车子缓缓发动，驶向主干道。“照片和视频……是真的？”李雪迟疑地问。透过后视镜，徐胜华见她抬头瞅了李雪一眼，随后迅速低头。

“啪”的一声，一记重重的耳光，扇在李小雳的脸上。徐胜华被吓一跳，司机也猛地刹了下车，顿时困意全无。李小雳本能地捂脸，没反驳也没哭，随后，李雪望向窗外。徐胜华本想说下次注意或劝李雪别生气，但看看场面没张嘴。“姐，财产各50%行不？不行再谈！”王一然打来电话。“行，就这样吧！”李小雳欲言又止，李雪瞪了她一眼。再透过后视镜，徐胜华看到两张脸：惊魂未定或恨铁不成钢。

几天后的上午，阳光透过落地窗泻进客厅，晃的人刺眼。如此温暖的冬日，李雪早早去上班，李小雳去签离婚协议。回想经过，若非胳膊上的刀痕，倒真像场虚幻漂浮的梦魇。打开电脑，见群里有鸡汤：别太善良大方能干，时间久了，大家会觉得都是应该；即使哪天撑不住，也没人同情心疼你，在他们眼里这都是你自愿的；别总为别人想，他们不知你的难，甚至连句温暖的话都没有，会觉得一切都那么理所当然……

“说得好！要想更好地爱别人，首先得爱自己！”徐胜华附和。“对，人不能为了尊严，连钱都不要！”捕手接话。“是的，在所有物是人非的景色里，我最喜欢钱！”海边说。“童年觉得赚钱的事，现在都写在《刑法》里！”郑文哀叹。“做人要有起码的尊严，关键时刻卖掉能当饭吃！”格格补刀。“尊严还能卖，套牢的股票呢？弥勒活得真惨！”捕手继续补。“一群神经病，都吃药了？”见话题已毁，徐胜华忿忿地问。

几分钟后，还是没人接话，自己深感如鲠在喉，不吐不快。“多少闹钟都不如一个叫吃饭的电话！”徐胜华一阵畅快。“能忍受加班、低薪和老板坏脾气，但伙食不能差！”格格说。“伙食差和吃苦耐劳没关系，属于变相虐待吃货！”郑文说。徐胜华摇头叹息，没想到好好的话题，终以喝开头以吃收场。

正慨叹无语，手机响起，见是北京座机，犹豫后还是接通。“师父，我是九徒弟张贵妹，费力淘到您号码！”是个女声。“难得有空想起为师？要请我喝茶？”徐胜华笑问。“师父这么忙，就算我想请，不也得排队？”她俏皮地答。“怎么？打电话有事？”把随时有空的话憋回，徐胜华问道。

“师父聪明！我们是派遣公司，去年7月与员工签三年合同，后被派遣出劳务。今年11月初上班出车祸，出院被退回，劳动部门认定9级工伤伤残，他提请仲裁，要求工伤待遇，工作公司承担连带责任，我们老板不认，绕得过去？”她问。“估计仲裁委会支持全部请求，老板还是从了吧！”徐胜华笑答。

“我也觉得公司有责任，但说不通老板！”张贵妹求助。“你公司和员工是劳动合同主体，必须处理！”徐胜华说。“那实际用工单位用承担连带赔偿责任么？”她又问。“当然用，如果被派遣人仲裁申请上有要求！”徐胜华接话。“明白点了！师父见笑，我做这行时间短！”她实话实说。

[a]“派遣公司做 HR，最好与用人单位事先约定！”徐胜华提醒。“派遣员工发生工伤及保险待遇约定？有法律效力？”她问。“不违反法律法规就有效，承担待遇方可据此追偿！”徐胜华解答。“好，这回彻底明白了，是工作上存在纰漏！”张贵妹茅塞顿开。“不客气！”请喝茶的话已到嘴边，又被徐胜华硬生生咽回去。

“果然不能太拘谨……错失一顿美食！”徐胜华在 Q 群慨叹。“也别敷衍！刚同事说女友说梦话，我说我知道……”格格说。“他没问你什么时候的事、多久了？”徐胜华发呲牙表情。“只是随口那么一说，现在气氛瞬间不好了！”格格解释。“智商让人捉急，叫你之前挖苦我！”徐胜华幸灾乐祸。

“历史证明，自以为聪明的人，多半没选择善良！”大帝说。“同感，比如希特勒、汪精卫、和珅……”格格旁征博引。“远的作古不必说，近的比如 W 网的徐流氓！”大帝道。“滚！我若不算好人，你俩也没好东西！”徐胜华一箭双雕。出完恶气，群内安静下来，徐胜华开始修改连载草稿。

W 网倡导写连载小说，若出纸制书，于得水给写推荐语。请郑文帮写篇卷首语，应该不会被拒。大帝虽平时总挤对自己，请他帮写推荐序也非难事。封面设计交给学平面设计的表弟，印刷让格格帮忙联系。再消灭下错别字，若有封面女神帮画个插图，就更完美了……

“徐老师在？”正在想美事，右下角 QQ 头像闪。“在，您是哪位？”徐胜华谦虚回复。“我是您忠实粉丝，特来请教问题！”对方客气道。“我也没您想得那么全能，

(a)《劳动合同法》规定，劳动者与劳务派遣公司是劳动合同主体，也是劳动关系双方，被派遣劳动者发生工伤，应由派遣公司组织工伤认定，并处理工伤保险事宜。若派遣公司拖延或不予支付工伤保险待遇，被派遣劳动者可同时要求实际用工单位承担连带赔偿责任。此间，派遣公司与用工单位可在劳务派遣协议中事先明确约定，只要不违反法律法规，承担工伤待遇方便可据此向另方追偿。

共同探讨！”徐胜华先找好台阶。“是这样，公司实行‘朝九晚六’工作制，午休一小时，但有员工说其他公司均‘朝九晚五’，午休也一小时，说将午休排除在外上班九小时不合法，您怎么看？”对方问。

[a]“午休是否计入工时，法律没有明确规定！”徐胜华回复。“那我该如何回答员工质疑？”对方听得云里雾里。“午休排除在工时外，入职时明确告知就不违法！”徐胜华解释。“原来是这样？谢谢徐老师！”对方幡然醒悟，开心道谢。“不客气，这对我也是个回顾和提升！”徐胜华谦虚道。

“一审出结果了？”正自我陶醉，杜雨来电话。“和您说得一样，维持仲裁裁决！”她开心地答。“恭喜，补偿要到手了！不过也把公司得罪了！”徐胜华提醒。“公司以工资含交通补贴、业务提成诉至中法！”杜雨说。“还有这事？啥时开庭？”徐胜华惊讶地问。“因为工资条维持原判，刚审完——请您吃饭！”杜雨说。“恭敬不如从命的节奏！”给小雰留完便条，自己飞奔下楼……

(a) 午休是否计入工作时间，法律并未明确规定，用人单位有权根据实际情况决定，只要员工入职时明确告知，便符合法律规定。

（十一）

◎

这趟车，不打猎

飞奔下楼出闸，张维璋直奔萧山机场P3停车场。常乘HU7177往返京浙却很少疲惫，或因登机前的电话。助手说，江洪烈下午拳打副总钱迎库——因为劳资纠纷。结果一个进医院包扎，一个进局子行政拘留。找到刚换的凯美瑞发动，氙气大灯将夜幕照如白昼。

收费口实习女大学生笑容职业，张维璋礼貌地点头。她还没反应过来，自己一脚油门，将偌大停车场甩在身后。

夜晚的萧山机场并不冷清，被灯具缀得格外璀璨。放眼望，机场高速旁的浙旅大酒店，像条游龙横在路旁。张维璋有些胸闷，便打开车窗，播放舒缓轻音乐。驶入杭州湾环线南线，脑海浮现出就业片断——七八年来，从董事长助理到法务、行政，又兼管人资．一人兼三项工作，培养了自己多面手的能力。工作得心应手，家庭幸福美满，职场、家庭双丰收。

职场成绩无外乎老板培养、同事关心、自身勤奋。但也清晰记得女儿出生时身在异地，未陪在产房外的辛酸，为公司上市前筹备工作，几星期没法回家……苦楚熬尽，终赢得老板欣赏、同事敬佩，能给家人好的生活。升了职加了薪，外加老板体恤——及时配了能力强的助手。

提起助手，不禁想到不久前分派来的李鸿依——名牌大学毕业，脑子活进步快，若再经历练，必能独撑业务。下午电话中提起的江洪烈，是三姨家亲表弟，四年前经自己引荐入职做销售，没想到做得风生水起，这次打副总，怎么和三姨说？驶入环城西路便开始为难。

中兴南路左转，绍兴市第六人民医院正门近在眼前。张看时间已晚上九点，医院所处的延安路仍车水马龙。刚给老婆打电话说会晚到，便传来女儿不开心的抗议声。按李鸿依短信地址，轻松来到病房前，整理完衣服轻敲门。“进！”钱迎库声音微弱、略显无力。

“钱总好些了么？其他人呢？”进门后，张维璋嘘寒问暖。“都走了！这样子像好么？”钱迎库半眯着右眼反问。但见他眼眶淤青、眼角红肿、眼底充血，挂吊瓶敷冰块。“究竟为何事？这么大动干戈？”张维璋转移话题。“还不是他上来就狮子大开口要双倍工资！”钱迎库忿忿道。

“他2012年9月入职，是前任HRM招来的！”张维璋接话。“知道！复试我也在，他确实干得不错！”钱迎库说。“当时签两年，2014年前任离职我才接手！”自己继续铺垫。“嗯，你做得也不错，我们很满意！”钱迎库小心翼翼转身。“合同到期公司未及时续签，这事我提醒过您！”张维璋试探。

[(a)]“确实有这事！当时忙别的一时疏忽了！”钱迎库轻轻揉眼睛。“他若此时离职要求双倍工资……”张维璋说一半停下。“咱的胜算多少？”钱迎库双手抚下巴，沉

(a) 聊工作要懂语言技巧，力求使话锋朝利己方向发展，才能尽量避免陷于被动境地。张维璋与钱迎库、江洪烈的对话，均说明了话题引导的重要性。

吟后问。“很小！”张维璋言简意赅。“你去办，最好能赢！不赢也让他出医药费！”他语气放缓。“钱总早点休息，明天再来看您！”自己见目的达到及时撤退。出住院部，张维璋嘴角略上扬，有难察觉的、自信的笑。

五月下旬绍兴的夜略幽冷，但有稽山公园灯元素的点缀又绵长。驾车出了六院门，远远能望见游船码头各式灯束大放异彩。音乐喷泉、水幕电影、激光灯……集聚成绍兴特有的夜文化。绍兴文学有鲁迅，花草有兰花，吃货有醉鱼、竹笋、腐乳果腹，更有黄酒老酒尝、珠茶日铸茶大佛茶品，自己却独爱这些光束。并非它独揽现代气息，而是建成开放当天，恰是女儿生日。驶入中兴南路前，忍不住朝公园上空瞥一眼。

六院距塔山派出所不远，外加担心表弟，没几分钟就到了。张维璋没急着下车，坐在车上摇摇头，顿觉清醒许多。江洪烈，四年前重点大学毕业，经推荐进公司做销售，业绩无可挑剔，但不为人知的却是其情感世界——一年前，他坦言一直喜欢同校学妹，当时他研三她大一，而说这事时，他毕业三年她大三,一年来，每月飞北京陪她，成了业余时间最重要的事，但也未逃过毕业即分手的厄运。

半月前，他频频举杯诉说烦恼，眼神空洞、心底无助。他说彼此深深喜欢，女方父母棒打鸳鸯，想找高收入女婿，且拜托家人介绍多位民航飞行员，她不想分手且为此绝食，父母心疼又不妥协，让自己劝她吃东西，且以后不许再见面。当时听了这些，张想得到画风多尴尬，又多违和……

不得不承认，他销售是好手，但处理感情问题还很嫩。或许让他懂“人生除遗嘱，没什么能被称为最后决定”很难。而阅历增长本身，就是将哭声调为静音的过程。与值班民警打招呼、填登记簿，张维璋被带进幽暗房间。半分钟后，逐渐适应了光线，见表弟趴在桌上半睡半醒。

[a]“哥，你怎么才来？”抬头见是张维璋，他擦口水起身。“别哥、哥叫这么亲！打人时想到我了么？”张维璋板着脸。“确实冲动了，但公司错在先，且说话难听！”他顶嘴。“现在我兼管人资，难为公司就是难为我！”张维璋轻扶镜框。“那我这未签合同的双倍赔偿不要了！”他略显不情愿。

“要！但把钱总医药费付了，现在还在医院！”张维璋吩咐。“没问题！十一个月差额，扣完还很多！”江洪烈心满意足。“是四个月！4月以前的赔偿已过仲裁时效！”张维璋答。“还有这事？我这方面不懂，你别忽悠我！”他将信将疑。“这时又不是你哥了？不信去仲裁，自费！”张维璋颇不快。“信！我拘留到明天，你给我妈打电话说住你家！”他轻声说。“好！对了，这事办完你得离职！”张维璋说完出门。

出派出所拐两道弯，驶进望花小区，见是业主保安未拦阻。当初买这，就因它临近稽山公园，但却很少带女儿去玩。想到这，张维璋愧疚感油然而生，却又颇感无奈。停车熄火，下车时顿感微凉，仰望夜空，繁星点点。即将子夜，上楼时尽量压低脚步，以免打扰邻居。

进家门时黑漆漆的，月光皎洁，如瀑布般倾泻进窗棂。猜老婆和女儿都睡了，

(a) 对赔偿责任追诉时效的计算，一种观点认为，无论是试用期还是未签劳动合同，均属劳动报酬性质，不受1年仲裁时限。另种观点认为，企业应承担赔偿责任，受1年仲裁时限（自当事人知道或应知道权利受侵起算），该观点又分逐月计算仲裁时效和整体计算仲裁时效两种意见，按前者算，2014年10月到2015年4月赔偿已过仲裁时效，劳动者无权要求支付；按后者算，只要在2016年8月31日前提请仲裁，就有权要求11个月双倍工资差额。本人倾向前者，因为双倍工资赔偿是因企业不签合同的违法行为而承担的赔偿责任，而非工资报酬，它受普通仲裁时限，同时，企业若超过1个月仍未与劳动者签合同，劳动者知道权利受侵事实显而易见，仲裁时效应自动起算，不用等入职1年后。

便蹑手蹑脚钻进厨房找吃的。想中午在帝都办事，此时却是千里之外，很神奇。冲过澡来到女儿床前，亲了下熟睡的女儿。随后到主卧，床头灯微弱的光晕里，老婆抱着相册熟睡……

朝阳在地平线喷薄欲出，张维璋难得晚起。睡眼惺忪地迎接晨曦，窗帘缝透进的光格外刺眼。刚睁开双眼，便见一一趴在床头，一言不发地望着自己。“爸爸醒了，爸爸是懒猪！要吃么？”一一递过棒棒糖。张维璋欣慰地点头，探起头，用嘴接过棒棒糖。

“爸爸，甜么？”正感受薄荷味，一一满怀期待地问。“甜！闺女是贴心小棉袄！”张维璋闭着眼，欣慰地笑。刚要抬胳膊摸她的头，却见她步履蹒跚地朝卧室门口跑。“妈，爸爸说甜，那为什么狗不吃，吐了好几次？”一一喊。来来，小兔崽子，我保证不打死你！张维璋猛地坐起身。

起身到客厅里，老婆准备早餐，女儿绕膝，画面很美。简单聊了表弟的事，老婆提醒别告诉二老，以免担心。每次吃她准备的早餐，都真心觉得比酒店有味道。老婆提前吃完，忙着给一一打扮，先送她去幼儿园。“出门当心，慢点开车！”二人出门，张维璋叮嘱。

上班路上，张维璋边开车，边想到就职的公司及老板。龙盛集团成立40余年，作为国内染料化工龙头，已于A股上市，下辖化工、钢铁、房地产三大产业，人才济济，实力雄厚；此任老板钱进库，不到五十年纪，工作严谨、思维缜密，虽委任能力较差的弟弟分管行政，还是亲自上手居多，总部设在上虞，除必要出差应酬，他常年坐镇一线督导，越城区所设分部负责法务及招聘，自己为汇报工作常两面跑。

[a] 刚驶入延安路，手机响起，张维璋按下车载键接听。“小张，我是龙盛房产尹先乔，有问题钱总让找你！”对方说。“尹总，您说！”听是钱总爱将，张维璋客气道。“是这样，我们制订个制度，明确了工作纪律及处罚标准，半月前在中高层会上宣布对全员生效。昨天俩销售顾问违规，依制度与其解除合同，但他俩说不知情，如何处理？”他问道。“未事先公示的制度不能作为解除合同依据！”张维璋答。

路过六院，朝钱迎库楼层望了望，车子从门前一掠而过。过大树名园转盘直走，尽头便是凌盛大厦——绍兴仲裁在旁边。深觉钱总将分部设此有远见，去总部顺路，靠近市区好招聘。车停地下车位，八楼电梯门开，李鸿依正在打印文件。长发披肩、齐头帘，翠绿色薄衫、白短裙、高跟鞋。

[b] “昨天我没在，钱副总住院忙坏了吧？”张维璋关心道。“还好，只是场面有些乱！出差还顺利？”她眨着大眼睛。“基本搞定了！一会儿去医院，去么？”张维璋试探。“去吧！不去不好，毕竟钱副总平时对咱不错！”她稍迟疑。“半小时后走！我处理下攒下来的工作！”张维璋说完坐下。

六院停车场去停车，李鸿依提前下车买花和水果。下车带上车门，上午十点的太阳异常明媚，却并不刺眼。腰倚大灯处，四十五度仰望天空，自己略显困倦，伴着疲惫。重新打开车门，抽支玉溪点燃，开始观察病患及家属。张维璋本不吸烟，除了深夜加班，或忧郁感袭来……

看似悠闲地吐烟圈，大脑飞快运转，理顺近期重点工作。不远处，李鸿依渐

(a) 企业公示规章制度的方式及形式，法律尚无明文规定。发“公共邮件”，公告栏、内部网络公示及中高层会议宣布等方式，因举证较困难，均无法防范法律风险。建议发放员工手册——本人签收、确认知悉、同意遵守。

(b) 对下属（李鸿依）因工作的忙碌要及时关心认可。

行渐近，花和水果衬出她瘦高纤弱的身姿。熄烟接过水果，进住院部上电梯，来到钱迎库所在楼层。隔很远，见病房门口挤满分公司经理、副总、财务总监等。临近再辨认，还有家人、同学、猎头老板、公司亲信……

自己前面开路，李鸿依低头尾随，漂亮的脸蛋吸引众人目光。她有些不好意思，于是加快脚步，脸上两朵红云。敲门进病房，见钱进库坐在病床前，正在安慰弟弟。看得出钱迎库脸色不好，但见李鸿依同来，碍于颜面稍有和缓。刚寒暄几句，张维璋便被老板叫出病房。“公司没事么？散了吧！”见门口挤满人，他发号施令。“一会儿和我回趟总部，有事处理，坐我车！”钱进库说。

再回病房，安慰几句钱副总，张维璋朝李鸿依使眼色。她心领神会，拿起暖壶尾随着出了病房。“我去趟上虞，你把车开回去！”张维璋交代完递过钥匙。等电梯时见她去打开水，自己想到电影《再说一次我爱你》。日上三竿，阳光略刺眼，热浪来袭，奥迪停在不远处。

[a] 司机开车门，坐上副驾驶，钱进库习惯性地坐后排。“让他尽快离职，该赔赔，我不要这样的人！”他嘱咐。“已经说了，这两天就办！”张维璋气定神闲，应对自如。能成竹在胸，得益于对钱进库的了解，事做在前。“北京一行还顺利？基本搞定了？”钱进库看似轻松地问。

“对方同意赔偿，和预想一样！”张维璋看后视镜。“你轻车熟路，我放心！”他抚着歇顶的头，望向窗外。“钱总，今天什么事？”张维璋既不见外又显尊敬。“化工分公司销售经理乔天宇离职时你在吧？”钱进库问。“在！您待他不错，突然就离职了，莫名其妙！”张维璋答。

(a) 对上司（钱进库）处理突发事件的态度要提前把脉预判。

[a]“被挖去对手公司了，任销售总监！”钱进库表情复杂。“不太应该，比咱年薪高？”张维璋说完后悔，觉得冒失。“他带走很多老客户，你给他点教训！”钱进库说。“好，明白！”见他没介意自己舒口气，领会八九不离十。钱进库显然不想再说什么，靠在后排座椅上打盹儿。“你打算从哪下手？”下了104国道，他醒后缓过神问。“他当初入职时，签过保密协议及承诺书！”张维璋答。

“好，你去办！”车子驶入泾哨线，路过彩票站。“您放心吧！”司机将车停在办公楼前，张维璋自信道。目送钱进库进楼，张维璋仰望蓝天，比市内清澈许多。五层的办公楼，白墙映着蓝玻璃——虽不华丽但很气派。伴随喷泉哗哗的水声，张维璋直奔二楼办公室。

打开办公室门便闻到花香，放眼望去，窗台上昙花正开。阳光泻入，花瓣外红内白，瘦长的蕊张着纤细的手臂招手。本以为昙花只在夜间开，没想到还有这眼福。花草皆有灵性，定是保洁阿姨照料得好，张维璋暗想。沐着暖阳，初放到盛放，它展示着纯洁的美。

迟疑许久，张维璋还是心一横，拨通乔天宇的电话。“维璋吧？最近还好？”电话接通，对方很客气。“乔经理，哦，错了，应该叫乔总了哈！”张维璋倍加小心。“称呼而已，别太在意！今儿这么有空？”他好奇地问。“也没什么，说话方便？没打扰您谈生意吧？”张维璋接茬。

“方便！咱俩这交情，什么时候都方便！”乔天宇客套。“您离职有段时间了吧？新公司还适应？”张维璋代入话题。“还行吧！销售老本行，轻车熟路！”他答得流畅。“销售不太懂，主要得有渠道有客户，是吧？”张维璋问。“那肯定！大半

(a) 上司拿你当哥们，不代表你能拿他仅当哥们儿！与其谈工作，少说结论性语句，话到嘴边留半句，否则显得冒失！一次两次尚可，次数多了，隔阂也就深了。

辈子积累，人脉是有些！”他答。

[(a)]“乔总，咱私交怎样？谈什么都不影响吧！”张维璋埋雷。“你有话直说，别吞吞吐吐的！”乔天宇警觉且不满。“听说您现在很多客户，是从龙盛带过去的！”张维璋试探。“怎……怎么可能？你听谁说的？”他透出慌张，故作镇定。“乔总在龙盛离职前，大家对您也没说的吧？”张维璋问。“当然！你是好兄弟，钱总是好老板！”他深表赞同。“您得承担侵权损失，道歉太虚就免了！”张维璋全盘托出。

[(b)]“我说怎么来电话？在这等我呢！侵什么权？”乔天宇不服气。“您别难为我，我是打工的，在其位谋其政！”自己装可怜。“没想难为，就想问问有什么证据说我侵权？”他盛气凌人。“您在龙盛任职，签过保密协议和承诺书吧！”张维璋提醒。“这……容我考虑几天！”像被抓小辫子，乔天宇挂断。张维璋手握电话愣许久，为撕破脸皮懊恼。但貌似又没更好的解决方式，便望向逐渐枯萎的昙花。

食堂吃罢午餐，伴着熙攘的人流，张维璋回到办公楼。“成本会增加，不合适吧？”刚敲响钱进库房门，听有人问。“进！”见屋内有人转身想走，却听到钱进库的膛音。“我没急事，要么一会儿再来！”见尹先乔在，张维璋解释。“说吧，也没外人！”钱进库端起茶杯，顺势掐灭烟头。

[(c)]“交代的事有头绪了，不知您的意思是——”张维璋说上句。“赔偿其次，都老交情！主要给他提个醒！”钱进库交代。“那我先撤！”张维璋心领神会，见他俩

(a) 客户名单构成商业机密，除具备商业秘密一般要件，要受法律保护，还需具备“特定、内容全、稳定、保密”等四个特点。故乔天宇跳槽后使用前公司客户名单行为构成侵权，应停止侵权、赔礼道歉、赔偿损失。

(b) 能不和已离职员工翻脸尽量不要。

(c) 身为老板（高层），对离职后给公司带来负面影响的员工，该追责追责，但最好适度。

有事谈，转身要走。“尽快招个讲销售技巧的培训师，尹总有新楼盘！”钱进库说。“好，回去马上办！什么要求？”张维璋及时问。“女，年轻漂亮有经验，上佳不行，必须上上佳！”他强调。“最多一周，最快三天，肯定到位！”张维璋出门后关严。

[(a)]“鸿依，尽快招一位女培训师！”张维璋边回市内边吩咐。“什么条件？什么时候要？”她简明扼要，没半句废话。“除工作能力、年轻漂亮，照你标准，两天内！”张维璋描述。“我先查档案库，还有待面试的，外加网站！”李鸿依答。“抓紧，要得急，你先遴选，复试再说！”张维璋说完挂断。

[(b)]回市内路上，电话再响，看下来电是江洪烈。“哥，快来接我，有急事——派出所门口！”他火急火燎。回拨过去无法接通，张维璋胡乱揣测——难道钱迎库心里不爽找人伺机报复？或表弟拳打了民警？张维璋催司机快点，回公司取了车，急着朝派出所开。

驶上鲁迅中路，想起他说在派出所门口，自己又冷静下来。不出所料，接近塔山派出所，远远见他低头坐在门前台阶上。再近些，见他脚下一堆烟头，嘴里还吧嗒吧嗒抽得欢。一个男人能如此落寞，是失恋没走出阴影？还是职场迷茫？张维璋下车紧走两步，本想踹他两脚，又有些不忍。

“怎么才来？都抽快一包了！”江洪烈边抬头边埋怨。“你不说有急事么？让我领你去厕所？”张维璋不满地问。“屁话！晚上相亲，带我理个发，借套衣服穿！”他不客气。“相亲？你不……”本想说不刚分手？又担心刺激他，便没说。“诶？我欠你的是怎么……”话没说完他已上车，带上车门。

(a) 急难险重招聘，除查档案库、手头存货及招聘网站等途径，您还有妙招？

(b) 行政拘留是指公安机关依法对违反行政法律规范的人，短期内限制人身自由的一种行政处罚，适用于严重违反治安管理但不构成犯罪情形，期限一般10日内，不超15日。

“怎么相亲？分手才半个多月！”张维璋在澡堂子没忍住。“它能沿袭两千多年，存在即合理！”他闭眼，水流过脸颊。“你莫非……被逼婚？”想到三姨和姨夫，张维璋不禁问。“嗯，说我自己处的都不靠谱，浪费时间！”他转身低头。“相亲也有遇到真爱的，知己知彼，也不错！”张维璋转移话题。“我的真爱可能被狗吃了，找个不讨厌的凑合过吧！”他感慨。“你想好就好，别到时后悔！”张维璋说完，先走出淋浴间。

等他冲完，载他回家换套衣服，再出门时，夜幕已降临。顺投醪河路一直向东，后视镜看他——无喜亦无忧。麻木？无所谓？在想已成烟云的往事？张维璋揣测。“听过水平面西餐厅么？”车子右转驶上环城东路，江洪烈问。“很少去这种地方！”张维璋放慢车速朝路旁望。

餐厅并不难找，在环城东路路西。“你自己去吧，我就不当电灯泡了！”张维璋知趣地抽身。“没不方便，正好帮把把关！”张维璋听罢又觉得却之不恭。进门后未见浮夸装修，淡雅到能将人带回白墙黑瓦年代。上下两层楼设计，一楼有宽敞阳台，被透明玻璃围起；二楼有适合聚餐的大小包厢，此刻并不热闹。钻进一间小包，要了咖啡，边等边漫无边际地聊天……

“请问哪位是小江？”不知多久，有人推开门怯生生地问。长发大眼微胖，身高一六五左右，黄半截袖配白纱裙。“我是！你就是梁叔介绍的唐佳倩？”江洪烈起身相迎。落座后二人开始谈星座爱好、学历工作，张维璋则笑而不语。“天色不早了，改天再聊？”一小时后，唐佳倩起身说。

下楼时才发现门外风雨交加，大而密的雨滴瓢泼而下。马路两侧汇成小河，停车场的积水不停冒泡。“你先撤，伞留下！”后备箱取伞，江洪烈耳语道。“趁钱副总没出院，及时去办离职！”张维璋叮嘱完冲进雨幕。伴随雨刮器飞快摇摆，见二人撑伞钻进出租车……

回家路上，张维璋思忖“看脸”这事，深觉古今皆然——古代男子提亲，女方满意则说终身大事全凭父母做主，不满意则说还想孝敬父母两年！再想古时英雄救美，女方满意则说救命之恩无以为报，唯有以身相许；不随心则说小女子来世做牛做马必报大恩大德。想到这，自己开始慨叹汉字博大精深，从表弟刚才表现来看，谈不上喜欢，至少不讨厌……

两天后的周末，张维璋悠闲地坐在沙发上品茶看电视。“妈妈一会和干妈逛街，今天和爸爸玩！”老婆边化妆边说。“妈妈不要我了！”一一边哭边扑到自己怀里。张维璋余光瞄了眼，她是干打雷不下雨。“没关系，咱和狗狗玩，逛街累，脚疼！”张维璋哄道。

“也是，不过要给我带大瓶养乐多！”一一想了想。“妈妈走后，和爸爸去姥姥家么？”老婆转身问。“好啊，姥姥家有小鸡抓！”一一听了很兴奋。“为啥去？难得周末休息！”张维璋放下茶杯问。“洗衣机坏了，你去帮修修呗！”老婆化完妆起身。“我又不是蓝翔出身，找个维修师傅呗！”张维璋建议。“不得花钱么？你又不是不了解二老！”老婆卧室换衣服。

“对了老公，学校最近闹劳资纠纷，同事让我咨询你！”她说。“这个没准儿能给你些参考意见！”张维璋向茶具中倒开水。“2014年1月，派遣公司派来仨后勤，约定工资和保险转给他们支付缴纳，学校支付每人每月100元管理费。派遣公司与劳动者的合同、与学校的派遣协议均两年一签，且期限相同，今年1月到期！但去年底学校说暂时无法续签，却仍用工到这个月！”老婆端起杯茶，一饮而尽。

“然后呢？谁先提出的？”张维璋抬起头，饶有兴致地问。“前几天，后勤说要退工，告知这几人和派遣公司，同时，派遣公司也向他们发出解除合同通知。但他仨一听就火了，把派遣公司和学校告到越城区仲裁委，让支付经济补偿和2月到5月没签合同双倍工资！”老婆说。

[a]“纠正，不是‘告’到……是申请仲裁或提起申诉！”张维璋说。“撞枪口上了？那我只好躬身请教、静听下文！”老婆笑。“看来都是老油条！但是咱肯定也不干！首先无论责任在谁？有何约定？都不能对抗被派遣劳动者，都得承担连带责任；其次，三人可向任何一方主张赔偿；再次，哪方赔偿完毕，都可根据派遣协议向有责任一方追偿！若无约定或约定不明，也可遵照‘谁用工、谁受益、谁负责’原则！”张维璋解答。

“那我们学校岂不贪官司了？”老婆恍然大悟。“谈不上官司，顶多算纠纷！干工作谁不犯错？”张维璋说。“估计也得负点责！都告到……申请仲裁了！”老婆感慨。“责任肯定有，得看哪方多些！”张维璋答。“好吧！我会如实转达你的解释！”老婆笑着出门。

“一一，喜欢姥姥还是奶奶？”张维璋开车去岳母家。“姥姥家有小鸡抓，奶奶家有娃娃抱！”一一童言无忌。“还是你幸福，你爸我小时还常挨饿呢！”张维璋摇摇头。“爸爸是没饭吃才来我们家的吗？”一一过来搂脖。“瞎说！是你妈没饭吃来咱家的！”张维璋忍俊不禁。

“一一，爸爸的妈妈是谁？”张维璋想考下女儿。“奶奶！”一一脱口而出，这让自己兴奋不已。“那妈妈的妈妈呢？”车驶上环城西路，张维璋继续问。“姥姥呗！爸爸真笨，这都不知道！”一一数落。“那你是奶奶和姥姥的什么人？”张维璋没理她，继续问。“是奶奶的小姑奶奶、姥姥的祖宗！”一一自信道。半口矿泉水喷到风挡上，自己深觉有必要和二老聊聊。

(a)《中华人民共和国劳动合同法实施条例》第三十五条规定：无论派遣单位、用工方哪方违法，只要给被派遣劳动者造成损害，均应承担连带赔偿责任。这种连带责任，指派遣方或用工方均应独立承担所有赔偿责任。

[a]“乔总周末这么有空？”快到岳母家，接到乔天宇电话。“就是再没空，该说的话不也得说？”乔天宇显得不冷不热。“乔总这话什么意思？”张维璋揣着明白装糊涂。“上次的事我考虑好了，打算赔两万损失费！”乔天宇说。“乔总带走的客户及订单，可是以千万计！”张维璋说。“那多少？这是我和龙盛的事，你别太过分！”他提高语调。“您再考虑下！然后再联系，走仲裁也行！”张维璋说完挂断。

时间一到周末，总是一晃而过，从进岳母家算已俩小时。这段时间，一一抓死俩鸡崽，还有一只带死不活。鸡崽还未抱怨，她倒哭两通，边哭边问小鸡怎么不动了？同时，自己将洗衣机大卸八块，却仍未发现故障出处。刚要检查电机，突然放了个屁，为掩饰就“嗷”地叫了一声。“爸爸，放屁很疼吗？”一一轻轻放下鸡崽，好奇地问。张维璋满脸通红，措了半天辞，终还是无言以对。

“乔总想好了？”正尴尬地对视，乔天宇的电话及时解围。“二十万！我只能出这数，再多就仲裁吧！”他说。“乔总，我这也是公事公办，钱您打到……”张维璋解释道。“现金今天来取，兴欣化工这边，我预支了季度奖！”他强调。“好，晚上下班前一定到！”张维璋心中一阵畅快。

“鸿依，什么事？”中午手机再次响起，张维璋以为他后悔了。“人挑差不多了，下午想复试，有空么？”李鸿依问。“有空！找到合适人选了？几点？”张维璋口吻透出关切。“下午想去做个头发！三点半行么？”她征求意见。“行，电话通知吧！”自己盯着洗衣机发愁。

趁一一午睡，又对着洗衣机努力许久，终还是放弃了。一点半左右，太阳有

(a) 身为企业法务人员，对已离职员工侵权等违法行为，应做到据理力争，有底线、不退让。

些毒，和二老交代几句，张维璋出了门。两点四十抵达凌盛大厦，若有所思地进电梯。出电梯时，见到四位女生，自己瞬间相中一位。边掏钥匙开会议室门，边仔细端瞧——波浪卷长发瓜子脸，抹了透明唇膏，白T恤配牛仔裤，瘦胳膊瘦腿小骨架，身高一六八左右，白袜配粉色运动鞋……

“倾向哪位？”李鸿依出电梯，张维璋边带门边问。“就是你偷瞄那位！”她得意之情溢于言表。“偷瞄？明明看得光明正大！什么情况？”张维璋狡辩。“朴银飞，二十五，移动做过培训师，韩日英三语！”她介绍。“这么强？韩国人？”张维璋惊讶地张大嘴巴。

“据她介绍，父亲是韩国人！”李鸿依功课做得很足。“你都面过，应该错不了，就她了！”张维璋深表赞同。“一会带过来我看下！”介绍朴银飞情况时，钱进库吩咐。“你挺幸运，龙盛很久不招人了！”去上虞路上，张维璋说。“以后还请多关照！”朴银飞坐副驾驶，声音很柔……

到公司已四点半，夕阳朝西山猛扎，像慢镜头跳水。下车上楼，张维璋介绍钱进库的兴趣爱好、工作习惯。“还挺快！”钱进库见二人进门，放下手中的书。“领导先聊，我去把事办了！”张维璋引见过后说。“你自己打车回市内吧，我不定什么时候！”张维璋叮嘱朴银飞。

车驶上南北中心大道，张维璋猜想可能遇到的几种情形。兴欣化工下车，望着同样五层的办公楼，自己的心反倒平静。爬上三楼，来到市场部一侧，轻松找到乔天宇办公室。“来了？”乔天宇坐在桌前，直勾勾瞅向这边。“乔总这是特意等我么？”张维璋问。“恭候多时了！二十万，你点点！”他从桌底拽出个纸盒。“不用！打交道也不是一天两天，我信您！”张维璋扫了眼。

“等等，先别走！”又寒暄几句，转身刚要走，乔天宇说。“乔总这是要反悔？”

张维璋心中一紧，停下脚步。“哪儿的话？天晚了，咱吃口饭，我有话说！”他说。“那——好吧！”张维璋看了眼钱，迟疑了下，不情愿地答应。“放心，还得开车，不让你喝酒！”他边穿外衣边解释……

夜色中，路灯散出微黄的光，车灯映出氤氲。回上虞路上，张不时低头看副驾驶脚下的钱盒。想起乔天宇刚才独斟自饮微醉时的话，自己也将信将疑。他说为钱进库东征西讨，十余年却未受重用，还说他人品差。或是酒话，或是真言，张维璋不想相信，又有些心塞……

伴着纠结，分别给老婆、岳母打电话，说晚上不回了。到上虞公司楼下已近十点，提着二十万现金，疲惫地爬上楼。想这时间，钱总该回家陪嫂子了，朴银飞也该睡了。这么晚打电话也不礼貌，明天把钱上交也不晚。于是将钱放办公室桌上，空调设成自然风，沉沉睡去。

一夜无梦，清晨睁眼时，下早班工人在食堂路上私语。望了眼桌上的现金，揉揉眼睛下地穿鞋，打开办公室门。二楼静悄悄的，没到上班时间，保洁都还没来。转身回屋拿现金掏钥匙，像往常般打开钱进库办公室房门。将钱放桌上，习惯性推开屋门，想去收拾烟灰缸……

[a]“谁？”一声慌张厉吼，钱进库从床上猛地坐起。身旁的朴银飞头低垂，披着长发拽被子，遮住裸露的上身。见此情景，张维璋脑中一片空白，尴尬地站在原地。“你怎么还没回市里？”钱进库没好气地问，透着埋怨及愤怒。“我……”张维璋本想解释，回过神后转身带门，飞奔下楼……

(a) 职场潜规则被众说纷纭，有的说是青春饭，有的说它不要脸，还有的说“周瑜打黄盖”，角度不同结论不同，可谓仁者见仁。

迎着八九点的朝阳，自己并未去公司，而是直奔家中。进门拉上窗帘，什么都不想想，爬上床沉沉睡去。傍晚被电话铃吵醒，李鸿依说江洪烈办了离职。翻来覆去睡不着，坐起身来到书房，开电脑登陆 W 网。打卡依旧新人辈出，总结仍然百花齐放，只有自己因为忙难得登陆。翻看“十剑”及“企业文化夜夜谈”，慨叹时光荏苒。总有一群人，在记忆深处抹不去记不起，却早已成为习惯。

隔壁传来新闻联播曲，老婆回了娘家，屋里静得出奇。憋出篇总结，题为《企业文化夜夜谈（六）潜规则的背后》。刚要发布又冷静下来，最终还是刷新了页面。有些事，当众谈起不如放在心底，自己又何必如此冲动？张维璋想完苦笑，退出 W 网，登陆许久未用的 QQ。

“呀呵！ W 网第一帅难得在线！”弥勒在大帝群艾特。“我无处不在，又从未存在！”张维璋回复。“喜欢他写推荐语的文风！”大帝像在自言自语。“我这半路出家的非职业 HR，写的都是皮毛！”张维璋客套。“啥时有空，也给咱的连载写个推荐语呗？”大帝发呲牙表情。“黎叔说了，这趟车，不打猎！”想着早上的事，自己有些溜号。“我是说真的！”退出 QQ 前，见大帝私聊说。

“钱总，您找我？”半个月后被召回上虞，张维璋顿觉别扭。“坐！”钱进库坐在老板椅上，向烟灰缸弹烟灰。“谢钱总！”已很久没这么客气，自己顿觉咫尺天涯。“我弟也该出院了！我听说，他常不按时上班？”钱进库问。“他属高管，按您吩咐，一直采用不定时工作制！”张维璋答。

[(a)]“但公司员工多，他总这么吊儿郎当，影响也不好！”钱进库说。“那您的意思

(a) 企业实行不定时工作制，必须经劳动行政部门审批（少数城市不用，如北京）；同时，公司必须与劳动者协商并达成一致，否则不得单方变更工作时间制度；此外，公司考勤制度，不适用不定时工作制员工。

是……”张维璋发扬谨慎风格，试探着问。“发份书面通知让他打卡，否则算旷工！”钱进库弹烟灰。“这……钱总，不妥吧？”张维璋迟疑了下，见他毫无表情。“不妥？什么不妥？”他将烟头摁进烟灰缸。“单方变更工作时间属劳动合同变更，未经协商无效，而且考勤制度对他也不适用，无法按旷工处理！”张维璋答道。

回市区路上，回想自己解答完，钱进库意味深长的笑。那种笑琢磨不透，既嘲讽又赞同，既无奈又蔑视。他只是表示以后再说，但以经验来讲，这又绝非他本意。他刻意绕开几天前的尴尬，自己身为下属也不想多问。正想着手机响起，张维璋瞄了眼，是钱进库办公室座机号。

“钱总，有何指示？”张维璋用蓝牙耳机接通。“刚才又想了想，这几年负责三摊也难为你了！”钱进库关心道。“没什么，趁着年轻和您多学习，也是种成长！”张维璋笑答。“那也不公平，要不法务这烂摊子交给别人？”他征求意见。“也好，谢钱总体谅！”自己嘴上及时应承，心却咯噔一下。

回家进门，一一在地板上搭积木，老婆在厨房准备晚餐。“一会儿她干妈来，说咨询你点事！”老婆取开水。“喔！”张维璋心事重重，刚换完拖鞋，手机又响起。“张哥，我朴银飞！那个，钱总让交接工作！”朴怯生生地说。“你还真……真及时！”本想指责她有心机，张维璋又咽下。

“你再说一遍！”听老婆大学学妹夏清浅描述完，张维璋说。“你没事儿吧？”老婆放下碗筷，关心地问。“你没事儿，爸爸！爸爸！”一一学话，瞬间改了语气。“没事！不好意思，你再说一遍！”张维璋摘眼镜捏鼻梁。“要不下次再说吧，你今天不在状态！”夏清浅说。

“没关系，就是公司一些破事儿，你说！”张维璋戴上眼镜。“我不是一直干出纳？元旦前我发现自己怀孕了……”她描述。“怀孕了？男孩儿女孩儿？”俩人同时兴奋地问。“还不知道呢！但检查时，医生说我体质弱，要多休息保胎，前几天公司给我发电邮，说我年后常请假，且超假不归，严重违反公司制度，即日解除合同，让我尽快办离职！”她说。“干妈，什么是保胎？”自己还未答，一一扑闪着大眼睛问。

[a]“公司打电话通知你了？”张维璋想了想，转头问她。“目前还没，不知这两天会不会打！”夏清浅如实答道。“那就拖着，别主动联系公司，也别去公司了！”张维璋说。“然后呢？拖到什么时候？早晚得解决啊！”她不明所以。“看公司态度及反应再说，兵来将挡，病来吃药！”张维璋答。

“没事吧？你不在状态清浅该多心了！”清浅走后老婆关心。“可能有些累，一会儿我先睡了！”自己不想提工作。“怀孕该四个月了，怎么一点不显怀？”老婆自言自语。“没准儿是男孩，男孩儿不显怀！”张维璋边洗漱边应声。“有可能！我怀一一那会儿，没到仨月都很大了！”老婆赞同。

“下午表弟送请柬说一个月后结婚！”自己换睡衣时，老婆说。“洪烈？”换到一半儿，张维璋停止动作，惊讶地问。“除他还有谁？我也挺意外，没听他最近处对象呢？”老婆答。“这货一定是疯了，闪婚多半没好结果！”张维璋拨通电话。“喂？表哥，这么晚还没睡？”江洪烈接得很及时，平静地问。

“认识多久就结婚？你想好了？”张维璋劈头盖脸地问。“她爸私下和她说，不想结婚还处个球？”江洪烈说。“你别听别人怎么说，主要是你自己怎么想！”张维

(a) 公司以电邮形式发解除通知，若无法证明员工确实收到邮件并了解相关内容，仲裁中多半会认为公司解除决定未送达劳动者，双方劳动关系未依法解除，将面临支付产假工资及生育费用风险。

璋提醒。“凑合吧，不讨厌就行，爱情不适合我！”他慨叹。“你既然这么说，我也没话说！别后悔就行！”自己说完挂断。

几个月后，客厅阳台茶几旁，自己边喝咖啡边享受恬静周末。表弟与唐佳倩顺利闪婚，夏清浅喜得贵子，始终未上班。老婆喜当干妈，自己也用红包贿赂来个干爹名号。她俩今天相约带孩子逛街，并说共进晚餐。生活，在受控不受控间，充满遐想地向前无限延伸。

“好久不见！”自己收回视线，手机登 Q，在大帝群打招呼。“W 网颜值担当冒泡，真难得！不像闷骚的格格！”弥勒接茬。“闷骚像冬夜雪地撒尿，做得不同但很难描述！”大帝解释。“人活着就得有点价值，闷骚也能体现价值！”格格辩解。“搬砖也体现价值，每天搬砖赚六十，且搬且珍惜！”大帝说。“捕手最近换新车，人生价值充分体现的节奏！”弥勒道。“可能眼光在哪，价值就在哪！”想到朴银飞，自己感慨无限。

“说得好深奥，给解释下这句话呗！”弥勒充满好奇。“比如女孩把苹果6s 放钢琴上，朋友说她炫富，她怎么说？钢琴八十万却只看到手机；妈妈说住五千万别墅，眼中却只有钢琴；爸爸说身价十亿却只看到别墅！”张维璋打字。“确实，高度决定眼界！”有人及时冒泡点赞。

[(a)]“能咨询个问题么？”刚要下线去买菜，有位妹子私聊。“说来听听！”张维璋耐着性子回复。“办会展招临时工，合同终止期为会展结束合法么？”她问。“合法——属以完成一定工作任务为期限的合同！”张维璋答。“明白了，谢谢捕手哥

(a) 以完成一定工作任务为期限的劳动合同，以劳动者完成某项工作之日为合同期满之日。因此，会展结束意味着合同到期终止，符合法律规定。

哥！”妹子发可爱表情。

[a]“多久没上班了？不打算去看看？”晚饭时，张维璋问夏清浅。“从怀孕算一年多了，你不说别主动联系公司么？”她问。“公司发完电邮，再没找过你？”张维璋边喝汤边问。“没找！可能觉得已履行告知义务了吧！”她揣测。“有空去趟仲裁，要求11个月工资并报销生育费！”张维璋提醒。“这样好么？对了，公司能给多少？”夏清浅说完吐舌头。“孕前六个月按最低工资80%，加产假工资和生育费！”张维璋答。

自从法务工作转给朴银飞，周末少有忙碌。以至于江洪烈约自己，也能从容不迫地答应他一起喝咖啡。三杯咖啡后，他还在絮叨，说婚结得或许有些草率。“怎么草率了？我提醒你时，你不挺满意么？”张维璋问。“她妈总干涉我俩生活，还让我交工资卡！”江洪烈异常不悦。

“有老太太帮理财，不挺好么？”张维璋劝慰。“我从小自由惯了，爸妈都不管我，凭什么？”他继续。“以前是以前现在是现在，结婚就是磨合和融合！”自己又劝。“我是娶老婆，又不是找管家！”他翻了下白眼。“日子是俩人过，不可能都随你心！”张维璋有感而发。

“她妈每次参加完婚礼，趁我不在就杀过来！”江洪烈说。“干什么？”张维璋抿了口咖啡，饶有兴致地问。“说看人家结婚，又旅行又照多贵婚纱照的！”他学话。“弟妹没上班？她妈总能找到她？”张维璋疑惑地问。“看我这情绪，有点小激动！

(a) 公司通过电邮发解除通知，很可能无法证明劳动者收到邮件并了解内容，可认为解除决定未送达，劳动关系未依法解除。又鉴于夏清浅未实际提供劳动，可按当地最低工资标准80%索要前6个月待岗工资，按原工资标准索要后5个月产假工资，并要求公司按相关规定支付生育费用。

她怀孕了！”他解释。

(a)“快俩月了！”江洪烈呷了口咖啡，语气平和地说。“够速度——闪婚又闪孕！”张维璋竖大拇指。“双方父母都催得紧！”他身不由己之情溢于言表。“倒也是，晚要不如早要！”张维璋搭话。“上月离职的，查出怀孕一个月！法律怎么说？”他问。“不得终止孕期员工合同，续签至哺乳期结束！”张维璋答。“原来是这样？”他若有所思地捏捏下巴。

正午的阳光，浓烈似高度鸡尾酒，强度、温度兼具。张维璋搅着咖啡和表弟聊天，从新婚燕尔到新面试的工作。“这么有空？”正劝慰表弟，大学同学由志先打来电话。“有事请教，老地方——来喝两杯？！”他开门见山。“好，一会儿到！”张维璋清楚，他不轻易麻烦人。

出门顿感热浪袭来，上车前又朝屋内表弟挥挥手。解放南路与钱王祠前交汇处转弯，就是 BON BON COCA 酒吧。见老同学的白途观停在门口，便知道他已提前到了。推开紧闭的红漆门，张维璋感慨世事无常，二人专业相同，自己成了四不像，他也阴差阳错成了工程师。

(b) 或是白天，偌大酒吧没有顾客，由志先坐在店中央。“什么事？这么急？”张维璋将备好的柠檬水一饮而尽。“上月员工擅自换钻头，产出不合格产品！”他描述。

(a) 《劳动合同法》规定，劳动合同期限届满，女职工在孕期、产期、哺乳期的，企业应将合同期限延续至哺乳期结束，该规定是强制性的，毫无例外。尽管唐佳倩离职时未发现自己怀孕，但事后有充分证据证明怀孕是在合同期内。

(b) 员工工作给公司造成损失，承担赔偿责任应满足三条件：一是违反企业规章制度或劳动合同约定；二是主观上对违法或违约行为存在故意或重大过失；三是给企业造成实际损失。

“损失多少钱？止损了？”将柠檬水加满，张维璋转过头问。“损失小四千，让员工按50% 赔偿！”他娓娓道来。

[a]“没有不妥，执行就行！有问题？”张维璋说完反问。“打算上月扣一千六基础上，这月再扣两百！”由志先说。“月扣除部分不应超过工资20%——咱学过！”张维璋提醒。“知识早还给老师了，不知能否退学费？”由志先玩笑道。“你上点心吧，否则违反相关规定！”自己又善意提醒。

下午四时出酒吧，太阳炙烤大地，离落山隔着很远距离。互诉衷肠总是时间短暂，畅快感也是久不曾有。白途观在骄阳下光芒刺眼，让人呼吸局促。我说我苦他道难，人生苦短，职场苦逼，且行且珍惜。路上，明媚的光从车窗斜射而入，光晕让人迷眩。

“晚饭来我家吃，有事要办！”快进小区时，江洪烈再来电话。“有事要办？”张维璋以为听错了，将车停路边，继而反问。“嗯！你赶紧来，必须有人陪我一起！”江洪烈强调。“没兴趣！我一天没在家了，你嫂子……”张维璋推脱。“痛快的赶紧来，没准儿我要离婚了！”他打断。“离婚？你……”张维璋嘴巴张大，惊讶地反问。江洪烈没再解释，当即挂断。

望着车窗外过往行人，张维璋想到徐苑《过客》的歌词——好的坏的都在过去，变成骄傲自欺的玩笑，山盟海誓褪成符号。虽不了解详情，但无非之前被伤太深，此刻又难凑合。给老婆打过电话，张维璋将车挑头，径直朝表弟家驶去。路边银杏

(a) 员工工作给公司造成损失进行赔偿时，应注意：一是企业可采取按月扣除工资形式，但每月扣除部分不得超过员工工资20%；二是扣除后的剩余部分不得低于当地最低工资标准。这也提醒HR在公司规章制度和劳动合同中写明需赔偿情形、损失计算依据与标准，事故实际发生时，及时固定和收集证据，以便事后主张赔偿有据可依。

叶或翠绿或墨绿，遮住夕阳余晖，映下斑驳的影……

“哥，你来了？”唐佳倩开门，表情略显惊讶。“我是来蹭饭的！洪烈呢？”张维璋随机应变。“洪烈，咱哥来了！”她朝屋里喊，随后钻进厨房拿碗筷。“什么离婚这那的？她不知道我来？”自己压低声问江洪烈。他用食指在唇边做个收声手势，示意坐下吃饭。刚要吃饭，唐佳倩的妈妈提着榴莲敲门，氛围瞬间别扭起来。张维璋打过招呼，勉强吃几口，随后躲进书房。

“喂？”抽出本汪国真诗集闲翻，夏清浅打来电话。“工资生育费公司如数给我了，告诉你下！”她直奔主题。“下步怎么打算？公司也待不下去了吧？”张维璋关心。“已办离职，下步？等孩子大些再说！”她答得轻松。“也好，孩子还小，没法安心工作！”张维璋附和着挂电话。

“看到没？我现在和入赘女婿差不多！”江洪烈进门抱怨。“何必在意这些？你让我来看这个？”张维璋好奇地问。“当然不是，一会儿和我去捉‘奸’！”他表情诡秘。“捉奸？捉什么奸？这话可别乱说！”张维璋惊诧。“到时就知道了！”他没再细说，燃支烟猛吸几口。

“什么破榴莲，难吃死了！”唐佳倩说完，传来“咣”的一声。“摔谁呢？反天了！”伴着唐妈声音传来两记响亮耳光。“你打死我吧！你打死我吧！”唐佳倩声嘶力竭地吼。两人同时站起，拉开房门朝客厅望——榴莲被唐佳倩扔进垃圾桶，脸被扇得红肿。表弟边瞪丈母娘，边将唐佳倩拽进书房。张维璋无奈地摇头，没想到自己在，唐妈还能动手打人。

唐佳倩捂着脸坐了会儿，随后站起身收拾东西。江洪烈没问她去哪儿？只是目送她摔门而去。见他使眼色，张维璋也尾随出门，留唐妈独自坐沙发上看电视。深沉的夜色下，闪耀万家灯火，每点光下都有喜怒哀乐。幸福都一样，不幸却各不相同——张维璋想到托尔斯泰的名言。

隔着百余米，唐佳倩边急走边打电话，丝毫没注意身后。“这不好吧？你俩是夫妻，这点信任都没有？”张维璋问。“嘘——我倒想信任，可惜她不作脸！”表弟摆出收声手势。听了这话，张维璋不知该说什么，默默跟在身后。夜色渐浓，速8酒店门口，唐佳倩和一陌生男人会面。“还真有……”张维璋有些不相信自己的眼睛。“等我，马上回来！”江洪烈朝酒店跑，张维璋没拉住。

十几分钟后，他气喘吁吁回来，表情异样。他燃上支烟，夹在两指间，张维璋不知他此时心情，便没说话。“知道多久了？”见他烟快抽完，张维璋望着酒店方向问。“一个多月前，刚想要孩子那会儿！”江洪烈吐着烟圈。“打算怎么处理？想好了？”张维璋继续问。“没想好，先捉奸！她这一家子，也是让我佩服！”江洪烈慨叹。张维璋想提当初提醒的话，又觉得他此时挺可怜。

“时间差不多了，一会儿你录像，我拍照！”他半小时后说。“不好吧？这事我没经验，帮你证明还行！”张维璋面露难色。“行，见机行事！”他不耐烦地说。想着可能遇到的尴尬局面，张维璋浑身不自在。801房间门口，江洪烈把耳朵贴在门上，静静听了一会儿。

见走廊没人，他边退后边按下录制键，抬右脚猛踹门。借惯性横起右臂，安全锁瞬间被毁，整扇门板顷刻倒地。江洪烈像头失控的狮子夺门而入，边开灯边录视频。伴着唐佳倩的尖叫和男人愤怒的叫骂，房间瞬间乱成一团。张维璋没急进去，却又回想起老板床上的朴银飞……

“唐佳倩，你可真行！”江洪烈先开口，语气轻蔑。“你谁啊？来管老子……”

男的出言不逊，顺势抢手机。“别动，再动弄死你？”江洪烈旁若无人，声嘶力竭地吼。不知是被气势盖住，还是自己吓到，男的缩回手。随即用被角遮住下体，唐佳倩仅裹着条浴巾。

“他俩两口子！你先走吧，我们有话说！”张维璋说。男的转头看唐佳倩，又抬头看江洪烈，略显迟疑。“你走吧，我是他们表哥！”秒懂他的顾及，张维璋补充。他慢慢蹭到床边，穿上贴身衣物，抱起衣裤想出门。江洪烈情绪异常激动，挥起拳头便砸，被自己及时拦下。趁这时间，男的光着脚跑出房间，一闪消失在门口。“你俩好好谈，我门口等！”张维璋说完出门。

“他是谁？什么时候开始的？”过一会儿，江洪烈压着火问。“前男友，我俩一直没断！但我妈不同意！”唐佳倩怯怯地答。“那你还和我相亲？还和我结婚？”江洪烈顿了顿，继续问。“不然呢？父母就想我结婚，那就随他们愿！”唐佳倩答。“你肚子里孩子……是谁的？”江洪烈迟疑半天才问。“我也不知道！”唐佳倩思索良久，不确定地说。“知道了！”江洪烈不再说话，转身朝门口走。

“老公，算我求你，别告诉我妈！”唐佳倩猛地下床跪地。“你既然敢做，还怕别人知道？”江洪烈冷笑着反问。“我知道错了，求你别告诉我妈！”唐佳倩抱住他大腿不放。“咱俩相识结婚就是个笑话！错误的开始和继续！”江洪烈哽咽。“我以后再也不敢了，什么都听你的！”唐佳倩抹眼泪并忏悔。“现在说这些有用么？孩子出生做 DNA 吧，然后再说！”江洪烈答。“我知道错了，我不想离婚！”唐佳倩像在自言自语。

“真打算离婚？”把唐佳倩独自留在房间，张维璋尾随他出酒店。“不然呢？本就没感情，留恋什么？”江洪烈反问。“你自己决定吧！”本想埋怨表弟选择草率，但木已成舟。“人生就是场悲剧，想要的得不到，不想要的推不掉！”江洪烈说。“还得朝前看，过去的终会过去！”张维璋宽慰道。

整个夜色，弥漫着极度沮丧且深沉的味道，让人窒息。望着表弟渐行渐远，张维璋真心感慨表弟的感情路太坎坷。顾城说，这是个流行离开的世界，但我们都不擅长告别。恋爱如同追求，却终是场赌注，所以人生有很多笃定输给未知。此间，失败的人说牺牲最大，受伤的人说爱得最深。但爱情终是相爱人最怕有情无缘，常相思却不能常相依恋……而在情场或职场，又有谁能处处春风得意、件件心想事成？

“怎么？”几天后的上午，张维璋正查看招聘网站，夏清浅打来电话。“我哥出车祸了——几个月前！本没想告诉你！”她说。“然后呢？”她说话大喘气，让张维璋的心七上八下。“我哥夏清泉，没什么学历，去年给一家新物流公司开大货，四个月前，他在高速上追尾，交管部门认定他全责，经治疗，前几天出院，报销医疗、护理、伙食等费用时，公司拒绝承担，于是申请工伤认定……”她一口气说很多。

“人无大碍就是万幸，认定完工伤走流程就行！”张维璋说。“那就好了！但公司注册时间晚于他受伤时间！”她说。“你哥发生意外时，公司还不具备用工主体资格？”张维璋问。“是！认定申请也因此无法受理，怎么办？”夏清浅很迷茫。“先提请仲裁，确认存在劳动关系再说！”张维璋建议。

“问题解决了？”刚挂断电话，老同学由志先又打进来。“解决了，不过这几天员工情绪不高！”他答。“扣工资奖金，搁你还能笑得出来？”张维璋帮分析。“也是！诶？咱大学同学聚会，你去不？”由志先饶有兴致地问。“聚会？当保安的分析世界形势，看大门的讲国家政策，卖膏药的教你养生，搞金融的怂恿你上市投资！”张维璋慨叹。“你想多了，凑个热闹而已，待着也是待着！”由志先说完挂断。

傍晚下班，人民东路与二环交叉口的交通又堵死了。拨通表弟手机又迅速挂掉，不知是否该安慰？怎样安慰？人生某些时刻充满悲伤，拼尽全力转弯直下，刻骨铭心草草收场，飞蛾扑火灰飞烟灭，进而让人置疑一切，就像此时的表弟。而我们都不该盯着人家锅盖看，毕竟锅底都是黑的。

“爸爸，给你讲个笑话呀！”进家门换拖鞋，一一指着电视。“好哇，什么笑话？我也来听听！”张维璋换完鞋转头问。“孙悟空问土地老，土地土地，我的金箍棒在哪儿？”一一说。“然后呢？”张维璋没听过，坐在沙发上好奇地问。“土地老说，大圣，棒就棒在和你的发型特别配！”她说。

“爸爸，你听过一句话么？”见张维璋没笑，一一很挫败。“什么？”张维璋正努力过滤每个字的笑点，心不在焉地反问。“上帝为你关上一扇门，就会为你打开一扇窗！”她答。“嗯，这话还是很有道理的！”张维璋应声。“我也说是，八戒丑，上帝为弥补，给他一身肉！”她说。

“业务要向日本拓，晚下班前招个日语翻译！”清晨老板说。“要得这么急？什么要求？”张维璋想到朴银飞，便只问了后句。“男女不限，能直接口语对话互译！”钱进库说完挂断。上午到公司后，张维璋把工作安排给李鸿依，让她先筛选。这工作还是有把握的，之前存货完全够用。

一上午，自己都在上虞开会，为降本增效争得面红耳赤。散会时已是十二点半，在食堂凑合吃口饭，便驱车急往回赶。凌盛大厦整栋停电，徒步爬八楼，见李鸿依盯着电脑发呆。“停多久了？什么时候来电？简历搜怎样了？”张维璋焦急地问。“你刚走就停了，说下午三点，档案库——”她没往下说。

自己当然清楚，公司庞大的档案库，只有这三台电脑能登录。“什么事？”正低头沉思，夏清浅来电话。“仲裁认定我哥和公司存在劳动关系！”她语气不开心。“然后呢？”张维璋在想档案库的事，稍显溜号。“他仲裁，要求支付赔偿金及各种费用！”她描述。

“嗯，走正规流程就行，工伤认定了？”张维璋沉思片刻问。“符合因工致残九级！两点开庭，你有空？”她问。“这——”张维璋看时间是一点四十五，想想三点才来电。“筛选完短信我，没来电及时告诉我！”张维璋交待完下楼。下午一两点的地面，烤得人睁不开眼，走几步便喘不上气。

[a] 因存在劳动关系且因工致残，仲裁委要求公司按负伤前平均工资两倍支付一次性赔偿，按规定承担各类费用，并报销工伤鉴定费，而治疗属工伤治疗期，由公司按月支付停工留薪期间工资，公司听完不服又没办法。旁听期间，挂断李鸿依几通电话，直到老板打进电话。

“小张，招聘结果怎样了？”钱进库开门见山。“钱总，不说下班前么？”张维璋看似运筹帷幄地答。“我问结果怎样了？包括过程！”钱进库步步紧逼、不同寻常。“上午一直停电，说下午三点来电！”张维璋如实答。“要是不来电呢？上午在做什么？这点事都处理不好！”他埋怨。

“是我的问题，我马上回去处理！”张维璋边说边下楼。“回去？你没在办公室？”钱进库反问。“朋友有个仲裁，我帮旁听一下，顺便把下关！”张维璋答。“小张，我怎么觉得你最近工作态度有问题呢？”他提醒。“钱总放心，晚下班前一定把人选好！”张维璋打保票。

爬上八楼，李鸿依耸肩摊手，表示依旧没电。“小张，我看你兼顾几项业务也挺累！”钱进库再来电话关心。“没什么，给您跑腿，累点也心甘！”张维璋有不祥预感。“要不把人资这块交给李鸿依？你也能稍轻松点！”他决定。“也好，相

(a) 非法用工表明企业与员工间没有合法劳动关系，同时，劳动保障部门与仲裁机构及法院对相关规定理解存在矛盾，受伤员工维权相对较难。但企业多半需承担更重赔偿责任，并将面临行政处罚。

信经这段时间历练，她能独当一面！”张维璋口不应心。

“你也别气馁，这几年够累，借此机会调整下！”钱进库安慰。“没感觉累，主要是感觉进步很大！”张维璋继续违心。“小朴是你招来的，小李是你培养的……”他夸奖。“与您关心分不开，那我下步……”张维璋酝酿半天才问。“最近股市不稳，你帮盯盘、跑跑新公司手续吧！”钱进库安排。“就这……”张维璋还未说完，他挂断电话。眺过凌盛大厦八楼的窗，天边层峦叠嶂、晚霞初现……

（十二）

◎

不为人知的密谋（2）

晚霞浅，月牙弯，隔窗俯瞰深圳万家灯火，难掩嚣喧。盯着车水马龙思索许久，于得水坐回到桌前。董事会对压缩成本催得紧，身为运营总监从未懈怠。加薪暂缓、加班费停发、保洁裁员……均已落实。但距目标还有很大空缺，于得水将烟头狠狠地摁进烟灰缸。

半月来，强化了主营业务，拓展了新兴业务，并引进支付功能，研发共享服务平台，彰显线下力量……亲历并肩作战同事离职，下属士气受挫，自己又何尝不想自私些，留住不想走的人？但履职尽责是职业经理人的必备素质。离下班还十五分钟，隔着百叶窗，工作间灯火通明。“通知大家，明天上午十点开会！”于得水拨通张鹏远分机。

回家路上有些困倦，于得水边开车边揉眼。周小平说，面对复杂时代，无法通过戳瞎眼寻求真相。一如高收入对应高强度，且要承受高压，此为职场铁律。而随处用钱的社会背景，透支健康又成常态。为让家人应急时不必捉襟见肘，累些亦能接受。

等红灯时摇开车窗，夜色下的行车灯耀眼异常。车笛声、无线广播或流行歌曲，嘈杂无序。路修得再宽，也无法阻挡拥堵来袭，这便是特区特色。于得水随车流朝前蹭，等四次灯才勉强过一个岗。二三线城市有特有的苦，但一线城市也有它独属的痛。

“到哪儿了？我和闺女等你半天了！”老婆打来电话。“还要一会到家，你俩先吃！”于得水略带歉意。“吃什么吃？早上不说好带她去姥姥家？”老婆责怪。“哦哦，想起来了，我尽快！”于得水一拍脑袋。“你这一天，工作可上心了！”老婆挂断电话。

远远望见母女俩等在小区门口，于得水鸣笛示意。“爸爸不靠谱，没灰太狼顾家！”闺女上车，撅嘴埋怨。“我的错，太忙忙忘了！”于得水示弱。“幼儿园阿姨说不靠谱被狼吃！”闺女将脸扭向窗外。“都会用靠谱了？那灰太狼是好还是坏？”于得水笑容可掬。

“这是要把年假休了？”于得水急切地证明没失忆。“刚好这几天热，顺便去陪陪老人！”老婆未斤斤计较。“休了好，这几天我接送闺女！”于得水忙讨好。“你？不敢指望，安排给她舅舅了！”老婆说。“人家现在可是老板，能有空？”于得水问，老婆没接话。

“你和人资打交道，我倒对件事挺好奇！”老婆问。“老婆大人，有何疑难杂症，不妨速速问来！”于得水打趣。“去！我们不是做服装设计？前不久招了批女模特！”老婆说。“然后呢？”于得水眼盯前方，专心开车。“其中一位上月底怀孕，前几天站台意外流产！”老婆描述。

“那……你们公司要倒霉了！”于得水熟练地超车并道。“可气的是公司竟不闻不问，说是身子虚！”老婆说。“她肯定认为工作期间流产应属工伤吧？”

于得水反问。“你怎么知道？分歧确实在这儿，你怎么看？”老婆诧异。“建议去做个检查，看与工作是否存在因果关系！”于得水建议。

[a]“以你多年经验看，会有关系？”老婆眼神透出崇拜。“孕妇最忌长时间站立，站台劳动强度大！”于得水答。“若诊断证明确实有关，下步呢？”老婆问。“拿诊断书申请工伤认定，要求按保险标准赔偿！”于得水答。“看来你有时还能派上点用场！”老婆若有所思。

下车时，老婆拿包上楼，于得水抱起后座熟睡的女儿。小区的夜灯泛着微白的光，偶有过往的车，映出略黄的晕。夏色盎然，夏夜漫长，蛾飞虫鸣，树影斑驳。进门见母女聊得正酣，便直奔卧室，将女儿放上床。随后朝厨房走，打算先填饱肚子，却见小舅子在煮面。蹇炭毕业七年，两年前做到技术副总，负责研发新产品，去年底离职，拉起几名技术单干，混得风生水起。

“你在？大晚上躲这儿吃独食？”于得水玩笑道。“最近遇到点状况，刚从法院回来，一天没吃了！”他答。“老板的世界咱不懂！什么案子？都闹到法院了？”于得水关心。“没离职时公司下发《商业秘密保护规则》，征求意见一年多，直到我离职半年才正式下发，前几天告我侵权，要求赔偿损失100万……最近一直闹心这事！”蹇炭叙述。于得水听完皱眉，没马上回应，脑子飞速运转。

(a) 根据国家相关标准，劳动强度指数与体力劳动强度成正比，劳动强度指数小于15，体力劳动强度为Ⅰ级；大于15小于20为Ⅱ级；大于20小于50为Ⅲ级。根据《劳动法》第六十、六十一、六十三条及《女职工劳动保护规定》第七条，若证明模特初孕流产与站台有关，则可要求公司按照工伤保险待遇标准支付赔偿。

[a]“也就是说，你离职后半年才生效？”于得水问。“没错！但现在产品确实与之前研发的类似！”蹇熨坦言。“和这没关系！你在法院也这么说？”于得水好奇地问。“这不在家么？最近脑子一团糨糊，还没理清！”他答。“离职时公司没采取保密措施，不侵权不赔偿！”于得水答道。

[b]上午八点半，于得水走进会议室，参加公司董事会。提前半小时上班，对自己而言，已不是什么新奇之事。办公室窗明几净，室外景色一览无余。但自己无暇欣赏，小心谨慎地汇报着压缩成本的措施及成效。“最好以经济性裁员为由，三天内交接并办手续！”有人建议。“经济性裁员有严格条件限制，硬来有风险！”于得水提醒。“那先搁置，汇报最好突出问题及下步想法！”有人打断。

[c]“还将暂时取消招聘计划，暂缓搜索引擎更新！”于得水说。“搜索引擎还是要更新，欲善其事必利其器！”有人说。“好！还想将专职法律顾问转成兼职！”于得水继续。“压缩成本成效显著，但提升盈利能力才是关键！”有人提醒。“这点我也在考虑，有些业务很有前景！”于得水试探。

“说来听听！”董事长轻易不说话，听有钱赚来了兴致。“一是请专家录微视频，

(a) 信息是否构成商业秘密，要满足秘密性、价值性及合理的保密措施等三个条件。公司下发《商业秘密保护规则》，对已离职员工不发生法律效力，同时，公司也未与蹇熨等人签署过任何保密协议，由此可认定公司实际上未对新技术采取任何保密措施，该技术不构成商业秘密。

(b) 经济性裁员限制包括：企业困难到一定程度或客观情况变化导致劳动合同无法继续履行，且满足裁减人数要求；二是企业必须提前30日通知全体员工，并报告给劳动行政部门，听取双方对裁员方案的意见。违反其一都将面临违法解除风险。

(c) 压缩经营成本途径，除停发加班费、辞退过胜劳动力、开展节约增效活动外，还可暂缓正在推进的相关业务，压缩外聘专职人员劳务费。但节流是基础，开源才是关键。

架起教与学通道！”于得水介绍。“他们有资源，咱有平台，可以一试！”在座赞叹。“二是我们服务的HR，有很多求职离职用户，可开设子频道，将高端职位推荐给需求用户，并进军企业内训业务！”于得水又说。

[a]“就像智联、无忧、猎聘那样做中介？”有人发问。“你情我愿两受益，我觉得没什么不妥！”于得水及时回应。“关键是咱人手有限，还得慢慢来！”董事长陈词。“可……说得也是！”瞥见董事长的眼神，于得水及时收口。“有些措施，你多做下属工作！”会议结束，董事长叮嘱。“大河无水小河干的道理他们都懂，谢领导关心！”于得水答。“借力打力，有时也有奇效！”董事长的话意味深长。

“郑文，头发剪这么短？”九点五十等开会，郤犨泽问。“混W网就像树叶过河，全凭这股子浪劲儿！”郑文答道。“听说最近还要裁员，说，回家打算干什么？”郤犨泽继续打趣。“老家山好水好，给人送水也能养活自己！”郑文引以为傲。“这资历、这学问，就当个送水工？”郤犨泽语气不屑。

“送水怎么了？专注解决饥渴类疑难杂症！”郑文自信满满。“你俩把徐胜华踢出群了？他向我告状了！”董青梅严肃地问。“他安慰女生‘胸大容天下’……”郑文一脸无辜地解释。“他说他漏打个‘怀’字！”董青梅笑。“他欢迎新人说‘有钱一起赚，有妹子一起玩’！”郤犨泽解释。“这话没问题呀！为什么踢人家？”身为女生，董青梅困惑道。“好吧！难道是我想多了？”郤犨泽挠后脑勺。“他除了骂自己哪句是真的？何必呢？好歹是专家！”班森禹劝。“反正本来也没什么脸皮，怕什么？”廖耀辉补刀。“既然是误会，再加回群喽！”郑文和郤犨泽异口同声。

得到董事长关心，于得水的心很暖，而众人的调侃也能影射精神状态。董事会结束后打了几通电话，既然选择了前方，便风雨兼程。既然选择继续干，就得满血

(a) 适时体恤下属难处，关心的话在适当时机说出口，不要觉得“对方心里都懂”。

复活，书还要合作出，广告还要接。刚推开门，会议室立即安静，张鹏远尾随其后。自己不喜欢这种氛围，但每每开会，大家习惯成自然。

“上次散会我说权当休会，下面复会！”于得水展开本子。偷瞄其他人，郑文鼓着腮帮子撅嘴，董青梅在捋头发，郤犨泽娴熟地转笔，廖耀辉、班森禹在窃窃私语……“经半月思考，看大家还有什么好建议？”于得水开门见山。控制着会议节奏，于得水将董事会的建议巧妙糅合其中。

“上次开会也说过，有一次外出拓展的机会！”于得水提示。大家都静等宣布，惟有郑文为输掉的赌局面露不爽。“经考虑，打算将机会留给用户，权当发福利了！”于得水宣布。尘埃落定，大家都有些心不甘，郑文嘴撅得最高。“虽不能直接参与，但还是希望大家做好后勤保障！”于得水强调。

“拓展内容、选人标准是什么？规则如何制订？”董青梅问。“董事说他安排场所，供我们进行一场真人 CS 对战！”于得水答。穿迷彩、端激光枪……很好玩的样子，为何没自己？郑文暗想。“平台忠实且优秀用户太多，选人难平衡！”郤犨泽顾虑。“13班人多难海选，14班以后用户新，组队难有默契！”于得水思索。“那只剩11班和12班了，他们注册早，彼此熟识！”董青梅分析。“每班五人，先选队长，队长定 Partner！”于得水思路渐清。

“11班无论资历能力，秉骏都当仁不让！”郤犨泽推荐。“那等讨论完你联系他！”等了一会儿，见没人反对，于得水说。“12班就复杂了，不但二货多，逗比也层出不穷！”郤犨泽摇摇头。“郑文，你好像了解得更多些，你说说！”于得水征求意见。“别选弥勒、格格和大帝就行，这仨货没一个好人！”郑文答。

“弥勒挺好哇！打卡又写文，文风活、八面玲珑！”董青梅夸赞。“他哪都好，就是女徒多，都带来观光食宿花销大！”郑文反驳道。“人无完人，不能只看差的一面，他可备选！”于得水接话。“大帝说他每天就收徒写文、炒股抄书，倒是挺闲！”董青梅说。“嗯，常陪女徒逛景点，或去杭州找格格蹭饭！”郑文补充。

“格格之前挺活跃，最近好像封笔了！”班森禹慨叹。“网上难生长流水，论坛怎培不老松？坚持需要毅力！”于得水答。“他有空就出去浪，浪完写游记，娃小老婆是吃货！”郑文挖坟。“爱玩是人的天性，贵在说走就走，他的游记耐看！”廖耀辉夸奖。“他更需要奶粉钱，奖金该能让他心动，备选吧！”于得水说。

“还有奖金？多少钱？”郑文听完热血沸腾。“拓展免费，但报名费一万，胜方每人奖两万！”于得水解释。“就是说，胜方退费用，再奖励败方报名费？”郤犨泽二次翻译。“很有意思的样子，对结果有点小期待！”郑文鼓着腮帮子。“所以要和队长说好，舍不得报名费不能报名！”于得水叮嘱。“这么多钱？他们都有班要上，我看悬！”郑文感慨。“后勤服务保障，道具装备都要花钱，你懂的！”于得水诡秘地笑。

“大帝的连载跨几个年头了？有生之年还能更完么？”郤犨泽打岔。“这厮就是傲娇腹黑的货，啥都无所谓的懒散样！”郑文评价。“靠什么不重要，重要的是人家成功了！”于得水说。按这逻辑，平台要流氓的律师、灌鸡汤的女青年多的是，郑文想。“这货一副无欲无求的死样儿，估计钱打不动！”郑文嘟囔。

[(a)]“人都有弱点，不来可以想办法，先备着！”于得水再现诡秘的笑。大家又推荐几位队长人选，均相形见绌，难达共识。“怎么样？我说了吧？除二货就逗比，难扶上墙！”郑文得意。“路飞一伙不也一样？但组合起来很灵光！”董青梅不赞同。“队还得组，要么矬子中拔高个，三选一凑合下！”郤犨泽建议。

(a) 组织活动要考虑周全，既要台上精彩纷呈，又要有保障措施。引导下属说出心中所想，可巧妙避开“独断专行”帽子。

“也行，队长就是打酱油的，不决定最终结果！”董青梅说。“但队长有权提名队友！”于得水有些犹豫。“您有更好人选？我也不想见这仨货，没有好东西！”郑文说。“看来12班队长还真难出！”于得水看时间接近中午。“不拘一格，毫无章法，没准会有大惊喜！”班森禹接话。

“别是惊吓就行！刚开始就——灭团！”郑文很不看好。“既然三选一，我推荐弥勒，脑子活、能随机应变！”董青梅建议。“这货太浪，不但容易害死自己，还可能连累队友！”郑文提醒。要不是固定在12班，出书的俩女作者倒也不错，郑文想。“‘作得欢、死得快’呗！”班森禹翻译。

“那格格呢？文风看人品，应该比较稳重、老练！”郤犨泽推荐。“可考虑，但看太监文，感觉难像许三多那样坚持到底！”郑文评价。“那只剩大帝了，没其他人选了！”廖耀辉提醒。“他行——”郑文觉得鼻孔奇痒，于是张嘴等待，打了个喷嚏。“那就他吧！小郤和小郑负责通知，散会！”于得水拍板。

郑文瞬间石化，“吗”字还未出口，硬生生咽回肚中。“算上往返五天差不多，和队长交待清楚！”于得水强调。“如果领队有不愿意参加的，该怎么办？”郤犨泽问。“来，我告诉你们，打电话时这么说……”于得水私语授意。二人会意，相继拨通俩领队电话号码。

（十三）

◎

应聘路上，怒放的紫兰花

“在哪儿？有空来交接下？”接导员电话时，訾若蓝并不意外。“好，正去图书馆，一会儿过去！”訾若蓝挂断电话，若有所思。六月中旬，武汉气温屡创新高，武大校园内外，热浪无限。徜徉在去新图书馆路上，路边节水浇灌设备发出“呲呲”声。大学生活即将结束，这也是最后一次去图书馆，訾若蓝想。

[a] 此前大型招聘，多家企业抛来橄榄枝，都被果断拒绝。公司都很好，很多同学求之不得，而自己却并不感冒。只觉得都不是自己想要的，但想要的什么样？亦没想好。或是文科生特有的浪漫情怀作祟？套用那句经典台词便是——我就职的公司将独一无二，终有一天它将为把我招走姗姗而来。

边还书边嘴角上扬，搞得管理员阿姨都莫名其妙。訾若蓝吐吐舌头，出阅览室前，瞥了眼四年来常坐的座位。出图书馆大门时热浪袭来，珞珈超市前的树蔫儿得蜷起叶片。梅园路转至枫园路，武大校园的美景，自己从不曾看厌。只是，四年前

(a) 无论应届毕业生还是职场老手，或对想要的很迷惘，但要及时弄清不想要什么？

看和此时看，风景相同，心情各异。

经济与管理学院门前没人，处处散发着离别气息。“来了？”推开办公室门，导员声音倍感亲切。“虽然不舍，但该来的终要来！”自己应道。大学刚入学，便被她选中任团支书，大二破格任学生会主席。四年关爱，外加校招占尽先机，自己对她感激不尽。

“刚好你推荐的小施也在，就算交接吧！”她话中亦透出不舍。小施本名施瑞昶，人力资源学弟，马上大二，成绩优异，组织能力强，情商高擅协调，这是推荐他接任学生会主席的原因。想着他主持大局时学长异样的表情，訾若蓝会想起当初的自己。大学生活之所以美好，是因为它的不可复制。

“下午文学院对面体育场有招聘会，你去看看？”导员建议。“好！这事总让您费心，谢啦！”訾若蓝笑得放松。“看好你，当然火力全开——好饭不怕晚！”她鼓励。“全院好几千学生，我这届就好几百……”訾若蓝不好意思。“对了，明儿上午还有个专场！”訾若蓝没说完，她补充。

想着下午要去招聘会，便来到浪漫花屋旁做头发。邻座男生满脸沮丧，留着“不等式”的潮发型。訾若蓝猜他失恋了，便摘下耳机关掉音乐，听他与大爷聊天。“家人的爱永远不变，所以得对你妈比对女友好！”大爷劝。“爱妈是爱过去，爱女友是爱希望，过去不会变！”他答。

听到这，訾若蓝猜这小屁孩是学哲学的，便更来了兴致。“过去不必费心，希望却琢磨不定，追起来才兴奋！”他补充。“琢磨不定的希望比平淡的过去好？”大爷不赞同。“以人类进步的趋势看，将来总会比现在好！”不等式力争。“那是地球还没想毁灭人类，否则不过是个玩笑！”大爷感慨。

訾若蓝不擅长逻辑推理，听得云里雾里，于是戴上耳机。同时感慨理发大爷都如此高深，难怪有被小女生表白的新闻。或许谈恋爱就像玩翘翘板，投入多的地位就低，訾若蓝想起“石头”。最初谁先追谁并不重要，重要的是后面谁比谁更不在乎失去。想起几天前他提分手的原因，竟是不能和他一起回绍兴。

唯一的解释，只能是感情没到，否则没什么能将相爱的人分开。所以，自己假装洒脱，就那么同意了，没挽留，也没哭。谈恋爱，本无谁对谁错，只有合适，或不合适。或只是相伴走过一段路，何必将纠葛做得比经过还长？出理发店时，訾若蓝这样安慰自己，却仍能听到心底清晰的塌陷。

进体育场，刚踏上绿茵茵的草地，瞬间湮没于人山人海。招聘的、应聘的、会服的、提前来感受氛围的……五颜六色的易拉宝海报，横七竖八铺桌的传单，让人压抑。穿梭于狭窄过道，訾若蓝感觉所有应聘者都像路边摊上廉价的菜，感慨“天之骄子”一去不返，还有那颤悠悠的独木桥……

绕着蛇形排，用心地从头逛到尾，依旧没有心动的菜。其间，黄冈市电视台倒是满脸严肃地问是否有意应聘主持人？自己还有这潜质？但人力资源毕业去出镜，貌似很违和。人声渐行渐远，訾若蓝心底也清楚，离校前的招聘会也没几场了。而自己还没找到好的归宿，没来得及将自己卖个好价钱。

“可有中意的？”傍晚，正在樱园吃饭，导员打来电话。“差点被拉去当主持！”訾若蓝半开玩笑。“怎么？现在庙里都流行女住持么？”她不解。“主持，主持人，电视台的，出镜播新闻那种！”自己忙解释。“哦哦，我理解错了，看来还挺抢手！”她恍然大悟。“抢手也没用，还是没把自己推销出去！”訾若蓝略伤感。“今天有位老师说，等待永远值得，对好的事物和人！”她劝慰。“哪位老师？咱院的么？”訾若蓝听着耳熟。“明天招聘专场的副总裁，来布置会场，顺便聊两句！”她答。“他说的对，只是不知我的‘意中人’在哪！”訾若蓝若有所思。

“想不想见见这位女强人？我可是极力向她推荐你！”她问。“女副总？还以为是男的！见呗，反正晚上没事！”訾若蓝答。“就知道你会见，她正在北三区的它山咖啡屋等你！”导员说。将餐盘交到回收处，訾若蓝出食堂。穿过情人坡和李达塑像，加快脚步同时，不禁揣摩女副总的容貌。

夕阳西沉，北三区附近人不多，它山咖啡只和“石头”去过两次。黑油漆栏杆，黑遮阳伞装饰，闲适的座椅茶几，处处透着小资。伞下端坐一人，背影朝外，桌边是柠檬水。那身装束有点跳脱，布裙过长且材质不高级，但适合校园。“总裁好，我是訾若蓝！”见周围没其他女士，便在她背后试探。

“您好！”对方站起转身，友好地伸出右手，声音融化万物。“赵老师？W网的大白兔赵老师？”訾若蓝不敢确信，又揉揉眼睛。“就是我喽！我在江汉区，只隔条江而已！”赵颖答道。“我可喜欢您了！看过书，通过无线广播！”訾若蓝有些语无伦次。“感谢支持！不过我这次来……坐下聊？”赵颖征求意见。

訾若蓝突然有些难为情，长久以来，自己常对追星族嗤之以鼻。总认为他们与自己无交集，何必为其那般疯狂？而刚才表现糟糕，没想到见到偶像，自己也心情如此澎湃。“小訾，我很好奇，你喜欢我什么？”赵颖问。“观点犀利、HR专家，大帝都叫您姑姑呢！”訾若兰答。

“能做学问、著书立说、推动人类进步的才叫专家！”赵颖说。“您的书也上畅销排行榜了，所以您也是！”訾若蓝接话。“我？只能算某领域有些经验，至于书，只是码过些字。”她答。“您谦虚了！大帝那种傲娇鬼都称您姑姑，定有不凡之处！”訾若蓝笑。赵颖笑了笑，没再解释，捧起柠檬水喝了口，举止优雅。

“您怎么有空来校园？”赵颖为其点了杯卡布，訾若蓝好奇地问。“来招聘哇，顺便回味下少女时代的校园情怀！”赵颖笑答。“您的声音怎么可以这么好听？

作为女生，我都醉了！”訾若蓝羡慕。“这是上天的眷顾及赐予，每个人生来都各怀优势！”赵颖说。“优势？怎么没发觉上天给我什么优势？太偏心！”訾若蓝认真道。

“这话题我曾和我侄儿探讨过，善于发现和运用便是好的！”赵颖说。“探讨过？比如呢？”訾若蓝抿了口奶味十足的卡布。“我说不擅长写代入感强的文，他建议我发挥自身优势！”赵颖答。“近来忙毕业，没怎么进 W 网，看来您和他很熟！”訾若蓝感慨。“谈不上多熟，通过两次电话，平时线上聊几句！”赵颖如实说。

[a] 听着曼托瓦尼的《秋叶》，或陶醉其中，二人陷入短暂沉默。“您职位那么高，怎么也对普通校招感兴趣？”訾若蓝好奇地问。“招聘是件性感的事，能让你接触各类人、构建发问逻辑！”她答。“我还以为高管都是宏观把控，不屑于具体去做！”訾若蓝慨叹。“高管也是从基础工作一点点提升的！”赵颖解释。

“是我想当然了，理论和实操还是有差距！”訾若蓝脸微红，略难为情。“听老师介绍了你的情况，想找个怎样的工作？”赵颖跳开话题。“没太想好！参加很多招聘会，没哪家能给我扎根的勇气！”自己答。“这时还没签的，或太差劲，或太优秀，你是后者！”赵颖评价。“两者仅一墙之隔，我只知道还没收到心仪 Offer！”訾若蓝伤感。

“明天有我们的专场，没准儿有适合你的！”赵颖鼓励。“听说了，一定去！毕竟……”訾若蓝尴尬地笑。“招聘会不多了是吧？好的事物和人，永远值得等待。”赵颖说。回想导员上午的话，蓦地记起，这话是赵老师说的。望着赵颖渐

(a) 招聘是件性感的事，与职位高低无关。它能让你与各行精英擦肩，练习多角度发问技巧，收集不同职场经历及行业信息，丰富人生阅历，成为入职员工熟识的第一人。同时，对单身 HR 而言，也可增加“艳遇”机会。

无论职位高低，近距离接触业内工作，比远程遥控指挥的效率和收获都要多很多。

行渐远，訾若蓝摇摇头，坐下喝光杯中剩余咖啡。“刚那位女士结完了，说学生都不宽裕！”訾若蓝结账，服务生说。真是体贴的人儿，訾若蓝心里暖暖的，披着夜色回寝室。

睡前手机登录 W 网，翻看几年写下的总结，收获感十足。那时刚上大学，度娘人资专业网站，注册了 W 网。昵称蓝比紫蓝，不仅因为钟情蓝色，还因与真名谐音易记。四年来，收获了很多实操经验，认识了很多有趣的人。如今，遥不可及的专家竟这么近，而面临就业又将何去何从?

打开 QQ 专家群，本想分享此次邂逅，犹豫再三并未发言。是的，自己算是理智的人，可能会头脑热，但能及时克制。所以，多半时间只看大家聊天，却极少插言。“昨天接格格电话，说朋友有个工程！”弥勒在群中说。“他不是做猎头？转行了？”群旦妹子问。

“四个标直接进场施工，还剩个标段，问我做不？”弥勒描述。“看起来能赚钱，他又不会坑你！”妹子进入无脑模式。“我问好不好收款？他说好收，不垫资，现场结算！”弥勒说。“这样的工程现在很难标，抓住机会呀！”妹子鼓励。“我担心被骗，给这货打电话确认，他说没错！”弥勒继续。“抓紧去吧，有钱不赚非君子！”妹子开始太监急。“按约定赶去，一进屋就哭了，打麻将——三缺一！”弥勒说。

“入职发现合同无休假和社会保险等条款，怎么破？”有人问。“这位施主，慢慢道来！”弥勒一本正经。“施主是女的慢慢说，他定解答，男的就免了！”大帝补刀。“滚！哪儿都有你！无论男女，我都答！”弥勒解释。“定是以迅雷不及掩耳盗铃之势，看过人家资料了！”大帝猜。

[a]“那个，能视同未订立合同要求双倍工资？”提问者怯怯地问。“缺必备条款不代表未订立合同，要看实际伤害！”弥勒答。“原来是这样，谢谢徐老师！”提问者开心致谢。正因有这样一群温暖的人，才使自己对人力资源专业充满信心。也正因这群有趣的人，让自己觉得职场生活不会太糟糕。

枫十三舍紧邻院部，是四年上课不迟到的重要原因。清晨，訾若蓝不愿睁眼，因为睁眼，就意味着距离校又近一天。但又睡不着，毕业前太多事，比如退卡、参加招聘会……仨室友人去楼空，一位考研、俩早签了如意“郎君”。跑步、洗漱、吃早餐后回寝室坐着，静待阶梯教室开门。

上午八点半，院部门口，导员站在阳光里。“加油，看好你！”擦肩而过，拍拍肩膀，却传来莫大勇气。一楼大厅，工作人员穿梭络绎，让自己忆起学生会工作的充实。易拉宝错落有致，宣传海报恰到好处，教室门口有登记人员。商务管理公司，还兼顾投资、技术引进等，訾若蓝接过传单。

阶梯教室没想象中的人满为患，或是该签的都签完了。正常套路，介绍概况、发展前景、招聘职位、晋升空间……赵老师一直坐在首排，表情无喜无忧。每次专场，薪酬都在最后，像块扯不下的遮羞布。但这次，大家貌似很难安静地坚持到最后，有人开始私语。

赵颖似乎也察觉到，于是抬手示意，宣讲被临时打断。众目睽睽下，她走上讲台，示意下属先休息下。“我曾问一位求职者，为何从上家公司离职？他委屈地说：请三天假赶上公司搬家，没人告诉她新地址！”赵颖语出惊人。大家不再交头接耳，静待她揭开谜底。

(a) 根据《劳动合同法》第81条，劳动合同欠缺必备条款，不等于未与劳动者订立书面合同，但若造成实际损害，可要求企业赔偿。为此，HR应遵守必备条款中法律法规的强制性和禁止性规定，以免承担违法导致合同无效的不利法律后果。

[a] 赵颖没急着往下说，精致的低胸墨绿吊带搭白色开衫，尽显优雅。“这就像我们的人生，有太多抛弃被抛弃，告知不被告知！”她说。“这大姐突然上来诗朗诵，想说什么？”身后男生低语。“我们一直在路上，不知红灯亮起时间、绿灯相逢何处！”赵颖继续。“谁知道呢？声音真好听，媚而不妖，听听再说！”有人答。“所以说，不确定是职场大课题，想挑战请放马过来！”赵颖扣题。伴着一阵掌声，她走下宣讲台。

专场尾声，大家纷纷递交简历，随后离场。訾若蓝坐在座位上，望着宣讲台前赵颖帮下属收简历。赵颖不经意回头，二人对视一笑。“分公司成立，招的人多些！还有，我缺个助手，来么？”赵颖问。“有！”像钟子期遇到俞伯牙，訾若蓝说完脸红。

几天后，蔡甸区汉阳大街，訾若蓝轻松找到公司。前台很热情，直接带到人力资源部。“赵总虽没在，但她有交代！”HRM笑盈盈地说。“交代？”訾若蓝见她将入职须知铺在桌上。“看看清楚，有没有问题？欢迎加入我们！”她叮嘱。

[b] 这回要动真格了么？盯着须知看，訾若蓝心情复杂。“工作地点除武汉，还可能在绍兴、郑州和新疆？”訾若蓝诧异。“嗯！赵总没和您说？要开分公司！”HRM依然笑容可掬。“确实提起过，但没说哪些城市？”訾若蓝有些难为情。“新疆还未定！”见有绍兴，便又想起“石头”。“我……也可能去其他城市？”訾若蓝迟疑地试探。“赵总说招您当助手，没特殊情况应该不会！”訾若蓝听完舒口气。

(a) 校招宣讲，贵在专业性，胜在出奇兵。若全按常规套路，很难吸引听众眼球，能直抵听众心底，一语中的生共鸣，才是极好。

(b)《劳动合同法》已将“工作地点”定为必备条款，据此，用人单位对其约定应是明确的。为此，建议至少细化到城市，且在劳动合同中依据业务及岗位特殊性，同时约定几个工作地点，并要求劳动者签合同时予以确认。

[a]“仔细看过了，没什么异议！”过一会儿，訾若蓝转身说。“好，这个请您拿好！”HRM递过盖着公章的录用通知书。通知书一式两份，写明了职位、月薪标准、福利及报到时间。“准时来报到就行，这是赵总名片！”HRM郑重递过。訾若蓝礼貌地接过，快速扫了眼，只看清5520的手机尾号。

“能参观下赵总办公室么？”訾若蓝试探着问。“赵总不在！嗯——好吧！”HRM面露难色，终究还是答应。不愧是上市公司、独立办公室——窗明几净高大上。桌上文件摆放整齐，鞋跟接触地板，訾若蓝小心翼翼。显示器旁，叠放着几本她的新书，椅旁隐蔽处埋着零食。

回学校路上，訾若蓝心情舒畅，像路边怒放的紫兰花。请导员吃饭、回家陪父母……还半个月报到，心中开始规划日程。266路转4号线时，路旁树叶间洒下细碎的光，自己顿觉暖暖。有了“如意郎君”，毕业季就不局促了，甚至有些慵懒。然后做什么？然后然后做什么？訾若蓝嘴角上扬，开心着自己的开心。

“若蓝么？”下了817路公交，进武大校门，学姐来电话。崔扶尧，大两届计算机系学姐，毕业去快销网站做IT。当时能接任校社联负责人，也多亏她大力提携、引荐。自己至今也没搞懂，艳压群芳的她，为何会选枯燥的IT业。“学姐，好久不见，最近还好么？”訾若蓝关心地问。“嗯，一晃两年了！你也快毕业了吧？有没有小伤感？”她反问。“有点！大学生活还没过够，却已匆匆而逝！”自己实话实说。

“调整需要时间，对于适应职场，有人快有人慢！”崔扶尧说。“也知道不能永恒，但总觉还长，现在看也没那么长！”訾若蓝感慨。“对了，我离职了！但有问题

(a) 合同订立必须经“要约”和“承诺”俩程序，“要约”是指合同内容具体确定，且要约人受其约束；“承诺”是指受要约人同意要约内容。公司方将内容具体确定的要约（录取通知书）发给訾若蓝，只要如期报到，就表明双方就其内容达成合意，该合意对双方均有法律约束力。

想和你请教下！”她转移话题。“学姐你说，别客气，看我能帮上什么！”訾若蓝客套道。“我毕业那会儿，签了家网站，当时合同期三年！”崔扶尧描述。

[a]“没记错的话，当时您第一个签的，很多人羡慕！”訾若蓝接话。“但上月中旬，我因个人原因提交了书面辞职申请！”她继续。“啊？干得好好的……怎么离职？”訾若蓝惊讶之余，好奇地问。“打算出国定居！但公司不同意，也不给我办手续！”她坦言。“申请辞职至现在，有一个月了么？”訾若蓝抓住关键。“三十五天！我学计算机，对人资一窍不通……”她恳求。“可仲裁，要求出具解除劳动合同证明，办离职手续！”訾若蓝答。

(a)《劳动合同法》规定，员工辞职提前30天以书面形式通知企业即可，无需其批准同意，企业应及时为其办离职和退工手续，否则将承担不利法律后果。

（十四）

◎

虽是埋雷，但为救你

挂了电话，林泉的心情如破晓前忽然熄灭的路灯。六月初，南宁的傍晚有些闷热，伴着空气中潮湿的味道。渐渐趋暗的夜幕，笼住少数民族文化点缀的城，车流穿梭其间。青竹立交横在南湖清秀湖公园间，人民公园的炮台被夜吞噬。南宁有老友面、八宝饭、柠檬鸭、酸嘢品，王府牛杂享誉中外。赛龙舟、抢花炮、板鞋舞、抢糍粑、打磨秋等风俗更具特色。将车停在广播电台楼下，望着不远处的福彩大厦，林泉表情麻木。

刚副总山容锦说自己不胜任 HRM 工作，决定调自己去干监理。七年了，从实习生到技术员，再到人资主管、经理，林泉暗笑。当初老板聂景宏面试，最看好自己二建和人资双证在手。几年摸爬滚打，终不负所望，除自身努力，也离不开他的提携。但不知山总这是唱哪出？平时与他并无冲突，为何突然将此一军？

[a] 聂总接管建昶是子承父业，不知他是否知晓此事？交通广播中，主持人曲奈

(a) 用人单位虽有权调岗不胜任工作的员工，但调岗必须有充分的合理性，若调岗后与之前岗位缺乏关联，则调岗无效。

绪谈吐幽默风趣。林泉燃支烟，回想刚才山总的话，感觉前因后果欠缺逻辑。虽清楚他凭这通电话就想调岗有多法盲，但也不想把事闹大。明天上班探探聂总口风再说，没准儿有误会，林泉想。

六点钟，曲奈绪主持结束，十五分钟后下楼。“还是你这工作好，每天半小时，老婆不查岗！”林泉羡慕。“逗听众笑最难，搞笑——我们是认真的！”曲奈绪答。“也是，但至少你老婆没查过岗！”林泉慨叹。“有必要么？准时打开收音机就行！”曲奈绪苦笑。

“叫上你老婆，一起去吃生榨米粉？”林泉启动车子。“她正上瑜伽课，一会儿肚皮舞，然后赶回家直播！”曲奈绪笑。当初刚认识曲奈绪，王若诗便兼职做网络女主播，林泉回想。声名鹊起收入骤增后，索性离职做专职，每次几千粉丝。收入提升同时，愈发感觉能力单一，于是只要闲暇便不停充电。

“上节目的精神呢？”车驶上鲤湾路，见他一脸倦容，林泉问。“那是为混口饭吃强颜欢笑！活着都不容易！”曲奈绪望向窗外。路边摊贩开始活跃，各类烧烤、小吃、杂货，拥挤如工蚁。保持平常心，才能应对起伏的情绪，横穿民族大道时，林泉想。星湖路北二里街区，有烤鱼火锅吊烧粉，生榨米粉是一绝。

米粉店门口停好车，曲奈绪刚要下车，却被林泉拽住。“我赌会撞后面电线杆！”马路对面，Cayenne SUV 正在倒车。“那么远，怎么会？”曲奈绪目测完距离说。“赌今晚饭钱，给我儿子打包一份！”林泉边补充边坏笑。“赌就赌，你肯定……”曲奈绪没说完，凯宴一脚油门撞个正着。

米粉店旁的屈臣氏，正播放董贞的《朱砂泪》。林泉独喜那句——姗姗雁字去又回，荼蘼花开无由醉。“没听你说苦情戏，今晚为何这副死样？”两人坐下等餐。“一前辈工作多年，年轻时录户外节目负伤！”曲奈绪描述。“你们不配画面，摔伤不影响播音！”林泉边喝茶边说。“关键是影响了声带，出院后便被调岗到后勤！”曲奈绪补充。“还有这种事？”林泉好奇他摔倒的姿势。

“去年五月，又续签三年合同！”曲奈绪喝口茶继续。“你们电台还算有良心，没卸磨杀驴！”林泉点头称赞。“但这两天发现满10年，他想签无固定期限合同！”曲奈绪说。“电台同意变更合同期限？”林泉没参与意见，反问道。“说变更和续签一样，应协商一致，暂不同意！”曲奈绪答。

[a]“你怎么看？是不有点蛮不讲理？”见林泉没吱声，他问。“员工提没错，单位不同意也合理，但早晚得续订！”林泉说。“早晚都得续订，单位这样拖有意思么？”曲奈绪好奇。“可能想等合同期满吧！跑不了，否则违法！”林泉解释。“是这样？看来你人资证没白考！”服务员上米粉，曲奈绪慨叹。

刚吃一口，林泉顿觉不逊蒲庙镇的味儿：软滑香，且微酸。“前辈虽因调岗收入减少，但他依旧乐此不疲！”曲奈绪说。“所以说，有时幸福感与金钱不成正比！”林泉补充。“私人订制不也说，穷人想赚的钱是富豪要还银行的？”曲奈绪说。“从这点看，咱活得还挺潇洒的，虽有些‘阿Q’！”林泉笑道。

作为南宁屈指可数的建设工程监理公司，建昶人际关系错综复杂。总经理聂景宏子承父业屹立不倒，也是长袖善舞的人物。在林泉个人看来，他显示出了足以让员工欣慰的大度和胸怀。清晨上班，林泉拿着两盒好茶，朝他办公室走。职场凶险，很多人命运脱手，这话乍听拗口，细思极恐。

(a)《劳动合同法》第十四条规定，用人单位订立无固定期限劳动合同的时间，只能是双方续订或订立劳动合同时，即：若合同履行期间，劳动者连续工作满十年，双方协商一致可变更合同期限；若用人单位不同意，则可继续履行原合同，到期后劳动者提出续订无固定期限合同，用人单位不得拒绝。

“朋友送的，聂总尝尝！”摸着兜里的票根，林泉顿觉自己虚伪。“人家送你的，我怎好夺爱？快拿回去！”聂景宏站身摆手。“聂总，我对茶艺研究不够深，别喝糟蹋了！”林泉又朝他身前推。“小林呐，咱都不是外人，又让你破费不是？”聂景宏没再推辞。“哪里！还得感谢您这些年的栽培！”林泉将话题引上正路。

“谈不上，谈不上！是你自己用心！”聂景宏将皮球踢回。“马再能跑，不也得有伯乐？”林泉说完，见他嘴角挂着笑。“公司想跨越式发展，也需要你这样肯拼搏的人！”聂景宏接话。“我会继续努力！对了，我调岗后接替者到位了？”林泉尽量自然。“这事是山副总安排的，你先委屈下，我不会亏待你！”他答。

听了聂总的答复，林泉心里不是滋味。草草应付几句出门，窗外晨雾托着阴霾，自己的心能拧出水。本以为山容锦想搞暗箱操作，如此看来，他已打好招呼。非但如此，貌似也得到了默许，难怪如此肆无忌惮。自己只知道要被调岗，却不知问题出在哪儿？

正望着窗外出神，手机响起，因心情糟糕，林泉并未看来电。“林泉么？我是门彤颖！”听到这声音，心还是一颤。作为暗恋四年的梦中情人，未曾想，她毕业就去了上海。更没想到的是，她选了份与专业毫无关联的 Java 后端工作。女生当程序员，每天面对代码和后台，林泉不懂。

“怎么想起给我打电话？”虽心情极差，林泉尽量打起精神。“听说你现在混得不错，都当部门经理了？”门彤颖语气略带羡慕。“和程序员比不了，稀缺资源！”林泉不知是佩服还是挖苦。“想咨询个专业问题，能帮解答下么？”她自顾自地说。“其实我也没你想的那么专业，不一定懂！”林泉先找好台阶。

“当初签工作，公司还签了份《竞业限制协议》！”门彤颖描述。“约定了哪些内容？”林泉顿时专业起来。“离职一年内不得入职同行业或有竞争关系的公司！”她答。“嗯！很多技术岗都有这类协议要签！”林泉慨叹。“还说离职每月有一千补偿，违约金五万！”门彤颖补充。

[a]“反正你又没离职，该签签呗，走形式而已！”林泉劝道。“但我几个月前离职了，并未收到补偿！”她沮丧地说。“民企就这样，让员工履行义务，却不想负责任！”林泉慨叹。“得知我新入职，还让我履行协议，否则赔钱！”她委屈道。“它没支付补偿金，无权要求你履行协议！”林泉答。

想起大学生活的无忧无虑，林泉笑自己火烧眉毛，还给人家出主意。“林经理，任春秋在咱部门办公？”下属王晓琳在身后问。他不是竞争失利去一线“锻炼”了么？林泉惊讶之余暗自想。看来是山容锦使绊子，这胖子向来对自己口蜜腹剑。山容锦在走廊尽头闪过，平日肥胖的身躯此时走得异常稳健。“走，去看看！”林泉转过身，朝王晓琳摆手，顺着楼梯朝下走。她也朝走廊尽头瞥了眼，吐吐舌头没说话。

任春秋懒散地喝茶、翻杂志，二人推门而入。“这不林经理么？一段时间没见部门又壮大不少哇？”他起身。“领导愈发重视不是？任兄今儿这么有空？”林泉似笑非笑。“这不嘛，山副总让我来接替你！”任春秋依然笑。林泉心里咯噔一声，想来真是“先胖不算胖，后胖压塌炕”。

自己没急着收拾东西，将头靠向椅背，疲惫地转向窗边。从玻璃上看，里面的人很陌生，回忆往事，有撕扯的痛。林泉冲那张脸点了点，随后站起身，不再看它。桌上有不久前青年员工职业生涯规划的实施方案。我们永远不知道，明天和意外哪

(a) 竞业限制协议有效存续前提，是用人单位根据公平原则支付补偿，未支付的，协议无法律约束力，劳动者可自由选择职业。

个先来，林泉苦笑着将其扔进纸篓。

六月海口热成狗，服务员上菜，林泉计算着被“发配”多少天？身旁献殷勤的是物资供应经理赵海清和施工经理李树忠。几天前刚下飞机，就被他俩拉去尝海南特色。多日相处下来，对他俩也有了些了解。赵海清圆滑世故，李树忠沉稳憨厚，均从基层一步步爬上来。

风餐露宿的监理生涯望不到头，自己也不想看起来太不合群。但凡业务过得去，就做个顺水人情，也懒得去得罪人。而这边施工环境却令人咋舌，随便哪天车表温度都上四十。工人披着皮制防护焊管道，间歇脱下通风，皮肤均红肿。惬意时刻莫过晚餐，有凉风，却无骄阳。

“林总瞧这道菜，保你吃完还想吃！”赵海清介绍。服务员放下盘子，林泉见是一大盘黑糊糊的青蛙。“这……”想家人的思绪被打断，林泉嘀咕这能吃么？“青蒸牛蛙，大补啊！”赵海清顺手抓起一只放入林泉碗中。林泉用筷子拨弄，见它通体黑亮，肚子白鼓鼓的，未开肠破肚。

林泉恶心得捂嘴，差点吐碗里，又要装出若无其事。“听说林总之前一直坐办公室？专管招人？”赵海清好奇地问。“叫小林就行！招人确实负责过一阵子！”林泉如实答。“监理嘛，我们得罪不起，还是叫林总吧！”李树忠满脸堆着笑。“我有个事儿想请教下您！”赵海清咬破牛蛙肚皮。“何必客气？都是兄弟！”见他吮着五脏六腑，林泉不禁捂嘴。他却依旧吃得津津有味，最后一股脑塞进口中。

[a]“我一工友曾因个人原因连续旷工近半年！”赵海清抹抹嘴。“这么久？总部该除名了吧？”林泉喝茶。“并没！但养老保险停缴，他回来急了！”赵海清递过支中华。“还想让上边补缴？大概多少钱？”林泉猜测。“三千左右，但公司让自己承担！”赵海清又扯过只牛蛙。“既然未及时除名，仲裁也会让公司承担应缴部分！”林泉答。“是这样？看，专业的就是不一样！”赵海清举杯敬酒。

“聊什么？这么起劲儿？”去卫生间的李树忠推门而入。“交流交流！林总果然一专多能，大将风范！”赵海清起身去厕所。“林总，我们干得还行吧？”李树忠小心翼翼地试探。“您现场督战，亲历亲为，差不了！”林泉笑言。“拿下这工程得亏聂总照顾，有机会一定谢他！”李树忠堆着笑。

“这几年我也喜得聂总提拔照顾！”林泉深觉言不由衷。“前段儿工人违章作业，手脚粉碎性骨折！”李树忠吸烟。“没生命危险吧？管这么严还顶风上？”林泉边喝菌汤边问。“百密一疏哇，他要求享受工伤待遇，我正为这闹心！”李树忠说。“闹心？按流程走呗！莫不是……没上保险？”林泉表情僵化。

[b]“怎么会？咱也是正规企业！该交的都有！”他言语激动。“李总，怎么觉得您心气儿不顺呢？”林泉问。“蓄意违章受伤致残算工伤？我是看哥们儿感情！”李树忠不解。“工伤认定不看责任在谁，工作中造成职业伤害就算！”林泉解释。“也

(a) 只要建立劳动关系并依法存续，用人单位和员工就应承担法定缴费义务，且不能以员工存在过错而免除。员工若“玩失踪”,HR 应及时处理，若决定解除劳动合同，应第一时间将决定通知送达本人，送达后才能停缴社保。

(b) 工伤认定遵循无过错补偿原则，即：只要履行工作职责过程中发生职业伤害，无论责任由企业、职工、第三方引起，也无论企业在引起事故上有无过错，受伤害的劳动者主观上有无过失，均应认定为工伤，企业都应承担工伤待遇给付。

太霸王条款了，我这大老粗不懂！”李树忠忿忿地说。

[a]“最近申请建筑行业质量体系认证，上面想瞒报！”他吃口菜。“最好受伤一个月内申报，员工自己也能报！”林泉答。“不说超一个月，企业无权申报么？”他喝茶，好奇地问。“一定是理解偏差，超一个月也能报！”林泉说。“那没及时申报呢？”李树忠继续问。“承担此间符合工伤待遇的费用，即便有工伤保险！”林泉答。“聊什么？这么起劲儿？”赵海清推门而入，李树忠点点头不再说。

“我刚又点了个特色菜，一会儿上！”赵海清神秘地说。一盘青蛙已让自己吃不消，林泉不知他又点了什么？“您是人资工程两不误、茅台在腰间、中华在胸口！”赵海清夸道。“能聚一块儿就是缘，走一个！”林泉说完，半杯白酒入喉。酒性极烈，直抵小腹，继而返上咽喉，冲上脸颊。

“铁锅炖鱼，几位慢用！”店里伙计上菜。鱼头鱼尾悬在锅壁两侧，鱼身满浸于铁锅中，汤料沸腾。眨眼间，鱼嘴张合鱼尾摆动，林泉以为是错觉，拼命揉眼。“活鱼味儿才鲜，厨艺真绝！”像猜出心思，赵海清说。二人筷箸直奔鱼腹，林泉想着某天，人类是否也会遭此酷刑？天总要黑，债终要还，物竞天择，天理循环。饭罢两人张罗去K歌，林泉摸摸饥肠辘辘的肚子，婉言谢绝。

烈日炙烤红土，地表氤氲升腾，车表温度直逼五十度。林泉关掉空调下车，热浪直袭面门，赶忙躲到树下。透过枝叶仰望太阳，圆盘轮廓清晰可见，却有没一丝风吹过。这棵菠萝蜜树，主干有海碗粗，枝桠上挂着长圆形青果。不远处焊花四溅，

(a) 根据《工伤保险条例》规定，工伤发生后，企业应在30日内向劳动保障行政部门提出认定申请；同时，超过30天后，企业仍有权申报，但此间发生的符合工伤待遇的费用，均由用人单位负担，无法从工伤保险基金中报销。此外，企业不能因已缴纳工伤保险，就不再承担任何工伤待遇给付。

林泉盘算着时间，来海南也快一个月了。

隔着蒿草，远处的五菱宏光渐驶渐近，是来送饭的。后门缓缓抬起，里面摆满大水桶。土豆炖排骨、苦瓜炒鸡蛋、白菜炖豆腐、素炒土豆丝。工友抄起饭盒打足饭菜，或站或蹲吃得香。林佩服大家的食量，为家人也都不容易。

“一个多月了吧？什么时候回趟家？”弟弟林枫来电话。“正施工，脱不开身！怎么？家有事？”林泉问。“没大事！只是嫂子一人带孩子……”林枫好意提醒。“暂时只能这样了，除非换工作重新开始！”林泉想了想。“公司怎么把你流放到那种鸟不拉屎的地儿？”林枫问。

“凡事有因才有果，挺过这段时间再说吧！”林泉无奈。“前几天审核出错，我这出纳可能要……”林枫委屈。“你不一直干得挺好么？怎么突然来这一句？”林泉惊讶。“给同事多报了六元打车费，便说我弄虚作假！”林枫无奈。“六块钱？这也要小题大做？公司怎么想的？”林泉问。

[(a)]“说错误性质严重，按公司制度解除合同！”林枫描述。“公司对‘严重违纪’有明确界定？”林泉问。“这仔细看过，确实没提及具体金额！”林枫确定。“去仲裁，说公司违法解除合同，索要赔偿金！”林泉说。“只能死马当活马医，先试试再说！”林枫嘟囔。

HR自觉很聪明，出来忽悠外行人，这让自己气愤不已。如此拿别人岗位不当回事，就该给点教训，林泉想。心情难平复，闷热又烦躁，林泉戴上安全帽，去做

(a) 根据《劳动合同法》第39条规定，用人单位可以以“严重违反规章制度”为由与任何员工解除劳动合同，包括处于患病期、孕期、产期、哺乳期员工，但必须在规定制度中细化“严重违反”的具体行为。

焊口探伤。“焊条压低，确保焊口没气孔、夹杂、咬边！”林泉嘱咐。上百米长的壕沟，挖出的土方既湿又软，很难走快。

重新钻回车里开空调，凉气瞬间袭来。望着窗外，林泉回想《求求你表扬我》中幸福的定义。随后拿出手机登 W 网，看是否有熟识的人发文。2011年注册后，交流经验、结交朋友，相谈甚欢。只是老友相继潜水，一代代新人换了旧人。

就像《死神》中的巴温特种族，看惯人来人往，容易麻木。这也是基本不再写文的原因，不过幸好交流群还在。林泉点开 QQ 群，见大家正聊得火热。“徐老师抄完书，又该准备晚饭食材了！”大帝调侃。“谁说的？继续考科三！几次都没过的节奏！”徐胜华回应。“女徒收多了，患上了间接影响感官判断综合征！”格格补刀。“滚！但教练确实问过我，是怕考过买不起车么？”徐胜华慨叹。

“我猜你是不肯为驾照，放弃练车的女生！”大帝揣测。“你怎么去驾校？坐车不担心继续胖下去么？”格格提醒。“你才胖，你全家都胖！我体重很正常！”徐胜华情绪激动。“上次见你胳膊上纹‘小青’，问是谁还不肯说！”格格爆料。“鲁迅说沉默是最高的轻蔑，不解释的节奏！”徐胜华引用。“现在才明白那是‘情’字——你胖了！”格格补刀。“事实胜于雄辩，不扯了，科目三走起的节奏！”徐胜华忙下线。

“女人怀孕真矫情，葡萄买来又要吃荔枝！”格格慨叹。“比我那时好狠多了，我老婆说想吃火车上的盒饭！”林泉回复。“听说大帝坐火车，有妹子靠他肩膀睡着过？”海边冒泡。“快讲讲！”群里瞬间多人追问，孕妇话题迅速被埋。“他将矿泉水倒进瓶盖，顺着肩膀流下去！”海边绘声绘色。

“然后叫妹子说打扰了，但你这口水貌似忍不住了！”海边呲牙。“反客为主么？这也行？然后呢？”群内七嘴八舌。“妹子脸红道歉留电话，说帮洗衣服！”海边送佛送到西。“我给你们绸缎，你们送我白绫，早已习惯！”大帝表无辜。“闺女夸我睡前故事讲得好，我说能做都为她做！”张维璋说。“模范好爸爸，怎么没上《爸爸去哪儿》呢？”格格话中透着酸。“只是昨晚，她抚着我喉结，让我把它咽下去！”张维璋说。

“各位大神，请问如何激励员工正点上班？”有人问。“这话题聊过了，可回翻聊天记录！”格格提醒。“若40名员工，38个免费车位，俩收费的！”大帝建议。“这主意不错，万一有不开车的呢？”提问者信以为真。“玩笑话别当真，绩效考核辅以人性管理才好！”大帝解释。

[a]“签两年合同，提供出国深造半年机会，约定三年服务期，合同期满见能力不强想终止合同，但有服务期未履行，要求返还剩余服务期费用，合理么？”又有人问。“终止到期合同，就不得追索剩余服务期赔偿责任！”林泉答。“最好明确合同期满、服务期未满可终止合同！”大帝补充。“原来是这样！感谢精彩、悉心解答！”提问者道谢。缘起缘灭，筵席终须散，多年后回想，是否怀念？

工程仍在继续，白天尘砂满天，夜晚虫鸣蚊咬，无躲无藏。晚上吃完饭，窝在木床上，林泉摆弄手机。工棚外，工友纳凉打牌，大黑狗不时叫两声。透过挂满灰的窗，树影摇曳，树叶被风带得沙沙响。孙悟空被压五行山下的画面，在林泉脑海中逐一闪过。

“什么事儿？”手机响，见是曲奈绪，林泉接通电话。“怎么？还在那鸟不拉屎的地儿硬抗呢？”曲奈绪半开玩笑。“天将降大任于斯人也，必先苦其心志！”林泉

(a) 服务期是用人单位以给付一定培训费为代价，要求接受对价的劳动者为用人单位提供相应服务的约定。用人单位依约支付相应对价后，是否要求劳动者提供服务则成为用人单位的权利，可依据实际情况决定是否放弃。

自嘲。“得，你慢慢苦！我老婆想学沙画，有推荐么？”他问。“蓝翔啊！山东蓝翔，没有它教不了的！”林泉信手拈来。

“HR也并非万能，怎么突然想学这个？”林泉好奇地问。“现在网络女主播也难当，得尽量满足粉丝！”曲奈绪感慨。“沙画得借助水平面，直播怎么施展？”林泉突然想到。“技多不压身，先学会再说！什么时候回？”他问。“还没定，先不说了，再联系！”林泉感觉有蚊子叮小腿。

“林经理还好？”林泉正在驱虫，王晓琳又打进电话。“别叫林经理啦！过去时了，这边和南宁没区别！”林泉笑答。想这妮子也算够意思，自己被“发配”，还能关心下。“在我这你永远是上司！还记得你招我进公司……”王晓琳说。“你优秀才脱颖而出，换别人也会选你！”林泉如实说。

“唉！你不在这些日子，任春秋可把我们折腾惨了！”她告状。“折腾不至于吧？他对人资还是了解些的！”林泉直言。“关键是，他小事不爱管，大事管不了！”她总结。“比如呢？”林泉好奇地问。“每天准时给花浇水，打印机填满纸……”她如数家珍。

“他让我通知你，周五一起去招聘！”王晓琳话锋急转。“招聘不归他负责么？还拽上我？”林泉好奇地问。“他才没这么好心，据说是聂总的意思！”她神秘道。“在哪汇合？提前准备什么？着装有要求？”林泉细问。“中山大学进北门右转，科技文化交流中心401！”王晓琳答。

聂总让自己站好队？还是别脱离人资工作？任春秋怎么想？会不会中途使绊子，让自己当众出丑？自己被“发配”，与山容锦关系莫大，他又怎么想？聂景宏、山容锦是俩派系，聂总对他俩的表现又怎么看？林泉脑子乱成一团麻，翻来覆去睡不着。

校招并未像想的那般复杂，林泉按常规提前到场。除开始前和任春秋的话语博弈，全程都没用自己说半个字。林泉倒未觉不适应，反庆幸不在其位不谋其政。中山大学北门，目送众人坐车渐行渐远，林泉有些失落。想闲来无事，便想去拜访下施工方，顺便休憩三天。

“林经理，您在哪儿？”第四天刚回工地，王晓琳打来电话。“我刚回工地，怎么？”林泉边脱外衣边问。“这几天电话总打不通，去哪了啊？”她焦急且关切。“拜访施工方，便于开展工作！和山副总汇报过！”林泉答。“任春秋说您旷工三天严重违反制度，已下解聘通知！”她说。“我去，几天没见就……够狠！够狠！”林泉冷笑着挂断。木桌上躺着顺丰快递，自己缓缓拆开，阅读通知内容。

[a] 十几天后，林泉在仲裁厅内应对自如，这场面自己见得多了。任春秋强调自己借校招在外多逗留三天，已构成连续旷工事实。林泉解释去拜访施工方，且与山副总请示过，得到了准许。仲裁委经审理，认定不构成连续旷工，要求公司撤销解聘决定。林泉舒口气，出门前见他面色难看地和山容锦通电话。

出了仲裁院，想着很久没见聂总了，便叫了出租回公司。东葛路左转是望园路，尽头右转是茶花园路。车沿南湖一路朝南，因为空气好，多个高档小区坐落湖边。鸿达大厦下车时，黑奥迪擦身而过，山容锦面色阴沉。刚要进楼，王晓琳从后面跑上来，刚仲裁她未说话。

“林经理听说了么？”她边捂嘴边神秘地问。“听说什么？”两人并排朝前走。“山副总已提出辞职，刚有人告诉我的！”她悄声说。“请辞？为什么？”林泉惊讶

(a) 根据《劳动合同法》第四十八条规定，虽林泉在外地多逗留三天，更改行程也没按公司规定履行相应手续，但不能否认已向领导沟通得到准许的事实。

之余，忙继续问。“据说他此前要求增股，这次又肯转让所持股份！”王晓琳说。

“那又为……”电梯到二十二楼，林泉被眼前场景惊呆了。“什么情况？被洗劫了？”望着满地狼藉，王晓琳问。大家做个收声动作，偷偷指聂总办公室。林泉见房门紧闭，顺势坐在之前办公座位上。“任经理妹妹，间歇性精神病，刚仨人才摁住！”同事说。

半天内信息摄入太多，林泉脑子有些短路，一时反应不过来。之前见过任春秋的妹妹，好像叫任冬夏，没看出异常。正想着往事，门被打开，任冬夏及父母走出，聂景宏紧随相送。“实在抱歉，赶来迟些，添麻烦了！”任春秋父亲边道歉边鞠躬。“没什么，家里这情况，小任从未提起过！”聂景宏劝慰。

“小林来一下！”送三人上电梯，聂总冲林泉吩咐。林泉用余光扫了眼王晓琳，见她正朝这边努嘴。进门后带门，聂总难得递过支烟，两人相继点火。“山容锦自己偷偷搞了家公司，想挖人过去！”他直言。林泉听完手一震，撒得满裤子烟灰，顾不上收拾，用力吹吹。

自己竟毫无察觉？怎奈聂总瞬间换了其他话题，不再提及。“一会儿小任来办离职，你直接给办了吧！”聂景宏揉揉鼻梁。“好！”本想为任春秋争取点什么，但又发觉说不出口。“这段时间你受累了，虽是埋雷，但为救你！”他语重心长。“其实也没什么，我也得到了历练！”林泉自觉是真心话。

出聂总办公室，见王晓琳朝这边望，林泉会心一笑。在“自己”座位坐下，林泉稍微想了会儿，才理出点头绪。这行业本就镶金带银，所谓金桥银路，单干总比打工强。为这冒次险，哪怕丢了股份及副总岗，想来也值。任春秋递辞职报告时，林泉签字后还给他，他没接住。那张纸盘旋飞舞着落地，像冬日的鹅毛雪，无声且无息。林泉忙站起弯腰帮他捡，心中无悲无喜、五味杂陈。

周六上午，林泉边煮茶具边点上支檀香。聂总照顾自己，说海南风吹日晒辛苦，特批四天假。猜是山副总离职使他心情大好，林泉欣然接受。任春秋离职时欲言又止，高层间的勾心斗角，林泉深觉拎不清。重病的妹妹也是难为他了，而高层的世界，自己永远不懂。

檀香缭绕，放《太极》古琴曲，腕缠星月菩提，林泉气定神闲。老婆打扫房间，儿子玩着玩具，海南晒得他俩几乎认不出。现世安稳，岁月静好，可能就是这状态。遭遇窘境，未意气用事拂袖而去，才守得云开见月明。还真是“居庙堂之高忧其民，处江湖之远忧其君”，林泉自夸。

“你俩真是大爷，一个喝茶一个玩玩具！”老婆责怪。“妈妈，我给您倒茶！”儿子丢下玩具，喝完再续杯递过去。“歇会儿歇会儿，剩下的一会儿我来拖！”林泉笑着说。“诶？我说件事，你帮分析分析！”老婆将拖布倚在墙角。“什么事？中了五百万怎么花？”林泉朝旁边挪挪。

“咱毕业那会儿，我不和公司签五年合同么？”老婆喝口茶。“真快，一晃都五年了！当时他们很中意你！”林泉回忆。“可惜当年招我的HR，前年也离职了！”老婆惋惜。“人生如旅，不是谁都能一起通途，终有人先下车！”林泉安慰。“几月前合同就到期了，还没提续签，几个意思？”老婆问。

[a]“几月前？你们HR一个个心可真大！”林泉感叹。“那段时间我出差，就你刚

(a)《劳动合同法》规定，用人单位在劳动合同到期终止后1个月内未续签书面劳动合同的，劳动者可要求用人单位支付双倍工资。因用人已支付正常工资，所以再额外支付一份工资即可。

去海南那会儿！”老婆说。“没关系，你先闷声干活儿！看公司什么时候提！”林泉对。“我跑销售，不懂人资，会什么后果？”老婆好奇。“从合同逾期算，额外发份工资，但你也就到头了！”林泉答。

“如果我现在提醒，要求续签呢？”老婆疑惑地问。“最好别，否则多尴尬？整的人家还没你专业似的！”林泉建议。“但我不想失去这份工作，毕竟有感情！”老婆如实说。“提醒估计也不会续签，也不会答应支付赔偿！”林泉猜测。“你是说不管怎样，我这份工作都保不住了？”老婆表情沮丧。“是金子到哪儿不发光？何况你业绩这么好！”林泉委婉道。“看来现在就得骑驴找马，提前做准备！”老婆撇撇嘴。

“门丹慧，有印象么？我室友兼闺蜜！”她嘬口茶换话题。“魔鬼身材那位？当时为追你，贿赂她不少零食！”林泉回忆。“她毕业也一直做销售，已做到大区经理！”老婆羡慕。“那会就觉得她学习务实、处事周到、能力强！”林泉夸奖。“她也是郁闷得不行！前几天打电话诉苦！”老婆换首古筝曲。

“销售都想让马儿跑，还不给多吃草！合同得签好！”林泉说。“她底薪低、提成2%，说业务款到账支付提成！”老婆描述。“多数企业都这样支付提成，约定俗成吧！”林泉接话。“她上月跑100万和300万业务，前者已入账！”老婆说。“这提成多，够她开心几天了！”林泉笑了笑，继续洗茶。

[a]“关键是到现在，公司还没付半毛钱提成！”老婆忿忿地说。“可提请仲裁解

(a) 目前主流意见是，业务提成即提成工资，是计件工资的主要方式之一，也可以说是按营业额提成或利润提成办法支付给个人的工资。根据《劳动法》第47条规定，用人单位有权根据自己实际情况制定业务提成制度或与劳动者签订业务提成协议，只要不违反法律法规的强制性规定，就具有法律效力。实务中，建议企业制定专门制度或与劳动者签订协议，明确业务提成发放形式、计算形式及发放时间，以避免纠纷和争议。

除劳动关系、支付经济补偿及提成！”林泉建议。“申请了，公司说提成属福利，并非拖欠工资！”老婆说。“一猜就是！她是摇钱树，公司不会轻易放！”林泉胸有成竹。“没离上职！公司说先付两万，书面承诺了后续提成！”老婆说。“她业务牛公司舍不得，要是小喽啰早让滚蛋了！”林泉感慨。淡雾缭绕，茶香弥漫，古筝绕耳，一壶香茗下肚，异常解乏……

（十五）

◎

不想当牛人的和尚不是好 HR

“Are you sure?”伴着茶香抿口茶，饶斌问对面老外。“Why not? The world belongs to all nations!”老外耸肩。“It is unfeasible! I need to think about it!”饶斌答。“Waiting for your reply!”老外端茶壶续杯。“Nice meeting you!”饶斌说完起身。

[(a)] 进地铁时茶香未去，有毛尖的毫嫩香，又有红绿茶的花果香。这老兄作为美国人很奇怪，没就业证，非来应聘副总。还让高管“打招呼”，饶斌没想到外企也有了本土“特色”。但聘用的严苛程序，就业许可只是冰山一角。虽公司要求该职位用老外，但还真没合适人选。

地铁二号线越秀公园站并不挤，甚至还有空座。坐没多久便是换乘站，人流加大，关门时挤上一黑皮肤老外。他打耳钉、背双肩包，嫩绿耐克鞋，神情沮丧。“你根本不爱我，跟我相处，就为学英语！”他说完挂断。饶斌没好奇他的肤色及打扮，

(a) 根据《外国人在中国就业管理规定》，公司未申请外国人就业许可擅自雇佣外国人，将构成非法用工。公安机关可要求终止雇佣行为，并处5000元以上、50000元以下罚款，同时责令其承担遣送私自雇佣的外国人回国的全部费用。

却对流利普通话惊羡不已。没准儿是相互学习，谁也没吃亏，分就分吧，饶斌摇了摇头。老外挂断后，可能也觉失态，海珠广场站匆匆下车。

网络上的自己低调、沉稳，看似与世无争，实则无意去争。对W网，是难言说的缘分，也是难理清的邂逅。清舟摇曳风雨间，入夜眠去村落闲，故名“云水禅心”。现实中的自己，是游荡于人群、貌不出众的胖子。大众脸大众心态，会落井下石会顺水推舟，职场人生均如此。

昌岗站换八号线，客村站换三号线，汉溪长隆站下车。出地铁口朝北，能望见摩天轮和长隆度假区。长隆酒店的椰树八字排开，正门前几尊象征吉祥的象雕。大堂的木雕很气派，穿过暖色的帕图斯巴房，便是彩蝶谷。身为美资背景HRM，渐渐习惯了这类非正式行业交流。

虽不正式，但穿着都很讲究，约定俗成的礼服害人拘谨。端起一杯葡萄酒，饶斌在人群中搜寻。黄头发蓝眼睛老外居多，以至于很容易锁定目标。T恤配牛仔，逄伟华埋进沙发，两指夹烟盯着红酒杯。也就我俩能穿这么违和，饶斌看下自己装束。

“来了？”他未转过头，摇摇手中的高脚杯。“老外这么多，你也知道，我不太喜欢这类场合！”饶斌答。“现在钱不好赚呐！你说我就纳闷……”他一饮而尽。“被猎头挖不好？赚多少是多？要什么自行车？”饶斌调侃道。“不是赚多赚少，是赚完钱还可能退回！”逄伟华略显郁闷。

“怎么个情况？”饶斌也一饮入喉，边斟酒边问。“去年猎头挖我公司付了钱，但我最近不想干了！”逄伟华说。“不干就不干，狼行千里吃肉！”饶斌笑道。“三年合同还没到期，公司让我分摊猎头费！”他撇嘴。“得亏你还是HR？回去查合同，看有这约定？”饶斌出主意。“好像有点道理，我回去查！”他瞬间消失在人群中。

“这人也忒性急了，还专程去看？合同又飞不了！”饶斌唏嘘。

酒会尾声，大家三两结伴撤离，没有国内聚会后的狼藉。饶斌摇摇头，想老外着实煽国人脸，啪啪作响。酒会上，自己获得了行业前沿信息，也间接帮了别人。只是散场略冷清，像挤着看烟火，末了各回各家。看烟火绽放心会温暖，回家路上又很空虚……

酒店外，有人在椰树下打羽毛球，小孩拎着小桶挖细沙。草坪上有人丢飞盘，被拉布拉多凌空叼个正着。广州的夜不宁静，伴着万点霓虹，夜生活的大幕徐徐拉开。上了地铁，想着龙归站还远，便拿出手机听佛歌。点播放器却误点到Q图标，见大帝专家群聊得火热。

“机智如我，股票要跌赶紧拔网线的节奏！”徐胜华呲牙。“你聪明！真担心您那整连编制的女徒！”大帝补刀。“年初想存下五万，刚算下，还差七万！”徐胜华看似伤心。“有持之以恒的精神，目标定能实现！”饶斌鼓励。“赞同！明天过完十八岁生日能干好多事！”徐胜华开始卖萌。“嗯！恭喜，能判死刑了！”格格继续补刀。“滚！怎么何时何地都有熊大熊二出没？”徐胜华咬牙切齿。

[a]“非全日制员工每天八小时每周三天合法么？”有人问。“日均不超4小时，周不超24小时就行！”饶斌答。“云水兄难得冒泡，今天不忙的节奏？”徐胜华憋半天气开口。“刚参加完同行交流酒会，坐地铁回家路上！”饶斌答。“外企高大上，感谢前辈答疑！”提问者致谢。

周日上午，天河公园绿草茵茵，偶掠过的风平添惬意。饶斌手中的肉串在烤炉上翻来覆去，嘶嘶作响。不远处，几位挚友在摆餐桌、搭帐篷，并支起遮阳伞。周

(a) 对非全日制用工某一天工作时间，法律并未明确限制，只要符合“平均每日工作不超过4小时，每周工作时间累计不超过24小时”标准即可。

围百多个烤炉，或室内或露天，大小圆方，错落有致。置身山林，阳光点点，呼吸着新鲜空气，确是快事。

能被评为五星烧烤场，还因有游乐园、粤晖园、飘雪乐园。混迹外企多年，较之民企管理规范，自己很少加班。可见企业效益效率，有时与工作时长并不成正比。羊肉串在炉上噼啪作响，往上撒孜然时，饶斌想到王子豪——电视剧《唐朝好男人》男主，吃羊肉串因祸得福……

高管 Peter 的话萦绕耳边，让尽快解除副总 David 的劳动关系。接到指令，就及时调取了他的档案，见他入职一年有余，华南区销售副总、业绩中庸、守江山老手、无新市场开拓。当时签了一年合同，明确期满提前俩月书面提出不续签意见，否则每次自动延三年，要终止必须提前一个月书面通知……

“好香！斌，问你件事哈？”老婆凑过来打断思绪。“怎么？”饶斌往串上撒花椒面，转过头问。“我们外企代表处俩月前来位女主管，派遣来的！”老婆说。“然后呢？”饶斌递过羊肉串，外焦里嫩，表面散香。“前些天生病请两天假，不见好转又电话续请五天！”老婆描述。

“上司不愿意，借题发挥找茬，是不？”饶斌胸有成竹地揣测。“你怎么知道？”老婆咬口肉串，停止咀嚼，好奇地问。“外私企老套路，一个萝卜一个坑，坑没萝卜有人疯！”饶斌解释。“来上班说因旷工严重违反制度，已被退回派遣公司！”她补充。“估计是公司对她工作不满意，借题发挥吧！”饶斌猜测。“

当天就发解除合同通知，太没人情味儿了！”老婆抱打不平。“外企是来赚钱的，不是来讲人情味的，可怜的娃！”饶斌答。“那个……我俩相处还算好，她这情况能解除？”老婆试探。“你就这么恨公司？HR 不发言最好，否则就要见血！”饶斌笑道。“不影响自身前提下，能拉姐妹一把就拉一把喽！”老婆笑答。

[a]“可将代表处是否有权随时将其退回作为切入口！”饶斌提示。“什么意思？不咬住解除合同是否合法这条么？”老婆困惑。“你就信我吧！不解除合同和经济赔偿，让公司选！”饶斌解答。“还能这样？怪不得平时员工都离 HR 远远的！”老婆慨叹。“又不是我主动出击！再说，你这话几个意思？”饶斌莫名其妙。

“那边什么情况？”老婆顾左右而言他，边指湖边边跑去看。“站住站住，你先说清楚！”饶斌将烤好的肉串装盘，也跟上来。湖边，朋友用一米八短竿钓到重物，竿尖弯起很大弧度。“放线，画倒‘8’字遛！”饶斌边提醒边取抄网。众人都来了兴致，站左右帮忙助威。遛许久，草鱼力气殆尽，浮出水面时，还用鱼尾在湖面拍出涙纹。上岸称重七斤多，炭火烤时散出野味，众人口水阵阵。

傍晚回家路上，大家意犹未尽，终还是伴随车流四散。边开车边想 David 的事，平时关系都不错，离职容易口难开。“David 么？”到家停好车，家人先上楼，饶斌拨通他手机。“饶总周末有空？想到我？”伴着拗口汉语，David 心情不错。“今天出去野炊，突然想到你的拿手厨艺！”饶斌笑答。

“嗯，也不行！论舌尖文化，你们才是老祖宗！”David 谦虚。“外来友人厨艺中，你算比较牛了！”饶斌夸奖。“欢迎你来，饶总还有别的事？”常年做销售，David 思维敏锐。“也没什么，最近市场怎么样？”饶斌避重就轻。“老样子，老市场保有良好，新市场开发乏力！”他感慨。“高层想有突破，可能会换个人试试水！”饶斌尽量语气自然。“但按合同已自动延长……明天上班我找你说！”David 答。

挂完电话，饶斌松口气，但该来的终要来，做好本职工作就好。车库前垂下的

(a)《劳动合同法》第65条将用人单位单方解除劳动合同情形，适用于用工单位可以退工情形，因此，用工单位单方退工也必须依法进行，而不能私自与派遣单位随意约定退工情形和条件。

热带作物，叶子油光发亮，只是略有些蔫儿。藤蔓上贴着几只蜗牛，蜗居在壳中，看似睡了。小区路灯散着微白的光，蚊蛾盘旋飞舞，有萤火虫闪过。上电梯前，拨通秦芃电话——入职外企前自己的老板。

周一早会，挨着行政办汇报，着重汇报了招聘及培训情况。所有部门汇报完毕，Peter 着重强调效率及纪律。自从入职外企，短会成常态，拿老外的话，活儿是干出来的。出门前，Peter 再次低声询问 David 离职进展。“Ok，I’ll make it finished！”饶斌允诺完开始犯愁。

坐在办公室，揉揉眼睛摁摁鼻梁，瞥见电脑旁相框合影。那是公司组织的登山活动，因涉及费用，只允许中高层参加。照片上二十几人，自己和 David 紧挨着，肩搭肩站在后排。以当时的了解，他属那种知足常乐类型。而自己悬崖边一滑，若非他及时伸手，此时或已是白骨一堆。

正内心纠结，David 推门而入，让自己略感惊讶。“有些不请自来呢，欢迎不？”David 蹦出拗口的中文。“哪儿的话？我正想着怎么请你来聊聊呢！”饶斌开始客套。“听你昨天的意思，想让我离职空出位置？”David 质问。“你换个环境，没准儿能干得更滋润！”饶斌没直接答。

[a]“未尝不可，但有一事不明，你帮我分析下！”David 坦言。“你是说合同自动延长，公司是否有权解除？”饶斌猜道。“你猜到了？如果我不同意，要求继续履行呢？”David 补充。“我看过合同，公司提前一个月书面通知就行！”饶斌答。David 张了张嘴，欲言又止，随后两人陷入沉默。

(a) 《劳动合同法》及其相关法律规定，适用于一切我国境内提供劳动，并和用人单位构成劳动关系的劳动者（包括外国人）。企业与外国人之间劳动合同的解除或终止条件，是可以通过合同约定的方式进行明确的，属于劳动合同意思自治范畴，公司提前1个月书面通知，符合合同约定。

“有点不甘心，又不想把你牵扯进来，影响私交！”David说。“不会的！只是我想提醒你，David，强扭的瓜不甜！”饶斌笑言。“也是！一个月缓冲时间，没准能找到更适合的！”他点头。“如果你信得过，我可以给些建议和参考！”饶斌神秘兮兮。“说说，你们有句古语叫‘吃人饭能吃饱’？”David饶有兴致。

“那叫‘听人劝，吃饱饭’！我以前老板叫秦芃！”饶斌说。“秦始皇的秦，大鹏展翅的鹏？”David伸出食指比划。“嗯，秦始皇的秦，‘芃’是这个！”饶斌拿笔纠正。“这念芃？我以为念平凡的凡，汉语博大精深！”他竖拇指。“你入门了，多说多写熟能生巧！他妹妹叫秦艽！”饶斌写道。“‘艽’我认识，是中药，吃过！以前总念‘秦九’！”他笑道。“可能因为名字，她从小一直吃药，都是她哥照顾！”饶斌说。

“吃药照顾？我迷糊了，能说仔细？”David急得乱用词。“他公司业绩平稳，但精力都在患肾炎妹妹身上！”饶斌解释。“Oh，I see！亲情重于事业！应该，应该！”他恍然大悟。“治疗就没太多时间打理生意，身边缺个可信赖的人！”饶斌说。“你打算推荐我去？”David试探，蓝眼珠骨碌碌转。

“收支平衡是底线，最好能稳中有升，毕竟是做生意！”饶斌说。“这我懂，只是你如此信任，让我担心大任难当！”David谦虚。“当初若不是你拽我一把，我早成白骨了！”饶斌玩笑道。“小Case，提它干吗？你心宽体胖，一定长命百岁！”David说。“给，直接联系就行，这边记得及时离职！”饶斌忍住笑递名片。将David送出门，饶斌觉得这结果是自己期待和相对满意的。而中美文化的差异，试想他若地铁里夸美女心宽体胖……

(a) 午餐时接Peter电话，要求和他下午飞总部，有会要开。问及内容，他只说与

(a) 从守时、准时方面，我们确实该多向外国友人看齐。

人力资源有关，传言公司要退出大陆市场。总部在美国，入职几年却很少去，只在年会时去过两次。为收拾东西及时订票，最后的饭吃得急，堵住喉咙上下两难。换装、翻护照，一切收拾妥当，Peter 已恭候多时……

机场路上打给老婆，想嘱咐下孩子练琴的事，却无人接听。“Peter，美国孩子童年也学画画、舞蹈和乐器？”饶斌好奇地问。“看个人意愿，但这几年汉语更受欢迎些！”Peter 汉语不溜。“还是自由生长好，但中国家长都担心输在起跑线上！”饶斌感慨。“人生本没什么线，起跑线这样用，确是败笔！”Peter 答。Peter 也喜欢古诗词，能将“败笔”用得贴切倒不为怪。候机楼前，饶斌望向不远处的瞭望塔，天蓝云白，骄阳似火。

“我出差，晚上记得带孩子练琴！”电话响，饶斌以为是老婆。“老饶，我武飞，酒会上互留过名片！”对方提醒。“武飞？有点印象！哦，您不在一家民企做么？”饶斌恍然大悟。“之前是，刚跳到一家外企代表处，有点摸不着脉门！”他答。“正常，时间长就好了！”饶斌安慰，尾随 Peter 进候机厅。

六月下旬，白云机场并不拥挤，多是高考后出去玩儿的学生。大理石地面光洁如镜，偶有身材婀娜的空姐擦身而过。“老饶，外企代表处能直招大陆员工么？”武飞问。“代表处无法人资格，聘用属涉外劳务派遣！”饶斌答。“不能直招？果然和民企打法不同，招有何风险？”武飞又问。“我在过安检，回头联系可好？”见 Peter 摆手，饶斌说。“好好，你先忙你先忙！再联系！”武飞知趣地挂断。

两点半起飞，先一路向北经停上海，再飞洛杉矶 B 航站楼。深夜横穿太平洋，身旁有 Peter 轻微鼾声，伴着发动机轰鸣。长途跋涉对他像家常便饭，又或已习惯一觉醒来身处异地。而对不常飞国际航线的自己，一想身处海洋上空就深感恐惧。想几次飞洛杉矶，都是困得不行，才在不安中睡去……

较之国内，美国乡野气息更富诗意，尤其亲历飞机喷农药。短道起飞、空中调头、俯冲喷洒、抬头向上，动作一气呵成。遇到娴熟飞行员，他会边完成动作边向你招手示意。接近都会区时，饶斌见几只斑点狗在草坪上悠闲散步。据Peter说，美国养狗要缴纳注册费，狗都有户口和学历。再回想玉林的狗肉节，饶斌对“众生生来平等”有了新认识。想来加州第一大城市被称为“天使之城”，必有“过人”之处。

总部会上，没有致辞和经验交流，业务副总史密斯直接登台。分析完美国及世界经济形势，他开始阐述两者间的关系。结论是部分机构启动注销程序，论证广州分公司存在价值。同时，集团将进行新一轮裁员，幅度高达30%，含广东。两人互相瞅瞅，均是眉头紧锁，清楚这意味着什么？

[a] 饶斌为David庆幸，心中开始草拟“30%”的员工名单。因为知道，Peter绝不会直接参与，毕竟这是得罪人的活儿。自己唱黑脸，他能暗中支持下，就得念“阿弥陀佛”了。最后自己何去何从都难说，但也考虑不到这么远了。听着史密斯的话，记录同时，饶斌想起美式俚语。

那是两年前，第一次来洛杉矶，参加总部圣诞节年会。当时自觉口语还行，便试着和总部同事聊业务及行业见闻。怎知话匣子打开，才发现单词储备量太Low，很多译不来。他们将“clock in”、“come on to”译为打卡、吃豆腐……那次以后，自己很少在总部展示口语水平，多是以听为主。

或是心理作用，回程快许多，下飞机后接到逢伟华电话。“公司让分摊猎头费，我咬定合同中没这约定！”他话带喜感。“然后被你得逞了？”见副驾驶Peter一脸严肃，饶斌低语。“对，按流程解除得到仲裁支持！什么叫得逞？”他反应过来。“无

(a) 看透上司处事风格，及早入手相关工作，可能会更加事半功倍。

论如何恭喜你省一大笔，省到就是赚到！”饶斌说。

公司楼下，Peter 急着下车，进大厅前转身，饶斌刚好开车门。“List the name, we’ll talk about it later！”他提醒。这类习惯性言行，饶斌早有心理准备，没应声点点头。饶斌未急着进公司，先和司机客套几句，送走他后仰头望天。天空蔚蓝，上午八九点钟的太阳，既不冷峻，亦不耀眼。

坐在花坛前长椅上思索片刻，拨通了武飞号码。“老饶回广州了？出差可还顺利？”武飞嘘寒问暖。“嗯，只是时差还没倒过来，有些困乏！”饶斌接话茬。“飞国外？我以为短差！晚上喝点？我安排！”他诚意满满。“那倒不用！下飞机就来公司，估计走不开！下次吧！”饶斌婉拒。

[(a)]“我在充电，原来《劳动合同法》同样适用涉外劳务派遣！”他说。“没错，且外企代表机构直接聘国人多半属违法用工！”饶斌补充。“看来能玩儿转民企，在外企也不一定灵光！”武飞感慨。“职场就像打怪升级，练好手法意识跟上，都大同小异！”饶斌比喻。“之前没遇到过，有点措手不及！”武飞直言。“男人都爱猎奇未知领域，民跳外本身就是提升！”饶斌夸赞。聊完再仰头，微风拂云，像超浓的水蒸气，缓缓漫过……

一上午时间都在发呆，伴着无奈心情，饶斌打着瞌睡。桌上记录本摊开，一连串名字，写完被勾掉，勾完又被填上。每填上一个，就会想其工作表现、与自己业务上的交集。同时又会掺杂个人感情，本能地考虑家境及经济条件。谁单身？谁父母身体不好？谁孩子小？谁有房贷？

(a) 外企代表机构聘用中国人，即涉外劳务派遣，适用《劳动合同法》有关劳务派遣的相关规定，若直接聘用中国人，则属违法用工行为，不但在民事诉讼中难逃法律责任，还将受到行政部门处罚。

身处外企，多要接受亲友羡慕的眼神，被扣上都市白领的帽子。大家都知道，经济下行背景下，有份不菲收入工作意味什么？为此，工作都很卖力，担得起“拼命三郎”称谓。但事实就是现实，裁员要求必须落实，且有时限要求。若不尽心，自己或将率先被裁，饶斌暗想。

中午食堂就餐，担心被 Peter 催，饶斌故意晚去。却刚好赶上 Peter 吃完出门，画面尴尬不已。“Catch your time！”Peter 说完擦肩而过，面露不悦。Peter 是金黄色头发，五官很像相声演员大山，工作态度严谨。不苟言笑、不开玩笑、不迟到早退，并以此标准考量员工。至于他在家人面前是否如此做派，饶斌质疑很久。但正因此，饶斌晨跑习惯得以坚持，体重也胖在合理区间。

过饭点的食堂，员工屈指可数，或闷头吃饭，或窃窃私语。挑个不显眼角落坐下，边吃边摆弄手机看实事要闻。外企就这点好，上班时间有规范，休息时间很少会要求加班。所以 Peter 虽不怎么高兴，也不担心他会责怪做事不抓紧。新闻看得累了，打开专家群，看大家最近在聊什么？

“手里有工作就难受，必须尽快干完，怎么破？”有人问。“上司得多稀罕你？肯定允诺升职的节奏！”徐胜华说。“画饼谁不会？别看他说什么，关键怎么做！”大帝提醒。“还谈不到升职，主要是强迫症加剧，身心疲惫！”对方说。“很多人都有，如反复确认关门，上下楼数台阶！”大帝安慰。

“再比如一些何弃疗患者，更文都选固定时间！”格格及时补刀。“说大帝手指骨折去挂医院骨科，医生问怎么断的？”徐胜华描述。“他说，十个手指九个都响，就它不响……”格格再次腹黑。“对头！所以‘恨活儿’算好习惯，甭在意的节奏！”徐胜华论断。“貌似比起跳楼、掰断手指，我确实还算幸福！”提问者赞同。“看，一说大帝坏话就装不在的节奏！”徐胜华幸灾乐祸。“手指不是断了么？没法打字回复了！”格格随声附和。

[a]“总部在上海，员工与分公司签合同，最近分公司要撤销，员工不同意终止劳动关系，要到集团工作，怎么破？”有人问。“分公司注销后丧失主体资格，按流程终止即可！”大帝答。“咦？群主用脚丫子打字？无论如何，谢谢！”提问者说。“你知道得太多了！断一根不影响打字！”格格解释。

[b]“员工入职十三年还多，但老板不想和他续签！听到这消息，他刚找到我，要求签无固定期限合同，怎么办？”又有人问。“续签或准备赔偿金——27个月工资！”饶斌答。“云水兄竟在线，外企舒服不？胖得还匀称么？”大帝玩笑。“你才胖，你全家都胖！我每天五点晨跑！”饶斌略激动。

“老尚，最近可好？”刚出食堂，接到尚京广电话。当初在秦芃手下做HRD，他是CFO，去年才跳槽。“去年我从秦总公司跳出来，你知道吧？”尚京广问。“听说你去北京发展？这步跳得不错！”饶斌答。“为孩子教育，再不跳，老婆还得唠叨！”他道出实情。

“也没腾出时间欢送你，有些过意不去！”饶斌朝办公室走。“还用这个？都老感情了！外企滋润么？还做人资？”尚京广问。“相对规范些，但受拘束多，

(a) 参照《劳动合同法》第44条及其《实施条例》第21条规定。

(b) 对于续签劳动合同，HR应注意：一是续签应及时，超过1个月未续签，企业自超过在本企业连续工作满10年，应订立无固次日起支付双倍工资；超过1年未续签，自1年届满次日起，视为订立无固定期限劳动合同；二是考虑续签次数及员工“司龄”，连续订立两次合同或定期限劳动合同；三是员工具备订立无固定期限劳动合同条件，除非其主动提出订立固定期限合同，均应订立无固定期限劳动合同，否则自应当订立之日起，须向其每月支付双倍工资作为赔偿；四是不得再约定试用期。

不比那边自由！”饶斌如实答。“舍得舍得，有舍才有得，想好要什么便好！”他感慨。“今天这么有空？也咨询职场难题？”饶斌半开玩笑。“嗯，不过为什么说‘也’？很多人么？”尚京广很好奇。“业务量完全够，能开家咨询公司了！”饶斌戏答。

“来时月薪六千，最近想以不胜任为由单方解雇我！”他描述。“你放弃这么多，公司不地道，得要个说法！”饶斌建议。“所以最近想仲裁，但不知从哪儿切入！”他引向正题。“要求支付违法解除经济赔偿一万八，常加班么？”饶斌问。“当然，一到月底年底，你懂的！但几乎没加班费！”他回忆。

“若已决定不在这家干，一并要求支付加班费！”饶斌提醒。“有需要注意环节么？我做账还行，这些完全外行！”他追问。“北京今年最低标准1560，再乘十二——没超！”饶斌计算。“你叨咕什么？没听懂！”尚京广听得云里雾里。“仲裁没问题，公司可能会向法院提起诉讼！”饶斌解释。

“真转到法院，既已撕破脸皮，我注意哪些？”他再次追问。“坚持之前仲裁为‘终局裁决’，加班费与赔偿分开算！”饶斌答。挂完电话，饶斌顿感身心疲惫，继而趴在桌上。想若真开咨询公司，以自己工作经验也未尝不可。一下午费尽心思，想尽快憋出份能过关的裁员名单。

“爸爸，这几天你藏哪儿去了？”傍晚回家，女儿迎面扑上来。“在遥远的大洋彼岸——美利坚合众国！”饶斌掏出礼物。“美利坚有多‘美丽’？”她似懂非懂，接过礼物后顺口问。“美……诶？在呢？”还没说完女儿已进屋，小姨子坐在沙发上。小姨子原名邱梅，两年前入职民企，目前怀孕俩多月。

[a]“不说企业不会解雇三期女工么？”邱梅劈头盖脸地问。“特权都是相对的，公司规章制度还得守！”饶斌答。“我说吧？总迟到早退旷工，一说就说姐夫说！”老婆埋怨。因为没倒时差，饶斌早早爬上床，迷糊中听女儿说教学费。深夜，突然感到头胀，桌上摆着亟待完成的裁员计划……

(a) 根据《劳动合同法》第39条，“三期”女职工若无视公司规章制度，多次碰触“高压线”，仲裁委也会认定用人单位解除劳动合同的行为合法有效。

（十六）

◎

不为人知的密谋（3）

看着桌上计划书，等两人来办公室时间，于得水燃上支烟。按董事会决议压缩成本，自感责无旁贷。开过两次会，也见些效果，但离目标还有缺口。既然内部节流已无他法，只好在用户身上打打算盘了。想起即将开展的真人 CS 对抗赛，初具雏形的计划涌上心头。

“领导，找我俩？”于得水正思索，郑文和郤犨泽推门而入。“前几天你俩打电话都没人接，后来怎么说？”于得水问。二人对视后均没说话，一副事不关己、能拖则拖的姿态。于得水摇摇头，很明显，大家对把外训机会留给用户略显不满。“要不……我俩现在打？按照上次的词儿？”郑文低声问。

于得水在计划书上圈点，又在活动规则中加个“第二十二条”。“为压缩费用，咱开了两次会，很多措施已实施！”于得水开口。“我的加班费……想想就心疼！”郑文捂住胸口，做痛苦状。“都取消了，包括我的，忍忍吧！”于得水将烟头摁进烟灰缸。“玩笑话，死不了！少吃顿……都有了！”郑文咽回“火锅”二字。

“这是计划书，里面包含节流措施及对抗规则！”于得水说。手写娟秀字——

二人一看，就是他的习惯和风格。“外培让用户去，也为填补运营经费缺口！”于得水补充。“外培？填补缺口？”两人表情顿时诧异。“你俩看下我刚加上去这条儿！”于得水递过计划书。

“败方以后无偿为W网提供经验分享！”两人轻声念。“这能行么？他们能同意？人都是趋利避害的！”郤犨泽质疑。“W网每年这部分投入巨大，我想将其免掉！”于得水答。“估计不好搞！在商言商，这些人都是人精！”郤犨泽嘀咕。“他们也有软肋，都自觉不比别人差，这是咱的筹码！”于得水严肃道。

[a] 两人一时语塞，也不再反对，站在桌前不知说什么。“就算没这层原因，咱去培训活儿谁干？”于得水说。两人再次沉默，一个摆弄计划书，一个用手掌擦手机屏。“所以无论是增强用户黏性，还是压缩费用，咱都去不了，知道你们不爽，内情本不想说，和大家解释下！”于得水语重心长。

“把它打出来，检查无误后董事人手一份！”于得水嘱咐郤犨泽。“给大帝打电话，按我教的说！”郤犨泽刚出门，于得水说。“喂？大帝么？我郑文，W网编辑……”郑文打开免提。“有你电话，今儿说话咋这么客气？”大帝东北味儿十足。“说正题！”于得水仰仰脖，努嘴示意。

“是这样，我们想搞一次野外拓展……”郑文导入话题。“这种机会应该多留给新人！让他们多展示！”大帝听完说。“新人彼此不熟，且难形成默契——牵头队长很重要！”郑文解释。“还要交两万报名费？一共七天，有点多吧？”大帝略迟疑。“赢了全额退，还奖两万！”郑文避重就轻。

“把输的钱奖给赢方，你们倒也不亏！”大帝一针见血。“组织、挑场地、写方案……都需要人力、物力！”郑文强调。“我若想参加，要做什么？”大帝迟疑片刻，

(a) 问题说清楚让下属心服口服，比各怀鬼胎消极对抗好得多。

不确定地问。“你做队长，有权挑选队友，但得是12班的！”郑文答。“我……考虑考虑！尽快回复你！”大帝说完挂断。

坐在办公室，大帝边喝茶边端张报纸，似看又似没看。二郎腿搭在桌沿，眼珠一翻证明还活着，一副怀才不遇的死样。婉拒了顾天远，除有莫子溪天各一方的陪伴，日子并不好过。没上他的船，是因莫子溪有轻微哮喘，东北干燥不适合她。自己又恰恰宠她心疼她到无节操，放弃了接来一起干的初衷。

想若有合适机会，还是放弃国企温床，离职去南方发展。正因为出于这些想法婉拒，也被兰云飞诅咒早晚死女人怀里。想若真是这死法，也算死得其所，死就死吧。但离职前班还得上，五人做一人的事，仨闲着，一个说风凉话。自己永远是工作冲最前，提职加薪靠边站。

领导永远夸工作最卖力、谁也顶替不了、有机会一定考虑……自扇嘴巴同时，机会也确实考虑了一些人，但没自己。职场灼心感悟：永远别在意上司承诺什么，关键看他做什么！时常深夜醒，困惑这没棱角、没前途的生活尽头在哪儿？没合适机会跳槽，惟有不断充电，使生活充实、内心强大。

莫子溪，经历离职风波和欧阳静的夜叉脸，许久才缓过来。在大帝鼓励下，没倚仗舅舅成功入职跨国集团 HR 主管。每次语音视频，见她笑容渐多，自己也放下心来。只是她常随总监赴美，通电话先想时差，这让大帝不爽。但同事欢迎、上司关照，又能常陪国外父母，她乐此不疲。

既然她喜欢，又能尽快抹去心理阴影，何乐而不为？女人就该活得无忧无虑，升职加薪是男人的事。她生日时，大帝精心准备礼物，附字条一张，上写——愿一生努力一生被爱，想要的都拥有，得不到的都释怀。怎知她看了哭得稀里哗啦，说没人和她说过这样的话。她一哭，大帝手足无措，生日本该开心，却哭得两眼红肿。

哄许久才破涕为笑，大帝再次领略六月天、女生脸。

“还在美国？”微信视频接通，莫子溪屏幕晃来晃去。“刚陪父母逛超市，这边街头太闹！”大帝能听到摇滚乐。每当此时，就后悔鼓励她去外企，去后就常远隔大洋。之前南北相隔，毕竟同一国界，这一飞万里，难免空落。“还要一段时间回国？”想着郑文说的事，大帝问。

“大概半月后吧！”莫子溪计算下时间，估计道。“半月后？那不正好……”想到拓展日期，大帝脱口而出。“正好什么？正好我们认识一百五十天么？”她说完咯咯地笑。“是！但还有件事……”大帝语塞许久后转述。“拓展目的是什么？为什么交那么多钱？”她听完问。

“谁知道呢？他们那么一说，我那么一听！”大帝答。“拓展安全么？我们公司真人 CS 都是玩具枪！”莫子溪关心道。“安全吧，毕竟十人参与，还不算幕后人员！”大帝揣测。“你不图名不缺钱，W 网为何主动找你？”她分析。“管它呢？你若如期回国，结束后刚好陪你！”大帝说。

“那……好吧！你想去我支持！但注意安全！”莫子溪叮嘱。“好，美国天热，注意防暑！”她挂断前，扮个鬼脸。大帝再次回想初识，真像佛前求来千年的梦，不可逆、不愿醒。而初识后的分分合合彼此折磨，又像蚌腹的石，磨砺成珠。村上春树说，终点只是记号，并无太大意义，关键是一路如何跑。两人的情意，也融在“春来绿如翠、秋至红如丹”的枫叶中了。缘分微妙，但会让你愈发觉得就是那么回事，大帝拨通电话。

“我去！报名费这么高，你打算去？”大帝说完，徐胜华慨叹。“有想法！但要五人一组！单丝不成线，独木难成林！”大帝答。“你是疯了的节奏么？花两万块钱报名打野战？”他再次确认。“赢了退，还能‘再来一瓶’！墨迹！去不？”大帝不耐烦。“不去！谁保证肯定赢？你被传销洗脑的节奏！”他斩钉截铁。

“为什么非要去？还如此坚持！”见大帝没说话，他缓和道。“有趣！苏格拉底说未经检验的生活毫无价值！”大帝答。“仅仅为有趣就花两万报名？没别的原因？”徐胜华刨根问底。“非说别的原因，就是强大后盾！”想到莫子溪，大帝信心满满。“强大后盾又不顶钱！这像赌博，谁保证肯定赢？”他分析。

“肤如凝脂，领如蝤蛴，齿如瓠犀，螓首蛾眉！”大帝嘀咕。“赌博就会有输赢，但这种尝试我们能赶上几回？”大帝补充。“你说的后盾比咱关系深？”他自觉是W网大帝最好朋友，没之一。“深多了！”他正自信满满，大帝想想莫子溪，继而答。徐胜华瞬间石化，刚打的夸大帝如何仗义的字算是白忙了。

[(a)]“甭算上我，我没你那么壕！”徐胜华一时语塞，借坡下驴。“秉骏是另组队长，不总想PK下么？这就怂了？”大帝用激将法。“我去！他在W网铁粉那么多，我看还是算了！”徐胜华不上当。“铁粉又不能临阵输内力给他，他也没三头六臂！”大帝劝慰。“总之时间我有，但没闲钱搞什么拓展，你也说不动我！”他总结。“你众筹又想出书，这次W网会大力宣传，不想借势？”大帝说。“这倒是！容我考虑考虑……和老婆商量下！”他终于迟疑。

“能赚点奶粉钱也不错！”听大帝说完，马小东想到糖糖。“比老徐痛快，那货出门担心被猪撞，游泳担心被水呛！”大帝说。“除报名费，说说具体细节，比如时间、地点、规则等！”他问。“他们也没细说，到时不就知道了！”大帝一副奖金到手的语气。“北岛说我们生活在没细节的时代！你这队长贿赂来的？”他挖苦。

联系饶斌时，Peter对裁员名单还算满意，他也打算放松下心情。实在回想不起12班还有谁较熟识，在W网按学号一顿乱翻。最终锁定蓝比紫兰，只是她已太

(a) 聊天抓到要害，方能一击命中。

久不活跃，便在Q上留言。“刚毕业没实操过，担心拖大咖后腿！”她及时回复。“无论人处山顶山下，彼此互看，均同样渺小！”大帝说。

[a] 游走在身边的人，也许都在等一种领悟，等适当的时光相遇。打完电话，想想莫子溪和这些人，大帝想到张小娴的话。郑文介绍完活动，大帝猛地发觉，网上也有许多让人动情的东西。比如情侣的惦念、队友的信赖，比如团队协作的成就感、奖金。当然，这些东西里最重要的当然是奖……哦不是，是队友的信赖。参加野外对战，要做到在外行眼里很内行，在内行眼里不外行。秉承该原则，大帝边搜注意事项，边拨电话报预选名单。

“你去忙，送完计划书让小郤再来一趟！”郑文打完电话，于得水说。听语气不确定大帝能来否，而12班谁当队长本也无所谓。毕竟还有11班撑门面，只要公司不出钱便是好的。虽和二人说了些内情，但看郑文出门表情，显然不太买账。他们或觉得公司的事和自己没关系，但为饭碗只能忍了。

“耀启，这么有空？”正想拓展的事，老友姬耀启来电话。与他也算老相识，之前是同事，自己后来单飞，才有了W网。印象最深的，是他在韩日世界杯那年喜得贵子，又逢中国队出线。于得水开玩笑，说孩子叫姬日韩得了，遂随其意。此后，自己成了名誉干爹，那时大家年轻，一晃十几年了。

[b] “听说你在做人资方面网站，和你打听点事！”姬耀启说。“你说！我不一定专

(a) 几人目的不同，最终也能合作，拓展如此，商场如此，生活亦然。

(b) 关于竞业限制协议：首先不能乱签，只能和掌握核心商业秘密的员工签。其次，即使与员工签，当其离职时，也应就该问题作出专门说明，若要求其承担义务，应按协议约定支付补偿金（一次性或按月）或达成其他补充协议；若放弃要求，应予以书面通知，表明无须承担义务，企业将不支付补偿。

业，但身边有专业的！”于得水先找台阶。“我三年前跳槽做CTO，签了竞业协议，期满离职一直在家休息，五个月前，我曾要求支付竞业限制补偿，但被拒！”他描述。“意思是被拒后，又过了五个月？”于得水听完想了想，继而问道。“差不多是这样！我有权主张这笔赔偿么？”姬耀启问得纠结。“当然，只需证明履行了竞业限制义务！”于得水答。

“有一人没在，一会儿再去！”刚挂断电话，郤犨泽推门而入。“给秉骏打电话，按前些天教你的，用免提！”于得水交代。“秉骏哥么？我是W网工作人员，我们最近想……”郤犨泽介绍。“你们组织这种拓展意义何在？”秉骏饶有兴致地问。“增进行业内交流，促大家能力提升！”郤犨泽想说出让名额真相。

“最近工作多，还有起工伤，估计脱不开身！”秉骏婉拒。“您考虑下，毕竟您在11班粉丝最多，号召力也大！”郤犨泽说。“想参与都要交报名费？12班队长定了么？”秉骏好奇地问。“赢了费用全退，还奖两万！12班初定大帝！”郤犨泽耐心解答。“我考虑下，尽快回复您！”秉骏礼貌地答。“相信凭您的经验及影响组队，必将胜券在握！”郤犨泽画龙点睛。HRD的话总能严丝合缝，有用信息不多，于得水频频摇头。

挂断电话，秉骏放下手头工作，陷入沉思。虽言语间未显露想法，但已在心中反复比对，并有了倾向。想12班用户，也就大帝、弥勒、格格等几人在W网咋呼最欢。大帝在国企养大爷，弥勒每天炒股炒菜，格格混猎头带死不活。几人专业度顶多“土八路”水平，年龄没自己大，经验又没自己多。以此来看，报名费迅速回笼并获奖金几率极大。至于究竟多大，自己压低胜率，保守再保守估计——约为七成。

成功人士，绝无侥幸——这是自己一直以来笃信的话。自身若无力量，很难过好生活，而力量若来自信仰，也会难过。所以，必须努力“扛起压力，担起责任”，这也是男人本色。虽说能赚钱不一定是好男人，能给人幸福的男人不一定很富有。但“金钱满足物质，幸福满足精神”，确实经得住推敲。

“老爸，工伤处理完了？”秉骏给毕业游的女儿打电话。很欣慰，经考前拼搏，她如愿拿到人大人力资源专业通知书。“是这样！ W 网发出邀请……”秉骏开始征求“小棉袄”意见。“好事啊！不过……没危险吧？”电话里，导游在介绍景点。“没有吧？真人 CS，电子感应枪，游乐场都有！”秉骏答。“那就去喽！刚好年假还没休！”女儿被导游催着挂断。赢了奖金当她学费生活费，换车钱就够了，小心思没和女儿说。

“喂？您好！”给顺水平舟拨电话，却听到女声。W 网几年，存过很多牛人电话，但真正联系的确实没几个。“我是 W 网秉骏，是顺水平舟么？”秉骏礼貌地问。“哦，我就是，我之前叫樱花！”对方解释。“原来如此！是这样……”秉骏介绍时，心里怪怪的。

(a)“听起来很有趣，不知‘枪’重不？我担心端不动！”樱花说。“很轻吧！”秉骏并不知她亟需参与，以抚平失恋痛楚。“员工大病入院，公司一直按时缴纳社保，老板想借此停薪，让其申请医疗待遇，我劝老板不听！”顺水答应后请教。“提醒老板潜在风险！ HR 不是神，尽人事听天命！”秉骏答。给林泉打电话时，他说刚接手人资工作，正给副总和 HRM 办离职。秉骏听蒙圈了，便也不深问，只记得他说一起交流下也不错。

(a) 根据相关规定，参保职工患病或非因工负伤，从基本医疗保险基金中享受的待遇，只能是按规定报销医疗费（药品、诊疗、医疗服务设施），但不能申请病假工资及治疗期间其他生活方面补助。关于病假工资，根据相关规定，职工疾病或非因工负伤连续休假6个月以内，连续工龄不满2年，企业按本人工资60% 计发疾病休假工资。

[a] 顺水平舟竟是女的，和刘丽霞通完话，秉骏斟酌队伍配置。刘丽霞说点点爸爸暑假能回新疆带孩子，没特殊情况应该可以。但五人队若含俩女的，怎么看都单薄，会极大降低胜率。而拿目前状况看，11班很多ID都是死号，人都难凑。秉骏电话征得W网同意，可在13班挑一外援。

翻看13班牛人名单，经反复对比，终将目标锁定。“海安兄，你还在努力的创造剩余价值？”秉骏接通电话。“人不爱能分手，班不爱还在上，苦难都能忍，给钱就行！”戴海安说。“除上班以外，你就没点理想？”秉骏好奇。“我上班就为赚钱，育谈理想，我的理想是不上班！”他答。“如果不用上班，休个年假就能赚钱……”秉骏代入话题。“倒是个好机会，可以考虑！”戴海安沉吟。

“这还有什么考虑的？要么报名，要么弃权！”秉骏不悦。“关键这也不保赢，输了多没面子？”戴海安解释。“自强的人想怎么赢，自怜的人才顾及面子！”秉骏调侃道。“这……”戴海安一时无言以对。“何况，你也需要钱照顾妹妹！”秉骏掏出王牌。“好吧！那几个货，也没什么好怕的！”戴海安随即表态。“一言为定！”秉骏如释重负，客套几句挂断……

中午午休，于得水再读《明朝那些事儿》。慨叹张居正冯保严嵩徐阶高拱归宿同时，也悟出些道理——成功人士秘诀：高人指点、贵人相助、神人保佑、小人监督；阶下囚殊途同归：要么痛快认罪，要么痛快受罪！反观人们对生活的认知，比如无缘由地讨厌蟑螂，有原因么？它不像蚊子吸血，也不似苍蝇传播疾病，但人们就是讨厌。继而想到秉骏中午的反馈，想他也算长袖善舞的好手。

(a) 客观评价己方战力，不打无准备、无把握之仗，适时引进强劲外援，无论在战场、商场、职场，都是铁律。

场地、道具、服装、日程……下午，于得水盘算活动细节。手机突然响起，瞬间冲走许多灵感，自己有些不悦。转头看时，屏显为“小吴”，压下火气接通。“喂？请问是于总么？”电话里是低低而又怯懦的女声。“小吴有事？之前介绍的工作，做得还顺心么？”于得水关心。

“顺心顺心，还没能好好感谢您！”小吴感激之情溢于言表。“那就好！W网压缩经费裁员也是不得已！”于得水解释。“我了解！但是……”小吴话语声透着虚弱。“怎么？你没事吧？有什么困难么？”于得水出于好心。“于总，本不想再麻烦您，但又不知怎么办！”小吴边说边哭。

“没关系，你慢慢说！”于得水放下笔，顿觉心塞。“您介绍的工作挺好，但因离家远，我得照顾孩子！”她说。“所以呢？你给辞了？”于得水试探着问。“嗯！虽然收入不错，也不累，但没办法！”她抽咽。“为孩子也能理解！然后呢？”于得水继续问。

“我到现公司做保洁，他们说我每天工作6小时，一周5天，属非全日制临时工，说不给上保险，工资按月发。这才上班俩月，前天我擦楼梯踩空摔成骨折，医药费就花了七千多！”她诉苦。“那你没向公司主张工伤保险待遇？”于得水反问。“主张待遇？公司没给上保险啊！”她没太听懂。

“每天6小时一周5天，超出非全日制用工时限了！”于得水解释。“什么意思？”小吴渐渐平静下来，反问道。“意思就是全日制用工，公司必须缴社保！”于得水答。“但确实没交，刚派人告知我，态度蛮横！”小吴敢怒不敢言。“以你目前状况，公司应支付相应工伤保险待遇！”于得水分析。

[a]“是这样？还以为全得自己交呢！”小吴自言自语。“是不是全日制用工，都得依法缴纳工伤保险！”于得水说。“看，问对人了吧？那像我这种没给缴的呢？”小吴和身边人说。“公司承担医疗费，还有其他工伤保险待遇的给付！”于得水解答。“谢谢于总，谢谢于总！”她略显激动，忙不迭地挂断。

“喂？喂？”听到忙音，于得水还是不甘心地“喂”两声。见确实没了动静，才静静放下电话到窗前远眺——整个产业基地园被蔚蓝天空环绕、笼罩，阳光从云端泻下。HR 的天职，不单是服务企业，还应援助弱势群体。而充分发挥 HR 作用，促企业正规发展，却路漫漫其修远兮！于得水抄起外套下楼，买了花篮水果。车行所到之处洒满阳光，而之于活动，自己深觉万事俱备……

(a) 企业使用非全日制用工方式，应严格遵守法律规定，比如：不约定试用期、工资支付周期不超过15日、劳务派遣单位不以该形式招用派遣等。同时在程序上，应在录用后到当地劳动保障行政部门办理录用备案手续。

（十七）

◎

11 班的确不是病猫

京港澳高速车少时很少，诸多“女新手”掺杂其中。出了宝安机场，在一嗨租车挑了辆心仪奥迪，秉骏心情不错。心魔不会消失，我们只是学会了与它们共存。此次参加 W 网活动，就像被心魔侵蚀，报名后总是失眠。所以，按照自己长期职业习惯，提前来熟悉环境。

车上的《柔如彩虹》柔中带刚，音符节奏刚刚好。远眺铁岗水库，谈不上风景如画，却也担得起锦绣河山四字。重庆街头“马路杀手”碾压多半城市，让自己吃尽苦头。深圳很多女车主亦不逊色，这让秉骏不敢放松警惕。偶有不打转向突然并道的，因有思想准备，倒也有惊无险。驾车之余回想起驾校教练朋友的事，他说有次接到女学员电话，她哭着问，教练，您的车卖么？现在才发现，我只会开您的车……

驶入科苑南路，深圳大学南校区映入眼帘，学生进进出出。左转进软件产业基地，将车停在 W 网总部楼下。进景观电梯，心随视野持续上升，秉骏想起临行前……叮嘱赵睿妥善处理工伤，要求崔萌将绩效考核持续量化，特别是让张雨绮留意未签工作应届生动向——自己很看好她。

“诶？这不是‘秉骏哥’么？”刚出电梯门，有人打招呼。“请问……您是？”秉骏抬头看，并不是很熟识。“哈哈！我是于得水，您可是我们W网网红哈！”他答。“哪里哪里！幸会幸会！”秉骏主动上前握手。“W网这几年发展，离不开你们的支持！”于得水慨叹。

“真没想到您能提前过来，大周末也没什么人！”于得水解释。“职业习惯——喜欢提前进场适应下环境先！”秉骏答。“要不跟我去现场看看？顺便给您介绍下规则！”他客套。“好啊，我提前来，就是为熟悉下场地！”秉骏爽快答应。“周六都放假，BD在现场，怪不好意思的！”于得水寒暄道。

“您开车过来的？”W网总部楼下，于得水望着奥迪A6L问。“租的——不过，我挺喜欢这款！”秉骏如实答。“要么坐我车过去？您这辆先退了？”于得水建议。“也好！”秉骏给车行打电话，于得水将钥匙放门卫并嘱咐。两人准备妥当，车开始驶离，秉骏又朝总部大楼回望一眼。

于得水说游戏选址喜洲岛，得先去坝光码头，再转乘大飞。不知大飞是什么？于得水没说，秉骏也没问。想到现场问题都能迎刃而解，自己倒也不担心。但去坝光码头要横穿整个市区，闲来无事，还是搜了下信息。喜洲岛，荒岛无人管，面积不足两平方公里，岛岸线4602米……

为何要选个荒岛？而不在真人CS专用场地？因之前乘机、驾车，诸多困惑涌上心头，伴着疲倦及困意。不知何时睡着了，待于得水叫醒自己，车已停在码头。下了车，海风中掺着咸味儿，外加阵阵海鲜味道。跳上改装过的摩托艇，才知道这就是“大飞”。

车在高速上跑，因挡风玻璃减速效果，总觉速度不快。但在海上，大飞时速九十，便已像离弦之箭。离岸愈远，海水愈加湛蓝清澈，被螺旋桨带起吹上脸——极凉。但秉骏天生“旱鸭子”，却没有坐下感受的心情。马达轰鸣，自己不停提醒船主慢些，还是晕眩、作呕。

迷糊间，秉骏见有舰艇编队停在海面。严阵以待的态势，谁看上一眼，都难免心生敬畏。秉骏望于得水，递过个眼神，于得水笑了笑，顶风解释了几句。因马达噪音太大，秉骏并未全听清，大概意思是已打过招呼。途径几座海岛，多有军舰停靠，岛上还有部队的影子。

“我看不行，咱还是回吧！”大飞抵达喜洲岛岸，秉骏劝慰。“最近南海剑拔弩张，不过打好招呼了！”于得水说完先下船。“这岛上——没部队驻扎吧？”秉骏下船前，谨慎地问。“没有，放心吧！前面还要走一段！”于得水催促。没感觉军事紧张是离得不够近，秉骏下船时改罗伯特•卡帕的话。

穿林爬山没多久，秉骏便领略了岛上热浪，伴着氤氲和潮气。小路上有建筑残迹，于得水说岛曾被开发，后因台风损失惨重。一路向前，偶有蛇蝎爬过，让人心有余悸。步行大概四十分钟，树林深处隐现一顶军用帐篷。近些再看，帐外有水和食物，帐内光线暗，有人影晃动。

“老暴，准备怎样了？”秉骏刚要张口，于得水在身后问。“基本妥当！”伴随浑厚男声，一敦实男人走过来，身着迷彩。“这是上面派来的老暴——暴富昌！”于得水介绍。“您好！”秉骏上前握手，感到他的手粗糙无比，长满老茧。“您在这堆武器中选一样！”暴富昌指向帐篷中间，声如钟磬。

“武器不统一么？就是个对战游戏嘛？”秉骏感叹小题大做。“对战时，全歼对手则为胜——游戏结束！”于得水强调。“懂，之前介绍过！”秉骏扫过地上武器，随口答。“游戏不结束，可没船来接你们哟！”他再补充。“我相信自己，也相信队友！”秉骏义正辞严地表态。

“开始后手机会收走，这两天你还可以用！”暴富昌提醒。“用什么用？刚才路上我发现，这儿根本就没信号！”秉骏感慨。“如果想打电话，去那边再试试！”他指指不远处的山尖。“今晚得委屈你在这过夜了！队友明早到！”于得水过来拍拍肩膀。“不是吧？深山老林的！”见二人告辞朝外走，秉骏略显不悦……

不悦归不悦，二人还是自顾自地走远了。背影渐化成黑点，继而一闪消失在拐角，秉骏顿觉失落。拉过张行军床躺下，眼眯成缝，望着帐顶倾泻的光。想起什么，蓦地坐起走到帐前俯瞰，二人刚登上大飞……这才是“叫天天不灵、叫地地不应”，秉骏摇头慨叹。

傍晚，填饱肚子后来到海边，迎着落日余晖漫无边际地走，独自吹着海风，海浪一波接一波，贪婪地舔舐岛岸线的沙滩，十几只海龟混在成群结队的海蟹中，萤火虫伴着虫鸣，昨天这会儿还在家品茶，此刻却离家一千六百多公里，孤身一人。望着再无他人的孤岛，秉骏开始怀疑，自己是否置身梦境？

半梦半醒间，听到巨大轰鸣声，秉骏猛地惊醒。牢固的帐篷顶，被气流压迫得左右摇摆，地面也在颤动。冲出帐篷，秉骏朝上空望，见一驾直升飞机在空中盘旋。正狐疑，它又朝不远处草地俯冲，随即悬停半空。秉骏走近，它开始试探性降落，螺旋桨搅动气流，让人站不稳。

(a) 降落一波三折，先是起落架触到硬石，二次又刮到干树枝。舱门开时，螺旋桨仍在工作，周围植被像在接受暴风雨的洗礼。身着迷彩的四人先后跳下，刘丽霞、林泉、戴海安是认识的，唯独容貌姣好、身材婀娜的姑娘，让秉骏感到陌生。四人下机，直升机徐徐升起，在几人手语中越飞越远……

(a) 干什么吆喝什么，参加集体活动，着装能体现专业度及重视程度。

“你们腕儿真大，都专机待遇了么？”秉骏边引路边羡慕。“我们也云里雾里，尤其是我，又饿又困又晕机！”刘丽霞解释。“这位是……”帐篷内，给四人递过吃的，秉骏问姑娘。“我是樱花啊！对了——顺水平舟！”樱花脸微红。重新上下打量她，秉骏的担忧又平添几分。

另三人看上去就干练，外加了解，绝不会误事。但这“樱花”，看上去就弱，当个车模、选个美还成，要说参加这类体力战，很有可能拖大家后腿……介绍规则、选应手武器，秉骏做着权衡。“都是感光的，有什么好选？”林泉扣动扳机，红点映上帐篷。

[a] 边填肚子边聊职场趣事，秉骏走出帐篷，拨通电话。“于总么？我要求换人……”电话接通，秉骏开门见山。于得水正就活动细节，与相关方接洽面谈。活动临近，本不赞同换人，但听他语气坚决，又拿退出威胁。“只要替换人肯出报名费，你又能做通队友工作！”于得水妥协。

“樱花，来！”秉骏挑起帐篷门帘，喊正在喝酸奶的樱花。“队长，什么事？”樱花脸上两片红晕，轻声问。“时间紧，我就直说了，希望你能退出对抗！”秉骏表情严肃。“为什么？我费也交了，假也请了！不得有始有终？”她问。“报名费会退给你！交通费我给你报了！”秉骏答。“关键是，我也特想参加这次活动！”她不情愿地嘟囔。“但它考验体力，一损俱损！”秉骏想到费用和心仪许久的座驾。

樱花对着一棵树，用手指抠树干上的皮，不再接话地僵持。“其他人也交了报名费，都想赢比赛拿奖金！”秉骏又补充。“我保证不拖大家后腿！”樱花猛转过身，举右手发誓。秉骏没再说话，环视四周，在草丛中挑了块不太重的石头。“双手托举，只要不放下，五分钟就行！”秉骏递过去。

(a) 临场换人尽量避免，但若感觉确实有必要，就必须坚持到底不妥协。

[a]樱花很不服气地接过，不到两分钟就败下阵来。“我是坚持不了，刘姐也不一定行！”樱花忿忿地说。“她可是辣妈，娃从小抱到大！要不试试？”秉骏分析。“这……”樱花自觉平时伶牙俐齿，此时竟词穷到无言以对。“大家出发点不同，但目标一致！我身为队长得负责！”秉骏说。

两人回到帐篷，樱花收拾东西，双眼闪着泪花。但没谁上前询问，或是职场混久了，都猜出个大概。想想HR也确实可怕，道行深了，既能洞穿人性，又能读懂人心。望着她下山的背影，感受乘兴来、败兴归的失落，秉骏有些愧疚。樱花登上于得水派来的大飞，秉骏朝山尖走，翻出张维璋号码……

(a) 队长就像职场上司，既要对工作负责，又要对下属负责，若为此做得罪人的事，说得罪人的话，虽会很艰难，但必须局部服从整体，感情服从原则。

（十八）

◎

参差不齐的12班阵容

“臭不要脸的，还要多久能到？”大帝不耐烦地问。“啊？海上信号差，估计快了！”伴着呼呼风声，徐胜华在电话里喊。半卧在一块青石上，大帝将迷彩帽扣在脸上，遮住上午的太阳。提前三天请假、给莫子溪发完电邮，大帝在队中最早上岛。其实也算不上请假，顶多是和上司打个招呼。

迷彩鞋帽、衣服是公司民兵拉练时配的，只穿过一次。此刻翘着二郎腿平躺，海边慵懒地吹着海风，倒也惬意。这种叼草杆、晒太阳的惬意，像极了《死神》中的京乐春水。只是想到昨天来岛途中，于得水几次诡秘地笑，便觉不寒而栗。而昨晚孤身一人睡在这孤岛上，手机又没信号，也是郁闷。

也不知莫子溪看到邮件没？有没有回邮件？按时差算……大帝胡乱想着，不由自主地掏手机——依旧没信号。手机没信号就是个闹钟，大帝感慨着插上充电宝。大帝期待早点看到弥勒，及时将其绑了扔深海喂鲨鱼——出发前洗很多衣服，在朋友圈晒图配文：累死了，想早点娶老婆。这动态本是给莫子溪看的，甚至能感觉到她看完脸上的红晕。没想到刚发完这货就评论：你是洗的少了，没过瘾！

不知又过多久，大飞马达声越来越近。熄火后，大帝才慵懒地坐起身，刚好瞧见徐胜华要跳下船。“我去！不是吧？”大帝看着他这身装束，不禁感慨——翠绿衬衫，配条蓝牛仔裤，脚下白袜子，穿了双黑皮鞋。“老徐，你是猴子请来的救兵么？这是要去相亲？”大帝皱眉。

随后跳下来的是马小东，隔段距离远远望去——周身上下安踏运动服，蹬双耐克运动鞋，怀里抱几罐奶粉。借着惯性朝岸上跳，因用力过猛，有罐奶粉掉进海水。“奶粉奶粉，快帮我捡下！”他抱着奶粉冲徐胜华大声呼喊。“这也就是赶上打折，否则能这么便宜？”他慨叹。

马小东跳下船，身后是位女生，大帝猜是訾若兰——一袭白色长裙垂到脚踝，搭了双八厘米高跟鞋。她站在船头，下几次狠心，也没敢飞身跳下。大帝和徐胜华上前，两人用手托起，她才勉强平稳着陆。“饶斌放我鸽子？”大帝再仰头朝上望，除船老板已无他人。

正在狐疑，一只大手突然探出，用力抓住船帮。随后大脑袋探出来，对着海面不停呕吐。“没想到这货体格这么壮，竟会晕船！”徐胜华感慨。“别说风凉话，先把他弄下来！你还行不？”大帝要爬上去。“还死不了！缓得差不多了，能行！”饶斌说着，慢慢站起身。

饶斌运运气，一个饿虎扑食，从大飞上跳下。定睛看时，见他穿了身皇马战袍，胸前醒目的“fly emirates”。“你们是来参加对抗的么？”大帝盯着他脚下拖鞋问。“是呀是呀！怎么了？怎么了？”徐胜华满口不在乎的语气。“我报了个假名？还是你们没交费？现在能退么？”大帝绝望。

顺着山道自顾自朝前走，大帝没回头，心气儿极不顺。“你知最后鹿死谁手？孟尝君还靠鸡鸣狗盗保命呢！”徐胜华劝慰。“你们这打扮也忒业余了！能不能敬业点？能不能？”大帝埋怨。“哲学家不会游泳失去全部生命——顺其自然喽！”他继续。大帝转头，见马小东低头抱着奶粉不吭声，饶斌訾若兰不停擦汗。

本计划赢了比赛，用奖金给莫子溪买下那条心仪许久的项链。怎奈队友从行动上如此藐视奖金，倒显得自己市侩。“人心这么散，队伍不好带哇！来个段子！”大帝感慨后释然。“段子个毛线！莫子溪呢？写个破连载，她比你受关注！”马小东问。“莫什么子溪？高于生活的，即使有咱也配不上！”大帝搪塞。

“俩人别说配不配，一块钱的打火机照样点中华！”饶斌插话。“这话精辟，我爱听，点赞！”大帝停下脚站在山腰。“同样，几万块一桌菜，还是离不开两块一包的盐！”饶斌继续。大帝想亲他两口，却搞不懂他身为高管，为啥穿这么随便？“来点实际的！马上当爹了，给点点子赚小钱！”马小东问。“帮朋友拍照，拍好十块一张，拍不好一百删一张！”大帝建议。“滚！用不了一周，我就没朋友了！”快到营地时，马小东骂。

“这是吃的，矿泉水在那边！”进了帐篷，大帝帮介绍。徐胜华在帐篷里兜圈，经过通气口时，顺势朝外面望。“老徐，上次见面会和女粉丝合影，很得意很享受吧？”大帝问。“那是！谁让咱帅呢？关键看影响力号召力！”徐胜华吃东西。“我倒觉得除了人缘好外，真相也可能是因为你脸大！”大帝猜测。

大帝说完，明显感到他的脸痉挛了下，喝的水也差点呛进鼻子。“咦？这次怎么没反驳呢？难道默认了？”大帝好奇地问。“俗话说好男不跟女斗！鲁迅说沉默是最高的轻蔑。”他引经据典。“你这人哪都好，就是听不进实话！枉我一片苦心！”大帝笑。“少猫哭耗子，你给别人绸缎，别人送你白绫了？”徐胜华唏嘘。

“使劲儿掐！我去找把锹，一会把气死的埋了！”马小东煽风点火。“耳机借用下，听条语音！我的忘带了！”訾若兰凑过来说。“拿去用，甭客气！别指望打电话，没信号！”大帝提醒。“没信号？对了，我去你姑姑公司上班了！”她嘟囔着出帐篷。

“大胸忌衬衣，平胸忌T恤！”徐胜华望着门口，突然冒出一句。

“你说人家大还是平？”饶斌一脸坏笑地凑上前问。“赌五毛钱平！押平一赔一，押大一赔十，买定离手！”徐胜华吆喝。“无论结果，怎么验证？”马小东反问，及时参与到男人话题中。“让大帝晚上偷偷检验下，就真相大白了！”徐胜华瞅着大帝坏笑。“滚！我可是正经人，卖艺不卖身！要去你去！”大帝反驳。

“不过，男人女人的喜好及欣赏眼光还真不同！”大帝坐下说。“男人俩爱好：拉良家妇女下水，劝风尘女子从良！”马小东接话。“比如西门庆和吴三桂？”大帝装出懵懂的样子。“女人俩爱好：和穷人谈钱，和富人谈感情！”徐胜华接道。“比如毕业生和当红明星？哇，妇女之友知识真渊博！”大帝说。

“这妮子出去一会儿了，不担心她把耳机拐跑了？”徐胜华问。“耳机没你帅！你还挺关心人家！不对，是宠爱！”大帝答。“我去！你确定这俩词同义？还好没说宠幸！”徐胜华唏嘘不已。“宠幸怎么了？宠爱、宠幸，有什么区别么？”大帝反问。“一个费心，一个费力！”马小东边吃零食边嘟囔。

“说起耳机，我一同事前段时间网购个蓝牙的！”饶斌喝口水说。“这种电子产品，我还是倾向于去实体店！”马小东发表观点。“用段时间好评说，边逛街边打电话——信号超强！”饶斌继续。“电子产品网店能如此良心，很不容易了！”马小东夸奖。“他还说，他逛三条街，才发现手机被偷了！”饶斌忙补充。

傍晚，介绍完规则，大帝指着那堆武器，让四人自行挑选。在此期间，出门爬上山尖，给于得水打电话要了几套迷彩服。随后五人早早躺下，四男在一侧，訾若兰独霸另一侧。想着即将开始的对抗，大帝翻来覆去睡不着，总觉得不安稳。半夜钻出帐篷方便，见徐胜华像挺尸般站在树下……

看来，自己走过最长的路，就是组织方的套路。这几人一定是他们派来搅局的，装束参差不齐，拍剧都不用化妆。但细想，人都是自己选的，此时翻脸，肯定惨遭友情滑铁卢。“我说，你们几个为啥同意来参加这活动？”大帝边尿尿边问。“我们相信能赢，而且深明大义呗！”徐胜华打了个寒颤。

“深明它大姨妈！你们穿成这样来……”大帝发泄不满。“穿什么样重要？重要的是结果！谁钱大风刮来的？”他反问。“知道就好！我可是……”大帝本想说给莫子溪准备礼物。“能攻心则反侧自消，从古知兵非好战；不审势即宽严皆误，后来治蜀要深思。咱做好攻心、审势就行！”他说完钻回帐篷。

深夜，闷热，鸟飞虫鸣，月光皎洁，偶有一丝风吹过。听了他的话，大帝瞬间觉得又清醒许多，甚至一点都不困了。站在军帐前，遥望山下汹涌澎湃的海，似有暗流不停涌动。原来大家心中都有数，不像看起来那般不靠谱。或许信任是伪命题，但又是很实在的人性，大帝想。

（十九）

◎

这里的黎明静悄悄

清晨，耳边有布谷鸟清脆的叫声，细听还有啄木鸟钻啄树洞声。偶有清风撩拨枝叶，像泳池渐漫过喉的水。大帝静静坐起，披衣穿鞋，见四人还在沉睡，便悄悄出门。帐外树丛边，几株野芭蕉长势喜人，露珠顺叶脉下滑。若非置身荒山野岛，晨景如此惬意也是人生幸事，大帝暗想。

“竟不叫我，独享美景的节奏！”手拍在肩，转头看是徐胜华。“金庸古龙小说主角，是不都在这种地方有奇遇？”大帝望向远方。“奇遇不好说，艳遇肯定！我想要沙特国籍很久了！”他玩笑。“段誉韦小宝张无忌，沈浪李寻欢陆小凤楚留香……”大帝念叨。“来本《六脉神剑》！《葵花宝典》赏你了！”他大方道。

天渐大亮，海天相接处波光粼粼，朝阳喷薄欲出。“格格说他初中听完《沧海一声笑》，给金庸写过信！”他爆料。“貌似这略显小资的逗逼情怀得从娃娃抓起！”大帝回应。“可惜没收到回信！又想写给古龙，却听说早已作古！”他说。“看来和他比，咱都过了个只会摔泥巴的假童年！”大帝附和道。

二人边神侃边走山路，从后山绕到前山腰，眼前偶现一小瀑布。走近看，瀑布水流不大，宽约两米，落差约三十米。尤为惊奇的是，瀑布下方形成天然蓄水池，池中开朵蓝莲。“诡异！采来吃能长生不老么？修仙小说都这么写！”徐胜华说。“吃个屁！小点儿声，看那边！”大帝杵了下他，指向不远处。

朝大帝指的方向望，徐胜华见山坡下不远处，有顶同样的绿军帐。“我去！这是传说中的潜入敌后的节奏？”他边望边低声慨叹。“嘘！这叫误打误撞——早起的好处！”大帝示意收声。帐篷外，几人身着迷彩，或在洗漱，或在吃早点。看来配给都一个鸟样，比飞机上餐食还差，大帝嘟囔。

[a]“按SWOT分析，咱队能力强、人心齐！”大帝侧耳听秉骏分析。“维璋换下樱花，实力又增强很多！”林泉接话。“我建议咱集中兵力、打出配合，各个击破！”秉骏建议。“不错！快刀斩乱麻，然后领奖金走人！”戴海安深表赞同。“快走……”大帝猛地转身摁徐胜华脖子，边后退边耳语。

以草丛岩石做掩体，两人猫着腰走段路，随后直起身往回赶。“怎么了？猴急猴急的！还没听完……”徐胜华莫名其妙。“刚才感觉有人上来，好像有脚步声！”大帝答。“这兔子不拉屎的地儿，除咱十个难有其他人！”徐胜华感慨。“小心驶得万年船，谨慎点儿没坏处！”大帝陷入沉思。

“你俩好基友，一大早上又去哪儿搞基？”见二人回，马小东问。“去探路，顺便看能不能偶遇个妹子！”徐胜华倒矿泉水洗脸。“这鬼地方想偶遇妹子，难道不该……”马小东瞅向訾若兰。“发现一座神仙洞府，里面有朵千年蓝莲！”徐胜华开始吹嘘。“别吹了！静一下，好像有人！”面包咬一半，大帝打断。

半分钟后，一位兵哥哥进入视野，抱着几套迷彩服。“大家好！我叫娄千云，组织方派来的！”他边走近边介绍。几人纷纷上前打招呼，虽不明来意，面子工

(a) SWOT分析能用于企业之外，这也只有HR能干出来——活学活用。

程还是要做的。“我来送服装，顺便教大家武器怎么用！”娄千云解释。“服装还真是急需！武器？不就是感应枪么？”饶斌扣动扳机。

[a]“流程还是要走的！”见红点映在树干上，娄千云笑得诡异。大帝见了，想起于得水送自己上岛，也有类似的笑。“暴营长在教他们，我从那边过来！你们一直……”娄千云迟疑。“你俩刚才没碰……”马小东瞅瞅大帝和徐胜华，快言快语。“怎么没碰？奶粉假的，我俩验过了！”大帝狠拧他后背一把。

“一直吃早餐的节奏，刚想研究战略战术你就来了！”徐胜华圆场。“是这样？我刚路上听到动静，看来是山鸡！”娄千云舒口气。“怎么？难道你还以为我们去刺探军情了不成？”大帝戏言。“没有就好，没有就好，毕竟规则上不允许！”娄千云打马虎眼。“岛上还有山鸡？有机会逮只尝尝！”大帝转过脸，故作轻松。

“95式轻机枪，弹容75，射程800，适合你！”娄千云望向饶斌。“M4卡宾枪，弹容30，有效射程600！”娄千云介绍徐胜华手中武器。“咱天生警察脸，玩杀人游戏都是万年警，当然用它！”徐胜华慨叹。“这仨是86式手榴弹，杀伤半径6米！”娄千云指徐胜华手里。“这玩意儿怎么用？直接扔秉骏脚下能送他回重庆？”徐胜华戏言。

“一会儿说！92式手枪，弹容25，射程50！”娄千云指訾若兰手中。“AK-47，弹容30，有效射程300，行家啊！”娄千云介绍完夸马小东。“见笑！赶上个CS风靡的尾巴——名枪之首！”马小东拍着枪托说。“B46，弹容10，有效射程600，赶上个臀部！”大帝说。“当年小网吧练甩枪，不是白练的！”见娄千云惊讶，大帝解释。

“好！新手、行家都有，还是要从头讲！”娄千云笑得尴尬。娄千云详细介绍了拉枪栓、换弹匣、开关保险、装卸消音器的方法。大帝、马小东靠着大树乘

(a) 快言快语有时也容易坏事，能及时打岔显得尤为重要。

凉，目光随他来回移动。把另外三人全部指导一遍，时间已接近中午。“只能到这了，明早六点开始！”娄千云收走了手机和多余武器。

“小娄？”他还没走远，大帝喊完觉得怪，想起了段小楼。“弹药不够咋办？”见娄千云转身，大帝问。“放心，保你们都够用！保重！”他说完，头也不回地走远。“我去，这几个意思？把咱扔这自生自灭的节奏！”徐胜华低声道。“别乌鸦嘴，呸呸呸！”訾若兰捋捋鬓角，随口说。

中午填饱肚子，几人分工明确：两马安静午睡，三人继续练习。帐篷内，马小东传出轻微鼾声，大帝却翻来覆去睡不着。多半天经历新鲜又神奇，此般生活才适合双子座。莫子溪看到邮件没？早上偷听，不知秉骏还有哪些馊主意？困意渐渐袭来，听着帐外三人轻声交流，大帝沉沉睡去……

不知过了多久，大帝从睡梦中惊醒，额头渗出大滴汗珠。猛地坐起，环视帐内，空无一人，门帘缝隙透进阴郁的光。回想再回想，确定此时不是清晨，才舒了口气。穿鞋时顿感浑身无力、两腿发麻，处在有无知觉之间。“真够意思，晚饭都不叫醒我！”大帝出帐篷，见几人在聊天。

[(a)]“小訾呢？”大帝往嘴里塞面包，顺便拧开矿泉水润喉。“她又去山顶找信号了！”徐胜华正说着，她从不远处跑过来。“来来来，咱凑一起研究研究！”大帝用神秘语气召集。“你仨不知道，我俩早起溜达，无意摸到……”大帝低声说。“这不是作弊么？不好吧！”訾若兰听到一半打断。

“我俩又没刻意去查探，情况就这么个情况！”大帝解释。“过程有时不重要，关键是结果！要公平还是要奖金？”徐胜华补充。訾若兰环视四人后，略低下头，不再固执己见。“既然意见统一了，咱也按 SWOT 分析下！”大帝说。“这是他们

(a) 世间之事本无绝对的公平，除了自身努力外，有时也看各种机缘。

位置，上面瀑布能遮声……”大帝用石头标注位置。

[a]“咱脑子活、办法多、能先发制人，比专业差些！”徐胜华分析。“小訾体能及耐力，应该都不敌点点妈！”大帝客观陈述。“秉骏说要集中在一起，把咱各个击破？”马小东问。“是！就听清这一句，其他没来得及细听！”大帝确认。“基于刚才分析，我建议咱分散——围起来打！”马小东建议。

随后一个多小时，几人又对突发状况做了预判，确保万无一失。“明天这会儿，我该搂着奖金躺在家里大床上了！”徐胜华憧憬。“奖金足够给我家娃买奶粉了，不错不错！”马小东笑道。“实战终于要来了，想想就激动！”訾若兰说完，见饶斌已熟睡。“都睡吧！养精蓄锐，明天一鼓作气解决对手！”大帝说完躺下。

(a) 基于实际情况分析，选择适合的战略战术，在实战中显得尤为重要。

（二十）

◎

沉寂，不等于死寂

躺在草丛中，遥望黎明前的星，大帝感觉浑身上下渐渐湿透。莫子溪在美国陪父母，那边此时该是黄昏，几近傍晚了吧？相识于W网、多次分合、不断磨合，最终趋于稳定……与她一路走来经历的风雨，或将化为年老摇椅上两人的鲜活谈资。而她于熙攘人群中回头莞尔一笑，那难忘的妖娆早已印在心间。

“我去，你轻点儿蹬！”大帝头上又多个四六码鞋印。“知道了——矫情！”饶斌有些不耐烦，扭了下屁股朝身后喊。大帝自觉英明神武，昨晚讨论完战略战术，半夜就叫醒四人。提前就位埋伏“一窝端”，几人被这样的说辞成功说服——徐胜华在瀑布旁、马小东去右翼、饶斌趴左翼、訾若兰于下方接应。

而大帝选择左翼，是非常看好饶斌手中的95式轻机枪。它的狂扫极易造成慌乱，那B46的机会就来了。对不住了秉骏兄，谁让咱从高中就有早起习惯呢？大帝庆幸。战场不是非诚勿扰，即使爆灯到最后，照样会被撂倒。猜他输后不快又无奈的脸，会像块隔夜未洗的尿布，又皱又骚。

“你说徐胜华、马小东这俩货能睡着不？”大帝爬上缓坡问饶斌。“蚊虫这么多，叮得我浑身包，能睡着算他俩厉害！”他答。“为奖金忍忍吧！一开始就结束，还是赚的！”大帝打着哈欠分析。“但愿别有意外，否则真是得不偿失！”饶斌将帽檐向下拉扯。这或许并不是四人愿意的选择，只是自己希望的结果，大帝暗想。

黎明前的黑暗，虫不鸣、鸟不语，看似所有植物都屏住了呼吸。万籁俱寂，让人愈发压抑，甚至绝望。孤岛上的一切，似乎都在瞬间陷入恐惧，亟待朝阳喷薄欲出。不远处的海平面，巨浪搅着暗流，让人感觉不到希望。然而，沉寂，并不等于死寂。

同一时间，帐篷内，秉骏躺在床上，翻来覆去睡不着。想想便觉可笑，重要招聘培训仲裁都不曾失眠，却因一场游戏。再想想对手，无论专业度、成熟度、默契度，均不在同一层次上。以理想而非现实眼光看世界，所以很难看到真相，秉骏想。明天尽快结束游戏，女儿学费有了着落，也能没顾忌地换车了。秉骏将毯子往身上掖，回想这两天脑海中勾勒的全岛地图。他们能躲在哪儿？沙滩太暴露、山顶太显眼……自己闭眼猜测。

而旁边床上三人，也都或睁眼望房顶，或闭目养神。戴海安牵挂着妹妹病情，打算再去南京一家医院看看。刘丽霞惦记点点，虽老公在家，还有表妹照应，但母子连心。林泉担忧工作，毕竟刚“官复原职”，任春秋撇下很多棘手问题。这样的夜，不但沉寂，也注定让很多人失眠。

清晨，海平面泛起第一缕光，汹涌了整夜的波涛愈发祥和。帐篷内的几人，都迫不及待地结束装睡，起床洗漱、吃早点。营地内，四个身影来回晃动，平添几许人气。秉骏坐在帐篷门口，不停擦拭武器，感觉比昨晚沉上许多。刘丽霞递过奥利奥时，自己笑着接过，塞进口中。

“什么时候动手？”饶斌抱着枪栓，食指抠着扳机不停问。“再等等！还半小时！现在动手咱违规！”大帝窝在晨露中看时间。端起望远镜朝另三人望——訾若兰始终保持高度警惕，而徐胜华、马小东这俩货：一个在不停瞌睡，另一个在不停地吃零食。他俩有“胜则举杯相庆，败则拼死相救”的觉悟么？大帝思忖。

书上说，地球上用脑超过人类的物种只有海豚。科学研究表明，人类用脑百分之十，海豚却高达百分之二十。但海豚并不在岛上，秉骏他们也是人，脑子都差不多，大帝想。“准备好，你来第一波！”距约定时间还十分钟，大帝提醒饶斌。饶斌抠紧扳机同时并未察觉，瀑布方向已有人将枪口转向自己……

（二十一）

◎

真的枪，实的弹

准星随秉骏左右转动，饶斌深知擒贼先擒王的道理，手心依旧全是汗。清晨的光如约而至，普照这座孤岛，飞禽开始出窝觅食。靠在缓坡底部，大帝望了眼天空：湛蓝湛蓝的，没一丝云。“时间快到了！一会儿先把秉骏弄出局！”大帝捶捶饶斌脚踝。“真啰嗦！直接倒计时三二一，我就一梭子扫过去！”他不耐烦。

“三、二、一，打！”大帝盯着表，接近六点时，一字一顿地说。一连串刺耳的机枪声划过耳际，饶斌扣下扳机。秉骏应声倒地，双手抱住右腿，鲜血渗出裤管，表情痛苦不堪。“什么情况？不是感应枪么？怎么变真的了？”他目瞪口呆。大帝听完心中一惊，顺着土坡往上爬，想观察对面情况。

“我去，真是真家伙！你看这……”饶斌检查完，端起武器转身。“趴下！”伴着大帝一声厉喝，他的胸口瞬间被击穿。饶斌后仰，庞大的身躯像堵轰然倒塌的巨墙，重重摔在土坡上。他头下脚上躺着，没说完话的嘴张着，睁着的眼满是疑惑。大帝爬上前仔细看，鼻孔已无呼吸，身下植物染红一片。

事情并未按预想发展，大帝瞬间脑子有些乱。躺在他尸体旁，自己没轻举妄动，回想这次活动的每个细节。想许久未理出头绪，轻卸下B46弹匣检查——全是实弹。拿钱报名只图一乐，输赢还能洒脱面对，但若赌命就不值了……抱着武器朝旁边小土坑滚，大帝大口喘着粗气。

面对生死，谁不恐惧？就像饶斌，不明不白就挂掉了。滚进小土坑，远望饶斌尸体，两只大眼睛直勾勾瞅向这边。“兄弟，我也还没弄清状况！这事儿可真不能怪我！”大帝念叨。“我答应你，一定给你报仇！”大帝边嘟囔边分析当前形势。谁用B46狙击了饶斌？帐篷周围状况如何？另外三人也吓傻了？

空气中再无鸟叫，连风都不再拂过。就像提前明确了对方坐标，难道他们早就被告知是实弹？这可能应该不大，否则以秉骏行事风格，行事不会如此草率。望远镜忘在饶斌身旁，卸下B46瞄准镜时，生怕发出半点声响。以灌木作掩体，悄悄露半个头，大帝观察周围动向。

帐篷周围已无人影，满地零食和矿泉水瓶，伴着斑斑血迹。对面约定位置，马小东身影若隐若现，惊惧爬满整张脸。帐篷下方，訾若兰瘦小的身躯躲在松树后，发丝凌乱随风摆动。回想饶斌中弹时的姿势，大帝将瞄准镜转向瀑布方向。莫非是张维璋？否则谁还有如此耐性？难怪只见四人……

隔段距离眺望，伴着几十米落差，白色纱带般的瀑布倾泻而下。而在晨光照射下，瀑布上空有道七色彩虹，甚为壮观。大帝无心欣赏，急寻徐胜华身影，并判断不速之客的狙击点。边搜边怪自己太草率，没考虑周全就拉上四人来送命。溺水的人总把别人拽下水，这是不正确的，但是，这个人溺水了。

又观察十几分钟，还是一无所获，大帝感觉胳膊酸疼。于是缩脖蹲回小土坑，端着瞄准镜发呆。之前打真人CS或二手市场淘宝，见过的望远镜都是老花镜。既不望远也不高清，充其量是放大就虚的玻璃。但这款不同，高清且夜视，或许黎明前自己就该察觉。

困意渐袭，回想守夜到天明又折损队友，大帝懊恼不已。虽知计划没变化快，但万没想到，事态发展如此离奇。几乎一夜没闭眼，想另外三人也该困了吧？再看饶斌尸体，眼睛依旧直勾勾瞅向这边，脸色略显发青。绝不能睡，大帝边掐大腿叮嘱自己，边再次朝瀑布方向望……

瀑布水帘后侧自然内凹，形成狭小空间，像缩小版的水帘洞洞口。因有水帘遮挡，徐胜华虽窝在里面，不仔细看确实很难发现。他右手探出水帘，食指朝瀑布上方指，水珠在腕上四溅。大帝视角迅速上移，一动不动地盯着所指方向。将别人对骂时间都用在操作上，是 OLO 对“高手”一词的绝逼评价。以此来形容潜伏在制高点的张维璋，也是再贴切不过。若非阳光在瞄准镜上反射出一丝光斑，大帝依旧难发现他。

（二十二）

◎

第二十二条军规

[a]蝉开始肆无忌惮地鸣叫，偶有海鸥掠过孤岛上空。而众人心情却远没有“蝉噪林逾静、鸟鸣山更幽”的空灵。“相信各位都清楚当下局面！”岛上传来扩音器的声音。似男似女、忽高忽低，明显加了特效，回荡全岛。“和劳动合同一样，你们都签了对抗21条须知！”声音继续。

什么狗屁须知？要知道这样，鬼才会签！大帝暗自思忖。“签过就代表同意，下面对抗继续！”扩音器阐述。或许大家都太过自信，且过分看重奖金，而未充分评估风险，就像惬意地品着努瓦克咖啡，却不会想象它是坨猫屎。“注意第22条，全歼对方才能安全离岛！饶斌，Out！”声音强调。

如此规则和对抗，难道不违法么？大帝想完开始傻笑。因为想到《德州电锯杀人狂》和刘啸宇执导的电影《玩命游戏》。看来这次对抗有组织、有预谋，旨在聚集十人自相残杀。“第22条规则，第22条规则！”大帝喘着粗气低声嘀咕。不禁想到《第

(a) 作为年满18周岁的成年人，有很多事必须清楚，其中之一就是名字不能乱签。

二十二条军规》中为保命不惜装疯、开小差的约翰……

大帝深觉，还活着的九人，内心都是无比绝望的。在这孤岛上，空谈道德、法律、公平、正义都是浪费时间。唯有遵守游戏规则，把握时机努力活下来，才是最真的现实。此间比耐心、比耐力，与专业无关，谁又能保证自己活着出去？或许都将迷失在慢性自杀般的孤立中，对初衷茫然不顾。

为参加这次活动，所有人都急匆匆地切断周围所有联系，殊不知所有的努力和舍弃，是为活在这人为构建起的缥缈世界。而有人的地方就有江湖，这儿的江湖规矩早已形成，且必须遵循。所有队友或对手，都不再是笑傲职场、叱咤风云的总监经理。相反，倒更像粒粒尘埃，被吹向广阔无垠的平原。

一名外企 HRD，就这样丧命于此，饶斌在天有灵会作何感想？或许每个人的一生，就是走在通往彼岸的桥上，并无其他归处。可依然有很多人洋洋自得，以为能掌控这样或那样的结局。而当死神之箭毫无防备地射来，任谁都会深感恐惧。好似它对准的不是这世界，而仅仅是自己，且无法阻止。

或许哈迪斯的脚步从未停歇，下个死亡之吻会光顾谁不得而知。而在步履蹒跚中诠释的，除了破碎的梦，还有奢望被救赎。欲掩埋掉他失去体温的尸体，又担心自己被狙击成尸体。想黎明前还开玩笑，现已阴阳相隔，大帝的寂寞感油然而生。或许谁都清楚，人们很少想起孤独的味道，能感觉到的唯有寂寞。

张维璋是什么时候过去潜伏的？他主动去的还是秉骏安排的？一连串谜团想不出答案，这让大帝心绪不宁，有些烦躁。又或许谜底已变得无关紧要，因为人已经在那了。时间点点流逝，由于突袭失败，昨晚的计划全被打乱。对方五人，秉骏右腿受伤；我方五人，饶斌阵亡，人数五比四……

全歼对手才能安全离岛，那就意味着要安全离开……若不按要求呢？大帝反推理后一无所获，除非有人去验证。作为强势制衡，组织方定有必杀技，只是还未可知。想起学生时代看过的电影《大逃杀》，大帝仍心有余悸。如此看，这是场置死地而后生的较量，必须全歼对手。

但他们上面占了制高点，下面四人抱团，全歼谈何容易？若就这样从四个方向冲下去，无疑全成了张维璋的活靶子；而滞留原地无疑势单力孤，早晚成为刀俎上任人宰割的鱼肉。难道真应了秉骏的话，会把我们各个击破？正锁眉犹豫，见林泉钻出帐篷，及时躲在大石头后……

（二十三）

◎

永不凋零的花

透过帐篷帘，见林泉暂时安全，刘丽霞又回到秉骏身旁。“稍微忍下，我再处理下伤口！”刘丽霞边说边解他腿上的绑绳。秉骏双牙紧咬，视线僵硬地望向别处，豆大汗珠渗出额头。“条件有限，只能这样了！”她用衣物抵住伤口，用力绑紧。刚绑好血又渗出，秉骏脸色惨白，失血导致了虚脱。

[a]“现在咱还占一人优势，你们不用管我！”秉骏分析完强调。“不是说发挥优势、各个击破么？”刘丽霞反问。“但情况有变，我现在很有可能成为累赘！”秉骏皱眉。“他们怎么知道咱在哪儿？组织方放水？”戴海安没好气地质问。“可能不大！但没必要深究了，现在最重要的是赢！”秉骏答。

“得亏维璋深谋远虑，控制了制高点！”见两人没搭茬，秉骏说。“我还挖苦说没必要！现在看来，小心行得万年船！”戴海安慨叹。“若非他及时出手，再一梭子下来，Out 的就是我！”秉骏后怕。“组织方安的什么心？咱拼个鱼死网破对他们有好处？”刘丽霞困惑。“这就像职场，不是所有离职都有合理解释

(a) 问题既已摆在眼前，原因就别深究了，及时解决进而达到目的才是关键。

的！”秉骏苦笑。

刚要弯下身再次处理伤口，刘丽霞听到帐篷外一阵杂乱枪声——先是一声狙击枪响，然后是卡宾枪“突突突”的声响。突如其来的枪响，牵动着双方紧绷的神经，大帝急得团团转。攥着瞄准镜，大帝眼皮打架，强迫自己盯紧帐篷周围动向。值得欣慰的是，林泉钻出帐篷后的一举一动尽在掌控。

但让大帝惊愕的是，在毫无预兆情况下，訾若兰从树后缓缓走出。无任何防护，泰然自若地走向帐篷前的小空地。B46枪声响起，张维璋一枪打偏，子弹钉在树干上。之后卡宾枪响，气急败坏地朝徐胜华望，见他还躲在水帘后。子弹全打偏，不知是后坐力还是訾若兰的反常举动，林泉也愣在当场。

“我要见点点妈，和她有话说！”訾若兰双手自然下垂。“注意安全，小心有诈！”刘丽霞朝门口走，秉骏和戴海安叮嘱。刘丽霞没出门时，林泉的食指在扳机上犹豫，终究未扣下去。“刘姐，我有话和您说！”见刘丽霞撩开帐篷没说话，訾若兰开口。“我在听！”刘丽霞表情无悲无喜，像要做培训，或离职面谈。

“这次就咱俩女士，本以为玩玩，没想到闹成这样！”訾若兰说。“风云莫测，世事难料，一如我们熟悉的职场！”刘丽霞回应。“我觉得玩儿命是男人的事，与咱不搭噶！”訾若兰继续。“既选择加入，那就是整体，你也一样！”刘丽霞道出己见。“没错，但你还有点点！”訾若兰说完，看得出刘丽霞在迟疑。

“你想说什么？退出？没听规则……”想到点点，刘丽霞略显摇摆。“我想赌下！规则是规则，没试怎么知道？”訾若兰打断她的话。“这状况，我们不是规则制定者，你想怎么试？”刘丽霞好奇。“我想去海边呼救，没准儿能等到渔船！”訾若兰及时回答。“那你去好喽！没必要和我说！”刘丽霞回头瞅了眼秉骏。

[a]“您想想，咱俩一块去，成功了谁也不用 Out！”訾若兰分析。“毕竟，你还有点点这个牵挂吧？”见她没吭声，訾若兰又补充。“那……万一失败了呢？”刘丽霞迟疑地问。“咱俩一起 Out，你队还占优势，总好过无谓牺牲吧？”訾若兰答。“这——”刘丽霞拉长音调转过头，见二人点头赞同。

“好，你等我一下，我换下衣服！”刘丽霞说完放下帐篷帘。条件简陋，顾不上太多，三下五除二换下迷彩服。留下武器和食物，帮秉骏最后处理一次伤口。“若我 Out 了，帮转告点点，我永远爱他！”她出门前交待。两人没再多说什么，均用力点头。

“刘姐，听说点点都上幼儿园了？”二人下山，訾若兰问道。“是！别看他小，还会唱英文歌呢！”想到点点，刘丽霞深感自豪。“听说你刚毕业就当助理？那可是大帝的姑姑！”刘丽霞关切道。“阴差阳错，幸运而已！”想起应聘经历，訾若兰心底温暖。夕阳西下，抛开第22条规则，女生间的话题温馨至极……

趴在土坑里，见证二人的正面交涉，目送其携手下山。虽听不清具体内容，但看表情，大帝能猜个大概。未尝不是件好事，总比 Out 得差不多才发现被忽悠好得多。不用再死人，就能逃离这鬼地方，那是最好的结果。谁还惦记那几个臭钱？否则只怕有机会得却无福享用。

落日余晖散出昏黄的光，斜照上孤岛沙滩，画面美而恬静。两人相互挽着胳膊，身后的四行脚印歪歪斜斜，却异常从容。原来，自由和束缚只隔一小步，未失去前我们皆不自知。快接近大飞停靠点时，“轰隆”一声巨响，二人身影皆无。海风拂过，一袭白裙飘舞半空，像朵永不凋零的花……

(a) 有理有据地说服对手（同伴），不但考验逻辑思维能力，还考验个人情商及语言表达。

（二十四）

◎

要么准，要么狠

水花在眼前落下，像断了线的珠子，但徐胜华并无心欣赏。望着沙滩上因爆炸升起的烟，心底塞满了失落。虽无深交，但毕竟一起混迹于W网，此时却成青烟一缕。看来后路已断，想靠侥幸逃离已是异想天开。隔着水幕，望着池中盛开的蓝莲，徐胜华觉得它没早上鲜艳。

在这荒无人烟的岛，傍晚更是短暂，夕阳一闪便没了影。夜色袭来，担心被张维璋一枪爆头，徐胜华不敢轻易探头。一天没吃东西，饿得心发慌，本能地朝裤兜摸。庆幸摸出两块大白兔奶糖——昨晚小訾硬塞过来的。只是糖上尚有余温，人却已随风而逝，自己无奈地摇头。

一想头顶趴着位狙击手，徐胜华就精神紧张，甚至神经兮兮。也正因此，虽是两块奶糖，却吃得异常费力。一方面要用力靠紧石壁站稳，且不滑到瀑布外侧；同时，在风吹来瞬间迅速扒糖纸，以降低发出的声响。但越饥肠辘辘，风越姗姗来迟，顿觉一阵心塞。

偶有微风袭来，尽量让动作轻且快，还是有响动。在空旷而荒凉的岛，动作再轻，动静也会被无限放大。奶糖为何包糖纸？见一时吃不到嘴，徐胜华郁闷地感慨。张维璋这货不用填肚子？他在上面趴一天不累？想昨晚还在研究战术，此时已有人阴阳相隔，徐胜华略沮丧。

大帝那货现在想什么？一想到他昨晚颐指气使的样子就生气。什么运筹帷幄、战略战术？研究半晚上，全是狗屁。反倒是饶斌这“二愣子”，还没搞清状况就做了炮灰。一天下来比分三比四，知道对手位置，也并未占得先机。漫长的夜，伴着瀑布流水，徐胜华不知何时沉沉睡去……

“昨天对战饶斌 Out！訾若兰刘丽霞不守规则，Out！”清晨扩音器广播。徐胜华边皱眉边睁眼，全身酸痛同时，听广播重复三遍。“预祝今天玩得开心，成为获胜队或个人！”广播里云淡风轻。“开心个毛线！不停死人会开心？”徐胜华暗自嘟囔。心中无风景，眼中便不再有，因此，自己也没觉得空气好。

同时被吵醒的还有大帝，浑身发麻又不敢伸懒腰。用瞄准镜望对面，马小东架着 AK47，只露出半个脑袋。再看瀑布方向，虽没发现张维璋踪迹，但确信他还在原地。而水帘后的徐胜华睡眼蒙眬、面如死灰，黑眼圈又重了许多。下方帐篷周围，林泉躲在石头后，半睡半醒地放哨。

不知秉骏腿伤如何？没猜错的话，他和戴海安还在帐篷里。虽人数不占优势，但从战力看，也就是三比三点五，基本持平。大帝分析着，听肚子咕咕叫，不禁空咽了下口水。突然，奶粉盒从对面山坡叮叮当当滚下，马小东暴露了。林泉一梭子弹打过去，他面前的土溅起半米多高。

“吃货永远遮掩不了其本性——真他妈二货！”大帝骂道。好在他反应快，抱起枪就地十八滚，巧妙躲出林泉的射击视角。刚滚出去，B46的子弹重重钉在身后树干上。大帝再朝张维璋藏匿方向望，一块青石成了天然屏障。三下五除二装好瞄准镜瞄准时，发现视角仍被卡住。

就在这时，徐胜华再次从瀑布后伸出手。先指指下面的林泉，又指指自己，再指头顶上方。大帝随即掉转枪口，开始集中精神，尽量瞄准林泉的头。徐胜华及时窜出水帘，还是被他发现，身旁一排弹眼表明再次打偏。“砰！”伴随狙击枪响，林泉应声侧躺在岩石上——全是血。

与此同时，徐胜华击发了三枚86式手榴弹的引信。半弯腰用力蹬地，猛发力向瀑布上方投掷时，徐胜华感觉大腿一凉。手滑同时，见子弹穿透大腿后留下的洞，正在向外冒血。三枚手榴弹，两枚投到指定位，最后一枚因手滑，从山腰滚落。“完了！”徐胜华预感不好，紧闭双眼，祈祷奇迹发生。

“轰——”大帝远远望去，张维璋所在位置青石四溅。瀑布旁的半山腰，一块巨石因受巨大震动，翻滚着垂直下坠。巨石从徐胜华身上碾过，将他带进水池，重重压在水底。“胜华！”大帝丢下枪，跃出土坑，疯也似的朝那边飞奔。一路上，和他在 W 网互评、在 Q 群互怼等画面涌上心头……

瀑布下水池旁，大帝呼哧带喘，两条腿已没了知觉。他整个人被压在巨石下，且被固定在水底，双眼充血脸色煞白。三四吨重的巨石，即使不被呛死，也基本被压碎了。鲜血染红整个水池，蓝莲在水面随风飘摇。“是我害了你！是我害了大家！”大帝捂着脸，泪如雨下。

大帝清楚，即使他还活着，能挺几小时，自己也无法挪开巨石。即使马小东赶来帮忙，凭二人之力亦移不开它。而向对面求救，此情此景，他们还盼着这边都快点死呢。所以这想法很幼稚，他们也绝无伸出援手的可能。此行最痛的领悟：看着密友死去却无计可施，渐渐学会敬畏生命。

（二十五）

◎

老子也不是吃素的

同样痛的还有马小东，连续翻滚过程中，屁股竟扎在锋利荆条上。马小东抱着AK47，龇牙咧嘴地仰望天空，皱着眉思索对策。从昨天凌晨就趴在这儿，提前制定的狗屁方案被证明就是狗屁。目睹饶斌被狙、訾若兰被炸飞，才渐渐意识到事态严重性。理想总是很和平，历史却异常残暴，昨晚睡前，马小东总结。

老婆肚子愈发的大，本想赢取对抗奖金赚点奶粉钱。这也能避免喜当爹时捉襟见肘，却未曾想事态发展如此荒诞。深沉的夜幕，配上漫长的夜，死亡的既视感触手可及。突然很想糖糖，迎新初遇时的重箱子、和东宇平拼火锅底料……此刻，她应该躺在床上做胎教吧？马小东猜想。我们把世界看错了，反说它欺骗我们——想起泰戈尔的名句，《飞鸟集》也是俩人都喜欢的。

即将降临的小生命，甚至和糖糖起好了名字——吃货的世界很难离开吃，小名“米酒”也终未摆脱食材束缚。一定给他最好的生活，挂上念珠、套上小僧衣去净寺勾搭妹子。回想、构思着乱七八糟的画面，自己不知何时睡去。梦中又是或面试、或离职、或努力做个好猎头的画面。

清晨醒来死气沉沉，外加本能的饿，马小东从背囊掏出罐奶粉。打开吞咽时，心底恐惧得以缓解，紧绷的神经略有放松。但毕竟是囤给米酒，罪恶感袭来同时朝下望，林泉精神头也不足。收回视线，却见身旁胳膊粗、通体发黑的蛇朝自己吐信子。自己生来怕蛇，险些叫出声，慌乱间打翻面前奶粉罐……

“林泉、张维璋、徐胜华，Out！”枪声爆炸声过后，扩音器宣布。什么？马小东有些难以置信，怀中武器缓缓滑落。朝瀑布方向跑时深感愧疚，或许自己才该对他的死负全责。追忆过往交集，马小东想到象征坚贞不屈的神鸟——鷟鸑。《花千骨》中竹染说：死有何难？最怕的是孤单而内疚地活。

远远望见水池内巨石压尸、大帝泣不成声惨象，马小东心如刀绞。扔下武器、跳进齐脖深的水，用尽全力推搡巨石。自己多半也清楚，这无异于蚍蜉撼大树，但依旧想去推。“怪我，都怪我，带你们走进绝路！”大帝自责地扇嘴巴。“他是我害死的，要不是奶粉滚下山……”马小东爬出水池阻止。

钻出帐篷朝林泉望，他安详地趴在青石上，像在沉睡。戴海安知道这是错觉，他应该早就没了呼吸。刚才狙击枪声清脆无比，从左侧山头发出，而非张维璋的枪。听门口没了动静，秉骏边撕布条止血边建议出来看下。林泉的脑浆混着血液流出，渐凝于胸前的青石上……

戴海安并未过于动情，因为深感生死有命，那不解决任何问题。回头看帐篷内的秉骏，或是又疼又虚弱，话都不爱说。抱着AK47朝左侧山头细望，未发现有人的影子。于是收回视线，朝奶粉罐滚下的山头方向望去——半罐奶粉洒了半山坡，空铁罐被夹在石缝间。

顺着罐体滚落轨迹，戴海安朝坡上搜索，并大概锁定位置。小心翼翼朝上爬，不忘借助掩体隐蔽，动作专业娴熟。但让自己惊讶不已，一路上来未遇到一丝险情。“这几个二货也不知又躲哪儿去了？”戴海安边嘟囔边暗自揣测。本以为来了就打，打赢就发奖金，拿了奖金就带妹妹去治病……

万没想到，原本简单的事变得如此复杂，竟要赌上性命。还有一点没想到，那就是，对手也没想的那么好对付。本来人数四比三，自己这边还占点微弱优势。但仅一上午，他们就使声东击西、舍卒保车、同归于尽仨诡计。解开捡到的背包，随即揭开所有盖子，将奶粉洒于半空泄愤。

“突、突、突！”伴随枪响，顿觉后背一凉，瞬间呼吸困难。转头看，马小东也端着 AK47，在身后不远处冲着自己。右手朝后背摸，抬到眼前看，血顺指缝流向指根——鲜红一片。用最后力气举枪，惊讶于他并未躲闪，而是迎着走来。又一阵枪响，二人全倒下，不知谁开的枪？也不知谁负了伤？

戴海安深觉心有不甘，但不为自己，而是为妹妹戴海宁。没挺到最后就没奖金，她的病还没治好，自己却走在前面。马小东倒地瞬间如释重负，人生重要时刻开始在眼前逐一过电影。自己能躲开他的枪，但如何面对徐胜华的死？又怎样负罪的活？仰面朝天、嘴角淌血，天湛蓝依旧，二人视野却在不断缩小……

（二十六）

◎

看谁笑到最后

从马小东在身后开枪，到戴海安拼尽余力反击，再到二人相继倒下，返回自己的坑，大帝端着B46，从瞄准镜中看得真切。明明可以活下去，却从他眼神中看到同归于尽的从容和决心。说好共待良机消灭对手安葬老徐，却不想他为几罐奶粉……又或不是奶粉的事，而是觉得害死了挚友，无法愧疚地活。

“马小东、戴海安 Out，还剩两人！”扩音器声音不紧不慢。时值正午，大帝将整件事归结于自己贪心，经不住诱惑。如斯孤岛，不似职场有法律规范，也不像都市有秩序体系。在这里，唯一能做的便是“入乡随俗”，按规则要求结束对战。人生会因选择不同风景各异，几位也因一句承诺搭上性命。四人死法掠过脑海，大帝深觉背负太多不如痛快一死。有了赴死之心反倒坦然，站起身跺跺脚，单手提枪朝山下帐篷走去。

几百米的路，此时格外漫长，怎么走都像原地踏步。大帝脑中一片空白，腰板挺得倍儿直，耳边只有“呼呼”的风声。这感觉，像高空跳伞跃出舱门——紧闭双眼、浮于云端。被不被狙杀已不重要，何况张维璋早已被炸成灰烬。此刻只想快点冲进帐篷，让秉骏开枪结果自己。

但奇怪的是，接近秉骏帐篷驻扎地时，原地空空如也。林泉的尸体依旧伏于青石，怀里的卡宾枪枪口斜冲着天。额上枪眼流出的血渐渐凝固，像做工极糙的糖人。林泉面色发青、十指僵直，让大帝想到水池巨石下压着的徐胜华。大到朝代更替，小到职场胜败，皆是成王败寇。

而此时的自己，更在意对方帐篷去哪儿了？秉骏又去了哪里？那么大的军帐不可能凭空消失，他又有枪伤，应该走不远。拨开耀眼的云，正午的骄阳炙烤山谷，将火喷到山石上。周围小食品袋狼藉满地，掺杂几瓶未喝完的矿泉水。仔细观察不难发现，地面的血痕延至密林深处……

然而，毫无戒备地横穿密林，却并未寻得秉骏踪迹。倒是自己累得气喘吁吁，不免猜他想以逸待劳。傍晚，夕阳被乌云遮蔽，孤岛的天竟似女人的脸，说翻就翻。微风到大风，继而转至狂风，十几分钟后，豆大的雨点纷至沓来。雨势愈急，见零星血迹被冲刷殆尽，大帝窝在树荫下气急败坏。

“妈的，秉骏出来，缩头乌龟么？”雨幕中，大帝声嘶力竭地吼。“就剩咱俩，来呀来个了断！”见没动静，抹完脸上雨水继续。“在 W 网不挺牛逼么？一呼百应！”想到队友们惨死，大帝抓狂不已。雨声冲抵了大半声音，取下徐胜华的卡宾枪，大帝冲天空扣下扳机。夜色中，大帝表情张狂，与当年问那小子在哪儿如出一辙。

又像头狂暴的狮子四处搜寻许久，大帝终感困乏。于是一屁股坐地上，倒在泥水中，淋着雨沉沉睡去。所谓“蒹葭四泽风露冷”，半夜不知几点被冷风吹醒。坐起时全身湿透、顿感头疼，迷彩服沾着泥巴，略显笨重。刚站起身便觉饥肠辘辘，晃悠走上几步都很吃力。

途径瀑布，皎洁的月光下池水渐清，蓝莲随风飘荡其中。只是徐胜华的尸体愈发浮肿，大帝瞥了眼便不忍再看。“等着我！”冲水池说完，踉跄着朝山后走。快接近营地时，觉得整个人要散架，只是腿在本能地向前迈。但进入营地傻了眼，哪有帐篷和食物？矿泉水都没一瓶。

“妈的，不带这么玩儿的！哪里规定不让吃喝？”大帝怒吼。夜空深邃绵长，大帝的声音穿透性极强，在孤岛上空久久回荡。脱下衣裤用力拧干再套上，依旧没温度，冷得直打哆嗦。坐在原来帐篷位置，大帝猜谁在什么时间收走了帐篷？竟连饼干渣都没剩，没食物还要玩命，是荒岛求生？

将B46枕在头下，大帝饿得睡不着，想起莫子溪送的戒指。那戒指是一对，用连号新纸币折成，她折完小心翼翼收起一只。当时自己接过，故意笑她童心未泯，她却撅着嘴坚持在婚礼上戴。虽是嘴上说，还是趁她不注意在无名指上试戴，大小刚刚好。悲痛归悲痛，但或为了戒指，也该努力活下去，大帝想。

（二十七）

◎

无一生还

三天后的中午，秉骏有气无力地靠着巨石，守着一汪泉眼。受枪伤的腿边缘开始溃烂，时有果蝇盘旋，秉骏忙驱赶。昨天还有知觉，此刻却像截了肢般不听使唤。伴着耳边潺潺水声，秉骏用力捶打，祈祷神经别坏死。巨石旁柳树上飞来两只乌鸦，哇哇怪叫，吓得蝉都收了声。

秉骏本想用手中武器射杀它们烤来吃，转念想想还是算了。不知大帝那货现在在哪儿？万一枪声把他引来反而不好。三天时间，基本没进食，具体说，是没找到吃的。暴雨后淡水多，但岛上蒸发快，昨天中午就没水喝了。瀑布已毁，除泡着徐胜华尸体的水池，寻遍全岛才发现这汪泉眼。

半天时间，不远处海面上，共驶过大小二十七艘船。这些船中，离这座岛最近的，只有二百米距离。但想到既定规则，以及刘丽霞、訾若兰的不幸，还是放弃了求救。大帝那货应该还活着，不然早结束了，秉骏握着武器揣测。那是把77式手枪，当时暴富昌介绍时，说它弹容七发。

两队对抗惨烈，自己却一弹未发，除腿伤不便，多半还是质疑——当初 W 网只说是真人 CS 对战，怎会演变成肉搏玩儿命？若是如此，即使有百万奖金，自己也不会拿命来赌。因为不知是否有这福分，来花这笔不菲的奖金。随即想到家人，想到那份不错的工作、那款心仪许久的车……

如果自己不在了，公司会让谁接替自己？还是会空降高管？若是自己推荐，应该是张雨绮吧？有亲和力、有工作能力……秉骏猛地回过神，马上在心中“呸呸呸”，毕竟还想活着回去。透过枝丫盯着乌鸦看——黑黑一团，在蓝天映衬下格外醒目。满是泥巴的迷彩，山风吹、太阳晒、体温烘，三效合一干得快。

秉骏本想脱下，用水漂洗后搭树上，但担心目标太大招来祸患。毕竟在干净舒适和生死间选择，大抵都不会太纠结。脏就脏些吧，毕竟它是外在暂时的，而死亡却永久不可逆。再等一天，只要再等一天，腿伤就不碍事了，到时把大帝拿下。深觉樱花该谢自己，而支撑自己活下去的，却是对生的企盼。

突然，乌鸦像受了惊吓，飞走时发出“嗒嗒”声。那声音像山鸡低飞，难听至极，秉骏警觉地朝山下望。远远望见大帝顺着泉痕，提着枪朝这边艰难地走。山坡略陡峭，他无精打采、摇摇晃晃，有虚脱症状。近些再看，他脸色发青、眼圈发黑，嘴唇起皮。

“近些，再近些！”秉骏举起枪，边瞄大帝胸口边念叨。因为暴富昌当时介绍，77式手枪有效射程是50米。自己也未曾想，本是场简单游戏，最后却能假戏真做。而若不是自己腿受伤，本想拿林泉那支卡宾枪来用。没特殊情况，弹匣七发子弹，足够用了，秉骏想。

相距三十几米，大帝停住脚步，身体下蹲。秉骏以为他有所察觉，枪口跟着下移，慌忙扣动扳机。因是对抗以来开的第一枪，后坐力震得虎口发麻。子弹并未打中胸口，而是从左肩一穿而过，鲜血瞬间涌出。见他中弹秉骏又瞄头，怎奈他站起速度太快，子弹打中腹部。

几天来，大帝边喝露水边找秉骏，边摘野葡萄果腹边找秉骏……一度以为自己聋了，听不到宣布秉骏 Out，因腿伤不治或饿死。但能听到鸟叫说明听力正常；无死讯传来，证明他还活着。身体在透支，特别是昨天以来，岛上像屉蒸笼，且无一滴淡水。估计秉骏也好不到哪去，何况腿上有枪伤，就看谁能熬过谁？

今早醒来，大帝边找淡水边找秉骏，在山脚下发现水痕。顺痕迹逆流而上，进入秉骏视野时并不知情，甚至略感欣喜。守着这处淡水，静等秉骏慢慢渴死，结果也不错，大帝想。离源头近水流愈大，本想蹲下喝口水，却不想肩头中枪。强忍肩部阵痛，站起端枪瞄准，不料小腹又中一弹。

顾不上捂伤口，大帝拼尽余力端枪，透过瞄准镜搜秉骏身影。但见他整个人躲在巨石后面，只露半个头。透过目镜、物镜，忍着剧痛瞄准，将枪管向上微抬。刚要扣动扳机，伴随枪响，顿觉右腿一凉——又中一弹。全赌在这一枪上，大帝强撑着没动，扣动扳机时想。

伴随一声枪响，并未见子弹飞来，秉骏却瞬间愣神。那一刻，感觉停止了思考，周围景物全部静止。整个身体僵直，不受控地后仰，后脑勺重重磕在岩石尖上。但奇怪的是，自己并未感到疼痛，倒是脑后又湿又暖。乌鸦又飞回树上，继而一只冲自己飞过来，一只朝大帝飞过去……

大帝扣完扳机，再也端不住沉重的枪身，瞬间松手。正午阳光很足，略显耀眼，B46落地瞬间便枪、镜分离。低头望时，腿上殷红一片，顺着腹部枪眼，一段肠子缓缓流出。本能地用手往回塞，却深感体力不支，意识开始模糊。见一团黑东西飞过来，大帝两眼渐渐发黑，随后栽倒在地……

（二十八）

◎

不是结尾的结尾

一周后，宝安机场，大帝下了出租，一瘸一拐地办值机。左手黑箱子，右手攥着扎彩带的礼盒，装着那条心仪许久的项链。想着要到首尔转机，晚上九点才能抵达纽约，大帝心生郁闷。但想到能给莫子溪大大的Surprise，又一阵兴奋。安检工作人员提醒别带太多现金，大帝挥手表示没关系。

等待登机时，闻着腹部纱布散出的碘伏味，大帝莫名伤感。不知费多少力气，才藏起那些痛楚，像健忘般隐忍而平静地活。两天前醒来，第一眼就看到表情痛苦的于得水，他放下箱子要走。“我一点都不喜欢你！”他到门口，转过头说。“我不介意，我活下来也不是为了取悦于你！”大帝说。

人类从历史所得到的教训，就是从不汲取历史的教训——追忆已亡旧友，回想这次梦魇般的经历，大帝想到黑格尔的话。而当自己钻进机舱，却被眼前景象吓傻了，乘客只有九人——秉骏、马小东、戴海安、徐胜华、张维璋、林泉、訾若兰、刘丽霞、饶斌。大家说说笑笑，且对自己视而不见——倒像是真看不见。

难道是我死了？大帝靠角落坐下，边回忆边反问，细思极恐。起飞前，空姐做安全演示，大帝猛地站起身，去行李舱掏黑箱子。展开看时，全是一打打现金，再仔细数，仍是四十捆。“这就行，装神弄鬼？继续！”被空姐摁到座位上时，大帝想。伴随强烈的恶心呕吐感，飞机成功升空，慢慢爬升。

空旷的机舱内，瞬间静得出奇，大帝站起身，不见其他人。打开遮阳板，明明是下午一点左右，窗外却漆黑无比。刚要喊空姐问原因，机舱内开始冒浓烟，随后飞机转着圈急速下坠。大帝跟着翻转，结实地摔在地上……揉眼细瞧，窗外已快亮天，自己坐在帐篷内地面上。

“我靠！你这是要睡死的节奏？”徐胜华过来拉自己时挖苦。大帝边转身边往床上爬，见四人正在刷牙洗脸、清点装备。“再不起来，我一会叫秉骏过来，先突突了你！”马小东说。“就按昨晚计划行动，是吧？”饶斌边吃东西边问。难道是场噩梦？几人拿武器出帐篷，门口洒进清晨第一缕光……

后记

正所谓“一将功成万骨枯”，当加冕的桂冠沾染了同行的血液，那流逝的、拼搏的、追逐的历程，终将化成一册带血的记忆……

——题记

本连载终于尘埃落定，身为“生产”它的“娘亲”，也算对自己和读者有个交代：全书耗时三年有余，最终定稿23.3万字，含前言、结尾共二十九章，有名有姓出场人物两百余位，专业人力资源问题解答近百个，提升职场及生活情商建议百余条。

写作的过程就像生孩子，最后看着娃呱呱坠地，吃多少苦也都觉得值了，呃，虽然我没生过；写作的过程又像参加高考：考前焦虑、过程吃力、考罢轻松，这倒是感触颇深。书稿已及时付梓，身为作者的我，再也不用每天吃饭走路睡觉做梦都构思剧情了，再也不用为了脑海中浮现出一句经典的话没及时记下随后忘记而懊恼不已了……在编辑为纠结书名而费尽脑细胞的时间里，特将三年来一直困惑着或读者、或朋友、或粉丝的共性问题做以下说明：

关于连载的初衷及后续。或许不去用心做一件事，就不叫匠心，不把一件事做到极致，就不叫匠人，而无论是高处生寒的职场，还是年复一年的生活，我们这辈子总是还得让一些善意的执念推着向前，去专注地做点对得起光阴和岁月的东西。2014年3月末，三茅人力资源网总结频道改版，引入了“专栏”版块，并鼓励大家写连载，在此背景下，本书初始章节应运而生，当时虽构建了全书架构，但总的想法是写到哪儿算哪儿，也因各种原因多次搁笔，之所以能最终付梓，原因有二：一是诸多忠实读者因好奇结局而私下催促，他们的厚爱与监督，成了我继续更新的动力，毕竟有人愿意并期待看你的文字，是件倍感荣幸的事，而再难再牛逼的梦想，也抵不住傻傻的坚持；二是几家出版社通过平台联系到我，最终签订了完稿出版合同，而我终究是个很穷的俗人，规定期限不能交稿的违约金，逼得我不得不由自觉转为自律，由此可见，好汉都是“逼”上梁山的。

关于三茅各路大神。2014年前后，人气高涨的三茅平台催生了很多大神级人物，我和他们谈不上多熟识，但荣幸的是，和其中很多人略有交集，他们或是段子手，或是评论家，或是单口相声表演艺术家……只是随着岁月流逝，他们多半都隐匿了。而在我看来，我写作最成功的地方，在于原封不动地拓印下他们在我心中的形象，与此同时，也在于我坦然承认了自己的“傲娇”，这让我获得了更多读者的认同。而此后的一段时间里，三茅如雨后春笋般，涌出很多模仿别人风格的文章，不过浏览过后，总能让我感觉到对方是在“装傲娇”，其实真没这个必要，因为就如同只有傻子才能识破傻子，傲娇也不是能装出来的。

关于自觉修改。刚完稿那会儿，见时间还充裕，于是在未交稿前便自我加压，在不删减情节前提下，将书稿篇幅由29万字压缩到了23.3万字，嗯，就像每次连载更新都准时是上午9:09一样，朋友说我这晚期强迫症的毛病得改，但既然要呈现在更多读者面前，我希望它至少在我眼中是完美的，没留遗憾的！

关于文体及文风。当初于网上连载时，每句自成一段的“回车体”，着实熬死了许多脑细胞，当时想着：既然网恋小说《第一次亲密接触》和网游小说《如果宅》都能用这类写法，那职场小说也可做类似的探索与尝试，虽然这很考验断句及短句的表达，但我还是如此做了，不料在“三审三校”中，却因“文体不合出版规定”被退回，终在成为纸质书的路上，演化成现在的模样。而文风之于我，很多朋友拿“多变”来形容，我就当是夸奖了，固在本书中也秉承该信条，比如：第二章略显悲痛，第三章略显浪漫，第六章略显凄清，第七章略显小资，第十章略带喜感，十七章以后频繁变换视角，每章结尾场景是下章开头场景等等，但愿我的这些小心思，能呈现给大家更愉悦的阅读感受，并享受其中。

关于精彩与否。我的责任编辑私下聊天时对我说，她做过很多书，或好看或好玩，或经她包装后至少好看好玩。然而她却说，我的书不需要刻意包装，听了这话我深感惶恐地问：难道你们就不担心印出来没人买，库存积压严重么？她笑着对我说：别太小瞧了读者的鉴别力！由此推理下去，读者说哪本书好，那便是真的好。而对于我的这本书，我也深深觉得读者更具发言权，毕竟，自卖自夸的“王婆”不好当！

关于读后感。版样书稿编辑完成后，我找了二十多位朋友，这其中包含了出现在书中各章节的主人公生活原型，他们成了它的首批读者。感谢这些朋友在百忙中抽出时间悉心阅读，并在阅读后抽丝剥茧般精心雕琢的书评（读后感），他们都说：从这本书中，看到了自己的曾经和过去，进而觉得生活还是美好的。相信他们的这些肺腑之言，能与同为读者的您产生精神共鸣，以助您更游刃有余地混迹于考验专业、情商、智商等三大技能的职场，更深切地领悟我们各自生活的真谛所在。

关于真实与否。很多朋友读我的连载，总会如是地问，更有甚者，后半夜三点拨电话过来，劈头盖脸地问：戴海宁还……好吗？其实身为作者，我在书写别人的故事，我又是别人笔下的故事，归结起来，无非应了那句：戏里戏外，皆是戏子。演戏的投入，看戏的开心，至于到底是张国荣演活了程蝶衣，还是张国荣就是程蝶衣，又何必如此在意？朋友在读后感中说，大帝的书完结了，可大帝的故事却没有完结。没错，作者及书中主人公也都是普通人，也许您在路口接踵摩肩的人群中蓦地回首，就能在不经意间，看到心中期待已久的身影。

关于致谢的话。话说极度追求完美的人，也是最不堪一击的人。所以，感谢那些让我开心、让我难过、让我铭记、让我忘却的人们，也感谢那些让我坚持、让我继续、让我别放弃、让我学会爱的朋友。同时，感谢三茅网搭建了灯光闪耀的舞台，感谢诸多出版前辈前期的关注与接洽，感谢三茅工作人员及诸多好友的支持、鼓励、督促、鞭策，感谢责任编辑的耐心等待与诚恳建议。

作者简介

马青云

毕业于辽宁大学中文系，网络ID“大帝马青云”，高级人力资源管理师。珊茅（上海）人力资源有限公司创始人，三茅人力资源网、猎聘网、智阳第一人力等平台特邀专栏作家，三茅网“百人计划”专家。曾获三茅网“最佳原创作者”、“最有才牛人”、“最创意牛人”等奖项，专栏访问量“530万+”。

拥有超过12年的人资管理经验，对人资管理见解独到。有很强的文字驾驭能力，其文或剖析、或调侃，呈现出快乐生活、深入思考的全新视角，是难得的专业知识与文字水平同等精深的人资从业者，深受读者喜爱。

想 象 之 外 品 质 文 字

不将就：HR 成长蜕变记

策　　划 | 领读文化

执行编辑 | 领读_屈美佳

责任编辑 | 孟繁强

版式设计 | 领读_蒙海星

封面设计 | 领读_刘俊

更多品质好书关注：

官方微博 @领读文化　官方微信 | 领读文化